ZUKUNFT DES ALLTAGS

REINHOLD POPP
ULRICH REINHARDT

ZUKUNFT DES ALLTAGS

Diese Publikation wurde unterstützt vom Zentrum für Zukunftsstudien der FH Salzburg, der Arbeiterkammer Salzburg, der BAT-Stiftung für Zukunftsfragen Hamburg und den Salzburger Nachrichten.

Bibliografische Information der Deutschen Nationalbibliothek
Die Deutsche Nationalbibliothek verzeichnet diese Publikation in der Deutschen Nationalbibliografie; detaillierte bibliografische Daten sind im Internet über http://dnb.d-nb.de abrufbar.

© LIT VERLAG GmbH & Co. KG
Wien 2013
Krotenthallergasse 10/8
A-1080 Wien
Tel. +43 (0) 1-409 56 61
Fax +43 (0) 1-409 56 97
E-Mail: wien@lit-verlag.at
http://www.lit-verlag.at

LIT VERLAG Dr. W. Hopf
Berlin 2013
Fresnostr. 2
D-48159 Münster
Tel. +49 (0) 2 51-62 03 20
Fax +49 (0) 2 51-23 19 72
E-Mail: lit@lit-verlag.de
http://www.lit-verlag.de

Auslieferung:
Deutschland: LIT Verlag Fresnostr. 2, D-48159 Münster
Tel. +49 (0) 2 51-620 32 22, Fax +49 (0) 2 51-922 60 99, E-Mail: vertrieb@lit-verlag.de
Österreich: Medienlogistik Pichler-ÖBZ, E-Mail: mlo@medien-logistik.at
Schweiz: B + M Buch- und Medienvertrieb, E-Mail: order@buch-medien.ch
E-Books sind erhältlich unter www.litwebshop.de

Grafische Gestaltung: Alex Stieg, Salzburg
Bilder: Christian Schneider, Salzburg
Illustrationen: iStockphoto (vereinzelt)

ISBN 978-3-643-12233-9

INHALT

VORWORT

WIR, DIE BEIDEN AUTOREN DES VORLIEGENDEN BUCHES, kooperieren seit vielen Jahren in mehreren zukunftsorientierten Forschungsprojekten. Dabei ging es meist um den Vergleich der Ergebnisse von repräsentativen Erhebungen zu ausgewählten Zukunftsbildern der Österreicher und der Deutschen.[1]

„Wenn es Wirklichkeitssinn gibt, muss es auch Möglichkeitssinn geben."

ROBERT MUSIL

Anfang 2012 wurden wir beide vom Chefredakteur der österreichischen Qualitätszeitung *Salzburger Nachrichten* eingeladen, unter dem Titel „Blickpunkt Zukunft" wöchentlich eine Kolumne zu verfassen: Thema sollte auch hier die vergleichende Betrachtung der Zukunftsbilder von Österreichern und Deutschen sein. Im Zeitraum von Juli 2012 bis September 2013 realisierten wir dieses spannende Projekt öffentlicher Wissenschaft mit großer Freude. Für das vorliegende Buch wurden die 52 besten Kolumnen ausgewählt. Jede Kolumne gliederte sich in eine grafische Darstellung der erhobenen Daten sowie einen interpretierenden Text. Bei der Textgestaltung bemühten wir uns um allgemein verständliche und unterhaltsame Formulierungen.

Jeweils 13 Kolumnen wurden folgenden vier Themenfeldern zugeordnet:
• Zukunftsbilder und Zukunftsbildung,
• Beruf und Lebensstandard,
• Freizeit und Lebensqualität,
• Generationen und Sozialer Zusammenhalt.

Vor jedem Kolumnenteil findet sich eine systematische Einführung in das jeweilige Themenfeld. Sowohl bei den Kolumnen als auch bei den einführenden Texten haben wir versucht, theoriegeleitete Analyse mit einem journalistischen Sprachstil zu verbinden. Die Kolumnen und Einführungstexte thematisieren ausgewählte Aspekte des Alltagslebens in Österreich und Deutschland.

Im *ersten Teil des 1. Kapitels (Zukunftsbilder)* werden die Möglichkeiten und Grenzen der Zukunftsforschung ausgelotet. In diesem Zusammenhang wird auch analysiert, wie sich mithilfe anerkannter Forschungsmethoden wissenschaftlich fundierte Zukunftsbilder entwickeln lassen. Außerdem werden ausgewählte Zukunftsbilder der Österreicherinnen und Österreicher sowie der Deutschen präsentiert, u. a. zum ökologischen Fußabdruck, zu Vergangenheits- und Zukunftsorientierung sowie zu Selbstständigkeit und Krisen. Weiters wird der Planungshorizont der Österreicher und der Deutschen untersucht, also wie weit die Menschen in beiden Ländern vorausschauen, -denken und -planen.

Im *zweiten Teil des 1. Kapitels (Zukunftsbildung)* steht die Analyse des zukünftigen Handlungsbedarfs im weiten Spektrum der Erziehungs- und Bildungsangebote im Vordergrund. Dabei geht es nicht nur um die Zukunftsfähigkeit von Schulen und Hochschulen, sondern auch um zukunftsrelevante Erziehungsziele, lebenslanges Lernen, Edutainment, informelle Bildung und um die große Bedeutung der Kreativität. Spannend ist auch die Frage, ob uns zukünftig digitale Dolmetschprogramme das mühselige Erlernen von Fremdsprachen ersparen werden.

Im *2. Kapitel* werden vielfältige Zukunftsfragen aus dem Themenkreis *Beruf und Lebensstandard* behandelt. Dabei geht es u. a. um das Spannungsfeld zwischen Geld und Glück, die Kluft zwischen Arm und Reich, die Zukunftsfähigkeit der Sozialpartnerschaft, Flexicurity, Vereinbarkeit von Beruf und Familie, die Erhöhung der Erwerbsbeteiligung von Frauen, Frauen als Führungskräfte, alter(n)sgerechte Arbeitswelt, bedingungsloses Grundeinkommen, missverständliche Begriffe wie Industriegesellschaft oder Dienstleistungsgesellschaft, um die Servicequalität der Zukunft sowie um Zukunftsmanagement, den Mythos vom globalisierten Arbeitsmarkt, zukünftige Wachstumsmärkte und die Zukunftsangst der Mittelschicht vor dem ökonomischen und sozialen Abstieg.

Das *3. Kapitel* ist dem Themenkomplex *Freizeit und Lebensqualität* gewidmet. Dabei werden die zukünftigen Entwicklungen in ausgewählten Bereichen unseres Freizeitlebens unter die Lupe genommen, u. a. die wichtigsten Faktoren unserer zukünftigen Lebensqualität, die Wünsche der ÖsterreicherInnen und der Deutschen für das zukünftige Freizeitleben, Freizeit in den Wohnwelten der Zukunft, Leben in der Stadt der Zukunft, Freizeit als Konsumzeit, Erlebniskonsum und Versorgungskonsum, Kaufsucht, Kinder als Konsumenten, Freizeit und Kultur, kulturelle Spaltung, Freizeit und Sport, die Zukunft der Sportvereine, Freizeit und Tourismus, Freizeit und Ehrenamt, Freizeit und Medien sowie die Digitalisierung des zukünftigen Freizeitlebens.

Im *4. Kapitel* beschäftigt sich der *erste Teil (Generationen)* mit der Zukunft des Zusammenlebens unterschiedlicher Alters- und Bevölkerungsgruppen. Dabei werden u. a. folgende Themen diskutiert: die Zukunft der Familie, E-Love, Zukunftssicherung durch mehrperspektivische Altersvorsorge, Zukunftsfähigkeit des Generationenvertrags, die Mitte des Lebens als neues Lebensideal, Zukunftschancen der Jugend, Kinderfreundlichkeit, Migration als demografischer Faktor, der Mythos vom Krieg der Generationen sowie die Problematik des Begriffs „Überalterung".

Im *zweiten Teil des 4. Kapitels (Sozialer Zusammenhalt)* werden die gesellschaftlichen und politischen Rahmenbedingungen unserer zukünftigen Lebensqualität beleuchtet. In diesem letzten Teil des vorliegenden Buches geht es u. a. um folgende Zukunftsthemen: politische Partizipation, Renaissance der sozialen Marktwirtschaft, zukünftige Aufgaben des Staates, Nationalstolz und Europagefühl, Zukunft der Europäischen Union, Konfliktpotenziale der Zukunft, Sicherheitsgefühl und Überwachungsstaat sowie um Social Profit statt Non Profit, Vertrauen als Voraussetzung von Zukunftsplanung und abschließend um die Suche nach dem Sinn des Lebens.

Nach dem Motto „Der Mensch im Mittelpunkt" gehen wir bei unserer Argumentation von den repräsentativ erhobenen zukunftsbezogenen Meinungsbildern der ÖsterreicherInnen und der Deutschen aus. In vielen Fällen stimmen die in der Bevölkerung weit verbreiteten Meinungen mit unseren wissenschaftlich fundierten Zukunftsbildern überein. Manchmal halten allerdings die Meinungen der Bevölkerungsmehrheit einer wissenschaftlichen Überprüfung nicht stand. Diese Diskrepanz tritt vor allem dann auf, wenn die Antworten auf Zukunftsfragen von massiven Zukunftsängsten durchdrungen sind.

Salzburg/Hamburg, September 2013
Reinhold Popp und Ulrich Reinhardt

WIR DANKEN: für die Publikationsplattform in einer österreichischen Qualitätszeitung: den *Salzburger Nachrichten*; für die Förderung der repräsentativen Erhebungen in Österreich: der *AK Salzburg*; für inhaltliche Anregungen und kritisches Feedback: den Teams des *Zentrums für Zukunftsstudien* (FH Salzburg) und der *Stiftung für Zukunftsfragen – eine Initiative von British American Tobacco* (Hamburg); für die organisatorische Begleitung der Publikation: *Annemarie Hochkönig*; für die grafische Gestaltung: *Alex Stieg*; für die Bilder: *Christian Schneider* sowie der *Salzburg AG, ARGEkultur* und *Kletterhalle Salzburg*; und für das Lektorat: *Uta Scholl – www.korrifee.at*.

ZUKUNFTS-BILDER UND ZUKUNFTS-BILDUNG

KAPITEL 1

ZUKUNFTS-BILDER

„Natürlich interessiert mich die Zukunft. Ich will doch schließlich den Rest meines Lebens in ihr verbringen."

MARK TWAIN

KONSTRUKTION VON ZUKUNFTSBILDERN IM ALLTAG UND IN DER WISSENSCHAFT

Seit Jahrtausenden ist die Zukunft eine Projektionsfläche für die Ängste, Hoffnungen und Pläne der Menschen. Zu diesem Zweck wurden seit jeher unterschiedliche Zukunftsbilder konstruiert. Mit der Erfindung der modernen Wissenschaft begann die systematische Erhebung, Analyse und Interpretation der Zukunftsbilder der Menschen. Aber auch die Wissenschaft selbst konstruiert Bilder der möglichen, plausiblen, wahrscheinlichen und wünschenswerten zukünftigen Entwicklungen. Diese Bilder beeinflussen wiederum das Zukunftsdenken im Alltag.[2]

ZUKUNFTSBILDER BEI WAHRSAGERN, PLANERN UND PROPHETEN

Zur Reduktion der Ängste, zur Bekräftigung der Hoffnungen und zur Optimierung der Planungskompetenz wurde in der Menschheitsgeschichte eine beachtliche Menge von Methoden entwickelt.

ORAKEL
So konkurrierten etwa im antiken Griechenland mehrere Standorte um das Image der größten Treffsicherheit auf dem Orakel-Markt. Bis heute gilt *Delphi* als Synonym für den *mystisch-magischen Typus der Vorausschau*. Hinter den auf der Showbühne des Apollon-Tempels von Delphi orakelnden Priesterinnen agierte allerdings – im Falle von politisch wichtigen Zukunftsfragen – ein gut organisierter Apparat von Informanten und Experten, der mithilfe von anscheinend göttlich eingegebenen Vorhersagen Entscheidungen und Entwicklungen bewusst beeinflusste. Der Historiker Minois[3] spricht in die-

sem Zusammenhang von „Futurokratie". Der Philosoph Konrad Paul Liessmann[4] sieht hier wohl nicht ganz zufällig „Ähnlichkeiten zu herrschenden Praktiken internationaler Agenturen zur Politik- und Unternehmensberatung". Denn Orakel waren keine „generalisierten Aussagen über die Zukunft", sondern „Erfolgs- und Risikoabschätzungen für konkrete Unternehmungen".[5]

PROPHETIE

In vielen Kulturen profilierten sich *Propheten* mit ihren Warnungen vor den fürchterlichen Folgen der Missachtung der göttlichen Vorsehung. Vor allem in der christlich-jüdischen Tradition sind Prophezeiungen verbunden mit Warnungen vor dem „Ende der Zeiten" und dem „Ende der Geschichte" sowie mit Aufrufen „zur Umkehr" und, wie Konrad Paul Liessmann schreibt, mit der „[...] Aussicht auf Erlösung. Denkfiguren wie der Messianismus, die Hoffnung auf den Erlöser, oder die Parusie, die Wiederkehr des Erlösers, gehören zum festen Arsenal prophetischer Gesten. Damit wird die Zeit in Hinblick auf die Zukunft hin strukturiert: Es wird etwas geschehen, es wird jemand kommen. Das Warten wird zur Erwartung, leben heißt, die Anzeichen des zukünftigen Untergangs oder des kommenden Erlösers schon jetzt zu erkennen. Seitdem wird Gegenwartsdiagnostik als Hermeneutik der Spuren des Zukünftigen im Hier und Jetzt betrieben. Die späten Nachfahren der biblischen Propheten, die die Zeichen des strafenden Gottes zu deuten wussten, sind die Trendscouts und Futurologen, die, meist in den Jugendkulturen, verzweifelt nach den Spuren der Zukunft suchen."[6]

STRATEGISCHE PLANUNG

Strategen und Planer spielen seit Jahrtausenden zukünftige Bedrohungen und Gefahren sowie militärische und wirtschaftliche Chancen durch. Die diesbezügliche Logik brachte der altgriechische Feldherr Perikles (490–429 v. Chr.) auf den Punkt: *„Es kommt nicht darauf an, die Zukunft vorherzusagen, sondern darauf, auf die Zukunft vorbereitet zu sein."* Dieses strategisch-planerische Erkenntnisinteresse führte seit jeher zur gedanklichen Strukturierung des in der jeweiligen historischen Epoche bekannten Wissens in Form von möglichen bzw. wahrscheinlichen zukünftigen Entwicklungen und entsprechenden Handlungsoptionen. Seit Jahrtausenden nutzen Kaufleute und Militärstrategen dieses zukunftsorientierte „Denkwerkzeug", das seit der Mitte des vergangenen Jahrhunderts unter dem zeitgeistigen Titel „Szenario-Technik" firmiert.

ZUKUNFTSBILDER
IN DER WISSENSCHAFT

ZUKUNFTSPHILOSOPHIE UND UTOPIE

Parallel zu diesen *esoterischen, prophetischen* und *strategischen* Ansätzen machte sich – seit den Anfängen der abendländischen Philosophie – auch die *Wissenschaft* Gedanken über die Zukunft. Besonders beliebt war die Methode, den Unzulänglichkeiten der real existierenden Gegenwart das Ideal einer besseren Zukunft gegenüberzustellen. Ein historisch sehr frühes Beispiel für eine derartige Zukunftsstudie ist das Buch „Politeia", in dem der große griechische Denker Platon (427–347 v. Chr.) das Modell eines zukunftsfähigen Gemeinwesens skizzierte. An diesem Konzept orientierten sich auch der englische Theologe, Philosoph und Politiker Thomas Morus, dem wir das berühmte Werk „Utopia" (1516) verdanken, der italienische Dominikaner Tommaso Campanella in seinem Buch „Sonnenstaat" (1602) oder auch der englische Politiker und Wissenschaftler Francis Bacon mit seinem utopischen Werk „Nova Atlantis" (1627).

ANTIKE VARIANTEN
DER BERECHNUNG DER ZUKUNFT

Neben dieser philosophisch-utopischen Variante wissenschaftlicher Zukunftsstudien gab es offensichtlich seit der Antike ein beachtliches Interesse an der *Berechenbarkeit der Zukunft*. Dieses Interesse wurde bis weit in die Neuzeit vor allem durch die *Astrologie* befriedigt. Die Berechnung der Vorgänge am Sternenhimmel war ja in vielen Kulturen eine von Priestern ausgeübte Wissenschaft. „Unter der freilich irrationalen Voraussetzung, dass es einen Zusammenhang zwischen den Bewegungen und Konstellationen der Gestirne und den Schicksalen der Menschen gibt, erscheinen letztere rational entschlüsselbar, da erstere mathematisch berechenbar sind."[7,8]

MODERNE ZUKUNFTSWISSENSCHAFT

Vom klassischen Altertum bis in unsere heutige Zeit manifestierten sich die oben kurz skizzierten unterschiedlichen Zugänge zur Zukunft in immer wieder neuen Ausprägungsformen. Seit Beginn der Neuzeit traten sowohl die *wissenschaftlichen* als auch die *strategisch-planerischen* Zugänge in den Vordergrund. Im Zuge der Ausdifferenzierung der Wissenschaften im Laufe des 19. und 20. Jahrhunderts fanden in den meisten Disziplinen auch intensive Auseinandersetzungen mit *Zukunftsfragen* statt. In den 40er Jahren des vergangenen Jahrhunderts kam vereinzelt der Ruf nach einer eigenständigen *Zukunfts*wissenschaft bzw. Zukunftsforschung – quasi als jüngere Schwester der *Geschichts*wissenschaft – auf. So hatte etwa der deutsche Rechts- und Staatswissenschaftler Ossip K. Flechtheim bereits 1943, während seines Exils in den USA, den Begriff „Futurologie" geprägt. Diese Idee einer neuen wissenschaftlichen Disziplin namens *Futurologie* bzw. *Zukunftswissenschaft* blieb allerdings bis heute eine Utopie.

MILITÄRISCHE UND INDUSTRIELLE ZUKUNFTSFORSCHUNG

In den 1940er und 1950er Jahren wurden zukunftsorientierte Forschungsfragen überwiegend in Think Tanks mit einem engen Naheverhältnis zu Militär und Industrie bzw. im Umfeld politischer Entscheidungsträger bearbeitet. Die Ergebnisse dieser Art von zukunftsbezogener Forschung wurden in den meisten Fällen als militärische Geheimnisse bzw. als Betriebsgeheimnisse großer Konzerne bzw. staatlicher Stellen betrachtet und daher nur selten publiziert. Erst in den 1960er und 1970er Jahren erlangte dieser Typus von Forschung, der im angloamerikanischen Raum meist als *Forecasting* oder *Foresight*, im Französischen als *Prospective* und im deutschsprachigen Raum als *Zukunftsforschung* bezeichnet wird, durch einige viel beachtete Publikationen sowohl in den USA als auch in Europa eine gewisse Popularität. Dabei stand in den USA die industriell-technologisch und militärstrategisch orientierte Zukunftsforschung im Vordergrund. In Europa ging es auch um die vorausschauende Forschung über die Entwicklungen von Lebensqualität und menschlichem Zusammenleben. Sowohl diesseits als auch jenseits des Atlantiks blieb die so genannte Zukunftsforschung jedoch bis heute ein Minderheitenprogramm in der vielfältigen Forschungslandschaft. Im weltweiten

Vergleich konnte sich die *Zukunftsforschung* in den USA am stärksten entwickeln. Besonders wenig entwickelt präsentiert sich die zukunftsorientierte Forschung im deutschsprachigen Raum.[9]

WISSENSCHAFTLICHE PROGNOSTIK
FÜR EINE BERECHENBARE WELT

Ab 1945 gewann die seit den 30er Jahren des vergangenen Jahrhunderts Schritt für Schritt entwickelte empirisch-statistische Prognosetechnologie in Anbetracht der neuen Herausforderungen in Verbindung mit dem militärisch-industriellen Komplex sowie in Bezug auf die Nachkriegspolitik der USA eine wachsende Bedeutung. Alle damaligen und späteren Versuche, längerfristige Prognosen über *gesellschaftliche, wirtschaftliche* oder *politische* Entwicklungen zu erstellen, sind jedoch an der Komplexität und Dynamik gesellschaftlicher Systeme gescheitert. Doch selbst die deutlich einfachere langfristige Vorhersage *technischer* Entwicklungen gelang nur selten. Dies zeigen etwa die Prognosen von Olaf Helmer aus den 1960er Jahren. Offensichtlich wurden die von den damaligen Technik-Experten im Rahmen einer Delphi-Studie erhobenen technischen *Möglichkeiten* allzu umstandslos mit zukünftigen *Wirklichkeiten* verwechselt.[10] Wäre es nach diesen Prognosen gegangen, dann hätten wir seit 1980 eine funktionierende Wettersteuerung auf der Erde, seit 1990 Forschungsstationen auf erdnahen Planeten, seit 2000 Autobahnen für automatisches Fahren, seit 2005 eine ständig bewohnte Marsbasis und seit 2010 eine Symbiose von Mensch und Maschine. Die wohl bis heute berühmteste kybernetische Zukunftsstudie „Die Grenzen des Wachstums" wurde 1972 von einem Forschungsteam unter der Leitung von Dennis und Donatella Meadows veröffentlicht und erschien als erster Bericht an den *Club of Rome*. Mithilfe einer spieltheoretisch fundierten Computersimulation wurden globale *Trendextrapolationen* für die folgenden fünf Entwicklungsbereiche durchgerechnet: Bevölkerung, Kapital, Nahrungsmittel, Rohstoffvorräte, Umweltverschmutzung. Im deutschsprachigen Raum konnte sich eine empirisch-statistisch orientierte Variante der Zukunftsforschung bisher – abgesehen von der *ökologischen Forschung* – vor allem in Form der *Bevölkerungs*prognosen der Demografie-Institute sowie der *makroökonomischen* Prognosen der großen Wirtschaftsforschungsinstitute durchsetzen.

Offensichtlich gelang es jedoch keinem der großen Institute, wirtschaftspolitisch so bedeutsame Ereignisse wie den Zusammenbruch der kommunistischen Planwirtschaft, die schwere Finanzkrise von 2008/09 oder die jüngsten Entwicklungen im nordafrikanischen Raum vorherzusagen.

ZUKUNFTSFORSCHUNG ALS VORBEREITUNG AUF ÜBERRASCHUNGEN

Die Auftraggeber der Zukunftsforschung interessieren sich meist vor allem für das wahrscheinlichste Szenario. Aber auch Studien über sehr unwahrscheinliche Ereignisse („Wild Cards") sind keine zukunftswissenschaftlichen Spielereien. In jedem Fall liefern gute Wild Cards spannende Erkenntnisse über komplexe Zusammenhänge. So könnte etwa die Analyse der vielfältigen Folgen des höchst unwahrscheinlichen Ereignisses „Staatsbankrott Österreichs bzw. Deutschlands" tief greifende Einsichten in die Strukturen und Funktionen eines modernen Staates liefern. Manchmal führt die Erstellung von Wild Cards auch zu wirtschaftlichem Gewinn. So erarbeitete etwa ein Forschungsteam des multinationalen Ölkonzerns „Shell" Anfang der 1970er Jahre eine Studie über die Folgen einer damals für sehr unwahrscheinlich gehaltenen Entwicklung: Angenommen wurden stark ansteigende Ölpreise und rasant sinkende Fördermengen. Diese Krise würde – so die Forscher – zu langen Liegezeiten der Öltanker führen, und die teuren Hafengebühren könnten die Transportkosten steigern. Vorbeugend nahmen nun die Shell-Juristen einen Passus in die Verträge mit den Reedereien auf, der den Ölkonzern im Falle längerer krisenbedingter Liegezeiten von den hohen Chartergebühren entband. Die Reeder hielten diesen Vertragsbestandteil für eine Marotte übervorsichtiger Advokaten und unterschrieben bedenkenlos. Als dann 1973 völlig überraschend wirklich eine schwere Ölkrise auftrat, hatte Shell einen unschätzbaren Vorteil gegenüber den weniger vorausschauenden Konkurrenten. Solche Wirkungen von Wild Cards erinnern an die Weisheit Senecas, eines großen Denkers aus dem alten Rom und Lehrers von Kaiser Nero: „Alles kommt weniger schlimm, wenn man mit allem rechnet." Auch Aristoteles, einer der berühmtesten Philosophen des antiken Griechenlands, hat vor etwa 2.400 Jahren seiner Nachwelt eine zum Thema passende Wortspende hinterlassen: „Es ist wahrscheinlich, dass vieles auch entgegen der Wahrscheinlichkeit geschieht."

SOZIAL-ÖKOLOGISCH ENGAGIERTE ZUKUNFTSFORSCHUNG IM DIENST DER NACHHALTIGKEIT

In den *deutschsprachigen* Raum gelangte die Information über die Existenz der großen und einflussreichen US-amerikanischen Think-Tanks für Zukunftsfragen erst durch den Journalisten Robert Jungk, der nach einer Studienreise in die Vereinigten Staaten von Amerika ein viel beachtetes Buch schrieb: „Die Zukunft hat schon begonnen. Amerikas Allmacht und Ohnmacht" (1952). Jungk selbst war weniger an der Entwicklung der Zukunftsforschung interessiert, sondern engagierte sich vielmehr für die *Demokratisierung* der Zukunftsvorbereitung und -planung, wozu er eine Vielzahl von populärwissenschaftlichen Büchern und Artikeln veröffentlichte und das Moderationskonzept der so genannten *Zukunftswerkstatt* entwickelte. Diese gestaltungsorientierte Tradition wird in der deutschsprachigen Zukunftsforschung von einigen außeruniversitären Instituten bis heute weitergeführt. Der zentrale Begriff dieser Ausprägungsform der Zukunftsforschung lautet „*nachhaltige* Entwicklung". Dieser Typus der Zukunftsforschung muss allerdings grundsätzlich darauf achten, dass zukunftsbezogene *Forschung* einerseits und zukunftsvorbereitendes *Praxis-Engagement* andererseits nicht allzu bedenkenlos miteinander vermischt werden. Bei der Auslegung des Begriffs *Nachhaltigkeit* kommt es außerdem häufig zu einer Engführung auf die *ökologische* Dimension.

NACHHALTIGKEIT IM SPANNUNGSFELD ZWISCHEN DEN BEREICHEN SOZIALES – WIRTSCHAFT – UMWELT

Das Wort „Nachhaltigkeit" stammt aus der Forstwirtschaft und bezeichnet dort das Gleichgewicht zwischen dem entnommenen und dem nachwachsenden Holz. Der heutige Sprachgebrauch überträgt dieses Konzept der Ressourcenbalance vom Wald auf die weite Welt. Die Welt-Karriere des Begriffs *Nachhaltigkeit* begann mit der 1992 in Rio de Janeiro abgehaltenen UN-Konferenz zur Zukunft der globalen Entwicklung. Wie bei allen multinationalen Mammut-Meetings mussten auch in Rio die unterschiedlichen Interessen der UNO-Mitglieder – von den reichsten bis zu den ärmsten Ländern – irgendwie unter einen Hut gebracht werden. Dies gelang dank diplomatischer Sprachkunst mit schönen, aber vagen Formulierungen, wie etwa mit dem folgenden Satz aus dem in Rio beschlossenen Leitbild, der „Agenda 21": „Die zukünftige Entwicklung muss so gestaltet werden, dass ökonomische, ökologische und gesellschaftliche Zielsetzungen gleichrangig angestrebt werden." Dieser Konsens entspricht dem Wunsch vieler Menschen nach dem harmonischen Zusammenspiel der drei Elemente der Nachhaltigkeit: Soziales – Wirtschaft – Umwelt. In den Niederungen des wirklichen politischen Lebens sind jedoch die Zielkonflikte zwischen Mensch, Geld und Natur der Normalfall. Wenn die Wirtschaft absteigt und die Arbeitslosigkeit ansteigt, siegen meist die ökonomische und die soziale Dimension. In Zeiten des Wohlstands staunen wir über die Größe unseres ökologischen Fußabdrucks. Die frühere indische Ministerpräsidentin Indira Gandhi brachte einen dieser Zielkonflikte drastisch auf den Punkt. Auf die Frage nach den Prioritäten der Energiepolitik Indiens, dieses großen und wirtschaftlich aufstrebenden Schwellenlandes, fasste sie ihr Konzept mit einem Wort zusammen: „Kernenergie". Erwartungsgemäß wurde sie auf das Restrisiko dieser Form der Energiegewinnung angesprochen. Gandhis Antwort: „Verhungernde kümmern sich nicht um Restrisiken".

TECHNOLOGIEFOLGENABSCHÄTZUNG – ODER: WARUM WIR DIE TECHNIK NICHT ALLEIN DEN INGENIEUREN ÜBERLASSEN SOLLTEN

Leider wissen wir nicht, wer das Rad oder das Segel erfunden hat. Die Folgen dieser Erfindungen für das soziale und wirtschaftliche Miteinander sowie für das kriegerische Gegeneinander kennen wir jedoch aus dem Geschichtsunterricht. Noch besser kennen wir die komplexen Auswirkungen der technischen Innovationen der vergangenen Jahrhunderte auf gesellschaftliche Entwicklungsprozesse, also die positiven und negativen Technikfolgen von Buchdruck, Dampfmaschine, Dynamit, Elektromotor, Eisenbahn, Automobil, Flugzeug, Radio, Fernsehen, Staubsauger oder Spülmaschine. Bei jüngeren Technologien, wie z. B. Atomreaktor, Computer, Internet, mobiler Telekommunikation oder Bio- und Gentechnik, wissen wir allerdings noch viel zu wenig über die zukünftigen Chancen und Gefahren für Mensch, Gesellschaft und Wirtschaft. Werden wir zukünftig zu Sklaven der Technik, wie wir dies aus Goethes „Zauberlehrling" und aus manchen Science-Fiction-Filmen kennen? In Anbetracht dieser weitgehend ungewissen Technologiedynamik entstand zuerst in den

USA und später auch in Europa in den 70er Jahren des vergangenen Jahrhunderts ein mit der Zukunftsforschung eng verbundener, neuer Typus von Forschung, der im Englischen als *Technology Assessment* und im Deutschen meist als *Technikbewertung* bzw. *Technologiefolgenabschätzung* bezeichnet wird. Dabei geht es nicht nur um Ethik, sondern auch um die wissenschaftliche Auseinandersetzung mit den wirtschaftlichen, sozialen, psychischen, gesundheitlichen und ökologischen Auswirkungen neuer Technologien. Interdisziplinäre Technikbewertung ist übrigens keineswegs technikfeindlich, sondern geht von der unverzichtbaren Bedeutung technischer Innovationen für unsere Zukunft aus, überlässt jedoch die Technik nicht nur den Technikern. Vielmehr wird der technische Fortschritt daran gemessen, ob er zur nachhaltigen und humanen Weiterentwicklung von Gesellschaft und Wirtschaft beiträgt. In diesem Sinne brauchen wir zukünftig mehr Ingenieure mit gesellschaftlichem Weitblick, mehr Interesse für Technik bei den Nicht-Technikern, mehr öffentliche Diskussion über Technikfolgen und mehr wissenschaftliche Politikberatung im Bereich der Technikbewertung: eine große Herausforderung für das Bildungswesen, die Medien, die Wissenschaft und die Politik!

ZUKUNFTSFORSCHUNG ALS GESCHÄFTSFELD DER ZUKUNFTSBERATER UND TREND-GURUS

Da Zukunftsforschung im deutschsprachigen Raum im Rahmen der Hochschulen und der großen Forschungsgesellschaften noch viel zu selten vorkommt, füllen neben den oben erwähnten außeruniversitären Forschungsinstituten diverse kleine Unternehmen für zukunftsorientierte *Unternehmens- und Politikberatung* die akademische Lücke. Seriöse zukunftsorientierte Beratung – als Brücke zwischen Wissenschaft und Praxis – ist aus wissenschaftlicher Sicht durchaus wünschenswert, sofern die *Schnitt- bzw. Nahtstelle* zwischen Forschung und Beratung deutlich gemacht wird. Problematisch wird dieses zukunftsorientierte Beratungsgeschäft allerdings dann, wenn es als „Zukunftsforschung" tituliert wird, ohne die Anforderungen an einen modernen Forschungsbetrieb erfüllen zu können. In der Praxis des Beratungsalltags wird auch die Grenze zur Vorhersage der Zukunft im Stil der unwissenschaftlichen Trend-Gurus in allzu vielen Fällen überschritten. Diese Grenzüberschreitung beginnt meist schon mit der unkritischen Verwendung von Begriffen wie z. B.

„Vorausschau", die bei den Kunden die Illusion erwecken sollen, dass das jeweilige Beratungsunternehmen über Methoden für den Blick in *die* Zukunft verfüge. Manchmal wird dafür auch der Begriff „Zukunftsradar" verwendet, der die Fähigkeit zum Anpeilen von Objekten in der Zukunft und zum Empfang von Signalen aus der Zukunft suggeriert. Gerne kultivieren diese Zukunftsberater auch den Mythos, dass sie bereits in der Gegenwart so genannte *schwache Signale* für zukünftige Entwicklungen erspüren und so die Chancen und Gefahren für Wirtschaft und Politik frühzeitig erkennen könnten. Für Marketingzwecke kann es durchaus nützlich sein, das exklusive Verfügen über Zukunftswissen als Alleinstellungsmerkmal darzustellen. Wissenschaftlich seriös ist die Kultivierung dieser Illusion sicher nicht! Aber auch konsumentenrechtlich betrachtet ist dieses offen oder latent kommunizierte Leistungsziel bedenklich, da es sich um die Vorspiegelung einer nicht erfüllbaren Leistung handelt. Manche dieser weniger seriösen Zukunftsberater betätigen sich auch als Autoren feuilletonistischer Zukunftsbücher, deren Zahl in den vergangenen Jahren rasant angestiegen ist. Eine fundierte Kritik dieser modernen Wahrsager-Szene bietet der renommierte Wirtschaftssoziologe Holger Rust.[11]

ZUKUNFTSFORSCHUNG MIT DEM MENSCHEN IM MITTELPUNKT

Bei diesem Typus von Zukunftsforschung, der auch in der vorliegenden Publikation zum Einsatz kommt, geht es um die Erhebung und Interpretation von Zukunftsbildern aus dem Alltag der Bürgerinnen und Bürger. Als Erhebungsinstrument dient die repräsentative Befragung. Bei der Interpretation der Befragungsergebnisse werden die zukunftsbezogenen Meinungsbilder der Bevölkerung mit entsprechenden wissenschaftlichen Theorien und Theoremen verglichen. Dies ermöglicht die Einschätzung der Plausibilität der erhobenen Zukunftsbilder. Freilich dürfen bei diesem Typus von Zukunftsforschung die Meinungen der Menschen nicht mit objektiven Aussagen verwechselt werden. Denn selbst wenn ein kollektives Zukunftsbild von einer großen Zahl der Befragten vertreten wird, muss diese zukunftsbezogene Mehrheitsmeinung aus wissenschaftlicher Sicht nicht automatisch plausibel sein.

SERIÖSE ZUKUNFTSFORSCHUNG IST
ZUKUNFTSORIENTIERTE GEGENWARTSFORSCHUNG

Die vielfältigen Probleme der Zukunftsforschung beginnen schon beim Namen. Der Begriff *Zukunftsforschung* suggeriert nämlich, dass es eine Forschungsrichtung gebe, die *„die Zukunft"* erforschen könne. Dies ist jedoch bekanntlich nicht möglich. Jedenfalls im Bereich der *Sozial-, Gesellschafts- und Wirtschaftswissenschaften* kann Forschung nicht *vorausschauen*, sondern – wie oben erwähnt – nur die *Plausibilität* der vielfältigen Formen der *gegenwärtigen* individuellen und institutionellen Auseinandersetzung mit der Zukunft erforschen, also die Plausibilität von Zukunftsbildern, -plänen, -programmen, -ängsten, -wünschen, -hoffnungen, -befürchtungen, -projektionen, -vorstellungen u. Ä. Zu einer qualitätsvollen *gegenwarts*bezogenen Zukunftsforschung gehört selbstverständlich auch der wissenschaftliche Blick auf die *historische* Entwicklung eines jeweiligen Forschungsgegenstandes.

Der Begriff *Zukunftsforschung* ist also nur dann vertretbar, wenn mit *Zukunft* die Gesamtheit dessen gemeint ist, was wir – vor dem Hintergrund historischer Entwicklungen – *„gegenwärtig* unter Zukunft verstehen, wie wir darüber reden, denken und streiten".[12] Denn wir „können Zukunft nicht erleben, wir können nur unseren gegenwärtigen Erfahrungshorizont als Erwartungshorizont ausmalen".[13] Dies bedeutet freilich nicht, dass *zukunftsorientierte Forschung* grundsätzlich nicht möglich ist. Sie muss sich nur von der weit verbreiteten Sehnsucht nach der Analyse von *objektivem* Zukunftswissen befreien und sowohl ihre Möglichkeiten als auch ihre Grenzen realistisch einschätzen. In den Naturwissenschaften sind Prognosen im Hinblick auf Systeme mit relativ geringer Komplexität und stabilen Rahmenbedingungen durchaus möglich und sinnvoll. So lässt sich etwa die zukünftige Umlaufbahn von Planeten langfristig vorhersagen. In den Human-, Sozial- und Wirtschaftswissenschaften jedoch zeichnen sich die meisten Forschungsgegenstände durch einen außerordentlich hohen Grad an Komplexität und Dynamik aus. Die Entwicklung der Zukunft resultiert aus einem hochkomplexen Zusammenspiel zwischen den vielfältigen *individuellen Bedürfnislagen* einerseits und den unterschiedlichen *Bedarfslagen* gesellschaftlicher, wirtschaftlicher und politischer Interessengruppen andererseits. Diese Bedürfnis- und

Bedarfslagen entfalten sich unter den jeweiligen Rahmenbedingungen der *technischen* Innovationen und der *natürlichen* und *wirtschaftlichen* Lebensgrundlagen.

WO „FORSCHUNG" DRAUFSTEHT, MUSS AUCH FORSCHUNG DRIN SEIN

Im Gegensatz zu jenen Trend-Gurus, die mit schwer nachvollziehbaren Zukunftsahnungen vor allem den Unterhaltungswert der Zeitgeist-Magazine steigern, will sich die seriöse Zukunftsforschung den Regeln wissenschaftlichen Arbeitens nicht entziehen: „Wo ‚Forschung' draufsteht, muss auch Forschung drin sein." Durch die Befreiung von dem durch die Zukunftsesoterik der Trend-Gurus verbreiteten *Weihrauch*geruch muss man zukünftig die seriöse Zukunftsforschung am *Stall*geruch der anerkannten Wissenschaften erkennen.

ZUKUNFTSFORSCHUNG LEBT VON DER GESTALTUNGSKRAFT DER PRAXIS

Die Realisierung konkreter Zukunftsbilder hängt freilich nur zum kleineren Teil von den wissenschaftlich fundierten Erkenntnissen und Forderungen der Forschung ab. Die Gestaltungskraft gesellschaftlicher, wirtschaftlicher und politischer Interessengruppen ist dafür genauso entscheidend wie der Gestaltungswille einzelner Menschen in Beruf, Familie und Freizeit. Jede Entwicklung ist geprägt von der permanent wirkenden Dynamik zwischen beharrenden und innovativen Kräften. Innovation erzeugt indessen oft Unsicherheit und Widerstände, sodass sich Neues in der Regel nur sehr langsam durchsetzt.

ZUKUNFTS-BILDUNG

„Es gibt nur eins, was auf Dauer teurer ist als Bildung: keine Bildung."

JOHN F. KENNEDY

MENTALES ZEITREISEN.
WIE UNSER GEHIRN DIE ZUKUNFT PLANT

Durch „mentales Zeitreisen" können wir die Erfahrungen von vorgestern für die Problemlösungen von übermorgen nutzen. Unser erster Schrei ist das akustische Signal für den Start in die ganz persönliche Zukunft. In enger Verbindung mit unseren Beziehungen zur sozialen Mitwelt und mit der Erforschung unserer räumlich-materiellen Umwelt baut unser Gehirn seine Fähigkeiten zur Zukunftsplanung bis zum fünften Lebensjahr rasant aus. Dank des immer komplexer werdenden Zusammenspiels mehrerer Hirnregionen gelingt es uns also bereits im Kindergartenalter, Erinnerungen an Episoden aus der bisherigen Lebensgeschichte für die Vorausschau auf unsere Zukunft zu nutzen. Die Neurowissenschaft bezeichnet diese Kompetenz des menschlichen Geistes als „mentales Zeitreisen".[14]

Mit Blick auf zukünftige Herausforderungen werden dabei im ersten Schritt aus dem gigantischen Archiv unseres autobiografischen Gedächtnisses die Szenen bisheriger Problemlösungen in Erinnerung gerufen. Die unreflektierte Wiederholung früherer Erfolgsstorys ist allerdings selten zielführend, weil sich Rahmenbedingungen und handelnde Personen meist geändert haben. Deshalb kann unser Gehirn die Szenen vergangener Lebensphasen in ihre Bestandteile zerlegen und diese Teile für die Vorbereitung zukünftiger Lösungen neu zusammenbasteln. Nach dem Motto „Was wäre, wenn ..." gibt es bei diesen Bastelvorgängen in unseren Gehirnwindungen meist mehrere Durchgänge. Dabei werden verschiedene Lösungsmöglichkeiten in Form von unterschiedlichen Zukunftsszenarien geistig durchgespielt. Der menschliche Geist stellt also ein sehr leistungsfähiges Programm für die kreative Verknüpfung von Vergangenheit und Zukunft zur Verfügung. Dieses Programm verarbeitet freilich keineswegs nur unsere rationalen Überlegungen, sondern auch unsere (teilweise unbewussten) Emotionen. Deshalb sind die von unserem Gehirn entwickelten Zukunftsszenarien unvermeidbar auch von unseren Sehnsüchten, Selbstzweifeln und Selbstüberschätzungen durchdrungen. Die Fähigkeit zur mentalen Simulation unterschiedlicher Wege der Zukunftsgestaltung erwies sich in der Evolution – gerade in krisenhaften Situationen – als eines der Erfolgsgeheimnisse der Gattung Mensch. Angst und Panik blockieren allerdings oftmals die neuronalen Wege des mentalen Zeitreisens und somit auch unsere kreative Zukunftskompetenz. Zukunftsangst beeinflusst demnach die Produktion innovativer Zukunftsbilder negativ.

IN JEDER LEBENSPHASE ENTSTEHEN
SPEZIFISCHE ZUKUNFTSBILDER. BEISPIEL: PUBERTÄT

Irgendwann zwischen dem 12. und 14. Lebensjahr wird die biologische Basis für die Fortpflanzung und damit für die Zukunftssicherung der Gattung Mensch geschaffen. In der Folge entwickelt sich der pubertierende Körper hormongesteuert Schritt für Schritt in Richtung der künftigen weiblichen oder männlichen Gestalt. Gleichzeitig stellt das Gehirn seine biochemischen Prozesse auf das zukunftsfähige Programm des erwachsenen Denkens, Fühlens und Handelns um. Die leidgeprüfte Mitwelt weiß oft nichts von dieser Baustelle im pubertierenden Hirn, sondern verzweifelt an den Folgen, nämlich den Stimmungsschwankungen zwischen der totalen Unzufriedenheit mit allem Alten und der überschwänglichen Begeisterung für alles Neue. Die rasant sich entwickelnde Fähigkeit zum analytischen Denken wird bevorzugt am Beispiel der radikalen Kritik der real existierenden Lebensbedingungen erprobt. Der grauen Gegenwart werden bunte Entwürfe zukünftiger Lebensstile und Lebenswelten gegenübergestellt. Diese Abenteuer spielen sich freilich nicht nur im pubertierenden Kopf ab, sondern drängen nach Inszenierung im Spiel des wirklichen Lebens. Als Mitspieler bieten sich einerseits die Repräsentanten der alten Ordnung an, also Eltern oder Lehrer, sowie andererseits die Symbolfiguren der Welt von morgen, also die Mitstreiter aus der Gruppe der Gleichaltrigen und immer öfter auch die Helden auf der virtuellen Probebühne der Computerspiele. Dieser Mix aus biologischen, emotionalen, kognitiven und sozialen Veränderungen ermöglicht dem einzelnen Pubertierenden die Konstruktion eines ganz persönlichen, zukunftsfähigen Lebensplans. Für die Weiterentwicklung der Gesellschaft garantiert die in jeder Generation unvermeidlich wiederholte Zukunftsinszenierung der Pubertät die Infragestellung des Althergebrachten. Dies ist gut so. Denn Stillstand bedeutet Rückschritt!

ZUKUNFTSBEZOGENE BILDUNG ERMÖGLICHT „DENKEN AUF VORRAT"

Bildung, die mehr sein will als zeitgeistige Anpassungsqualifizierung, ermöglicht das Verstehen von komplexen Zusammenhängen. Dieses Verstehen wiederum ermöglicht ein *Denken auf Vorrat* und ist somit eine der wesentlichen Ressourcen für die Gestaltung zukünftiger Lebensqualität. Zukünftige Lernprozesse in einer auf viele Lernorte verteilten *Schule des Lebens* beziehen sich nur mehr zum kleineren Teil auf die Kinder- und Jugendzeit; vielmehr geht es dabei um *lebenslange* Lebensqualität, etwa auch im Hinblick auf eine immer länger dauernde nachberufliche Lebensphase und die damit verbundene *mentale Altersvorsorge*. Schulisches Wissen hat außerdem ein immer früheres Ablaufdatum. Denn alle drei Jahre verdoppelt sich das weltweit verfügbare Wissen.

ZUKUNFTSBILDUNG IN KINDERGÄRTEN

Die wohl am meisten unterschätzte Bildungseinrichtung ist der Kindergarten. Kindergärten dienen selbstverständlich nicht in erster Linie der Aufbewahrung von Kleinkindern, sondern sind wichtige und in ihrer Bedeutung vielfach unterbewertete *Bildung*seinrichtungen. Gute Bildungsarbeit in Kindergärten kann lebenslang wirksame Beiträge für mehr Chancengerechtigkeit leisten. Für die frühe Integration und Sprachförderung von Kindern mit Migrationshintergrund sind Kindergärten sogar fast unverzichtbar. Die gesamte vorschulische Angebotsstruktur wird fast ausschließlich von weiblichen Pädagoginnen betreut. Dies gilt übrigens auch für die Elementarpädagogik an den deutschen und österreichischen Grundschulen. Die Ursachen und die Folgen des massiven Mangels an männlichen Pädagogen werden derzeit u. a. an der Fakultät für Bildungswissenschaften der Universität Innsbruck systematisch untersucht. Offensichtlich benötigen sowohl Jungen als auch Mädchen für ihre Persönlichkeitsentwicklung nicht nur weibliche, sondern auch männliche Bezugspersonen. Deshalb wurde vor einigen Jahren in den skandinavischen Ländern eine Imagekampagne gestartet, die die zukunftsweisende Bedeutung der vorschulischen Erziehung hervorhob. Prompt erhöhte sich der Männeranteil. Eine vergleichbare Imageoffensive ist in den meisten anderen europäischen Ländern bisher leider nicht in Sicht. Die Finanzierung der Kindergärten ist in beiden Ländern überwiegend Aufgabe der Gemeinden und Länder. Nicht zuletzt im Hinblick auf die große pädagogische und integrationspolitische Bedeutung der Kindergärten müsste es – trotz der budgetären Folgen der Finanz- und Wirtschaftskrise – eine Finanzierungsoffensive für vorschulische Bildung geben.

ZUKUNFTSBILDUNG IN SCHULEN

Das Schulwesen in Deutschland und Österreich ist bekanntlich reich an Baustellen. Oder, freundlicher ausgedrückt: Es gibt einen erheblichen Innovationsbedarf. Bereits nach Abschluss der vierten Schulstufe beginnt in beiden Ländern die Aufteilung der Kinder in unterschiedliche Schultypen wie Hauptschulen und verschiedene Formen von Gymnasien und höheren Schulen. Zwischen diesen Schultypen gibt es mehr abgrenzende *Schnitt*stellen als verbindende *Naht*stellen. Mit anderen Worten: Es gibt zu viele Sackgassen und zu wenig Durchlässigkeit. In Österreich und Deutschland wird der Diskurs über eine gemeinsame Schule der Zehn- bis Vierzehnjährigen seit mehr als einhundertfünfzig Jahren ergebnislos und überwiegend ideologisch geführt. Seit Finnland mit dem Mix von Gemeinschafts- und Ganztagsschule zum PISA-Musterschüler wurde, kommt diese Diskussion zunehmend auf eine sachliche und fachliche Spur. Das größte Problem der Schule ist nicht *zu wenig*, sondern *zu viel* Unterricht! In der Schule der Zukunft brauchen wir weniger Unterricht und mehr selbst organisiertes Lernen. Dabei müssen die individuellen Interessen, Neigungen und Lerngewohnheiten der Kinder und Jugendlichen sowie das Bildungspotenzial neuer Medien viel stärker berücksichtigt werden als heute. In der Schule der Zukunft müssen sich die Rollen der Lehrer wandeln: An die Stelle des Unterrichtens und Prüfens sollten das Animieren, Arrangieren und Moderieren von Lernprozessen treten. Dies erfordert freilich nicht nur eine radikal reformierte Schulorganisation, sondern auch eine umfassende inhaltliche Reform der Aus- und Weiterbildung von Lehrerinnen und Lehrern.

Unser heutiges Schulwesen beruht auf einer Reihe großer *Missverständnisse*:

Missverständnis Nr. 1: *„Lernen funktioniert nur durch die Lehrtätigkeit von Lehrerinnen bzw. Lehrern.“*
In Wahrheit findet der allergrößte Teil der Lernprozesse – wie bereits angedeutet – ohne Lehrer statt. Offensichtlich sind auch die von Lehrern angeleiteten Lernprozesse nur begrenzt erfolgreich. So kann z. B. ein beachtlicher Teil der 15-Jährigen – trotz mehrjährigen Deutschunterrichts – nicht sinnverstehend lesen.

Missverständnis Nr. 2: *„Die Ziffernnoten sind aussagekräftige und pädagogisch sinnvolle Formen der Leistungsbeurteilung.“*
Eine besonders unsinnige Zuspitzung dieses Missverständnisses besteht in der weit verbreiteten Vorstellung, dass die Noten in einer Schulklasse im Sinne der Gauß'schen Kurve verteilt sein sollten. Tatsächlich müssten die Ziffernnoten so rasch wie möglich durch viel sinnvollere verbale Rückmeldungen und Beurteilungen ersetzt werden. Kluge Vorschläge und erprobte Modelle gibt es seit Jahrzehnten. Was fehlt, ist die Umsetzung.

Missverständnis Nr. 3: *„45- bis 50-minütige Unterrichtshäppchen entsprechen dem Biorhythmus.“*
In Wahrheit hat dieses Zeitfenster nichts mit dem Biorhythmus zu tun, sondern ist ein längst überkommener Rest der preußischen Militärpädagogik unter Friedrich II. und der militärischen Ausbildung unter der österreichischen Kaiserin Maria Theresia. Eine Exerziereinheit dauerte damals eine

Stunde, wobei zehn Minuten für den Gang auf die Toilette und als Rauchpause abgezogen wurden. Bei der Einführung der Schulpflicht wurden sowohl in Deutschland als auch in Österreich viele frühere Soldaten als Lehrer eingesetzt, und diverse Rituale der Ausbildung von Rekruten wurden übernommen. In Zukunft muss sich die zeitliche Strukturierung des Schulalltags stärker am *Biorhythmus* der Schülerinnen und Schüler und weniger an der Logik der Kasernenhöfe orientieren.

Missverständnis Nr. 4: *„Eltern müssen ihre Kinder bei der schulischen Vor- und Nachbereitung unterstützen."*
Ein Dauerbrenner der Schulkritik ist die „Hausübung", die möglichst bald ein historisches Phänomen für das Schulmuseum werden sollte. Denn die Begleitung der Vor- und Nachbereitung schulischer Bildungsarbeit ist zukünftig nicht der Job der Eltern, sondern die Aufgabe der Schule.

Missverständnis Nr. 5: *„Nachhilfestunden lassen sich nicht vermeiden."*
Zukünftig kann es auch nicht Aufgabe der Eltern sein, eine von Jahr zu Jahr steigende Zahl von sündteuren Nachhilfestunden zu finanzieren. Bildungsökonomen schätzen die diesbezüglichen Kosten in Deutschland auf 1,5 Milliarden Euro und in Österreich auf etwa 160 Millionen Euro pro Jahr.

Missverständnis Nr. 6: *„Das Wiederholen eines Schuljahres ist eine sinnvolle pädagogische Maßnahme."*
Aus pädagogischer Sicht ist das so genannte „Sitzenbleiben", also das Wiederholen eines ganzen Schuljahres wegen zwei oder drei negativ beurteilter Fächer, sinn- und wirkungslos. Diese fragwürdige Maßnahme ist außerdem viel zu teuer. In Deutschland und Österreich müssen hunderttausende von Kindern und Jugendlichen eine Klasse wiederholen und bleiben somit ein Jahr länger in den Schulen. Dieser längere Verbleib lässt sich von mathematisch begabten Bildungsökonomen punktgenau in Geld umrechnen. Für Deutschland hat eine Studie der Bertelsmann Stiftung[15] diese Kosten mit fast einer Milliarde Euro pro Jahr beziffert. Für Österreich bewegen sich die Schätzungen zwischen achtzig und einhundert Millionen Euro pro Jahr.

WEITERER ZUKUNFTSORIENTIERTER HANDLUNGSBEDARF IN DER SCHULPÄDAGOGIK

POLITISCHE BILDUNG

Politische Bildung muss in Zukunft auch in der Schulpädagogik einen deutlich höheren Stellenwert erhalten. Dabei geht es nicht nur um das *Wissen* über die Strukturen und Funktionen der Politik in den Gemeinden, den Ländern, im Bund und im weitgehend unbekannten politischen Spiel der Europäischen Union, vielmehr sind auch praktische Erfahrungen mit politischer Beteiligung von Bedeutung.

MULTIPROFESSIONELLE TEAMS

Zum arbeitsteilig organisierten Team einer Schule müssen zukünftig nicht nur Lehrerinnen und Lehrer, sondern auch Expertinnen und Experten für Schulpsychologie, Soziale Arbeit und Freizeitpädagogik gehören. Multiprofessionell organisierte Schulteams sind weltweit selbstverständlicher Standard. In deutschen Schulen gibt es diesbezüglich schon einige gute und zukunftsweisende Ansätze. In Österreich besteht jedoch ein erheblicher Nachholbedarf.

INTEGRATION BEHINDERTER KINDER UND JUGENDLICHER

Die weitgehend ungelöste Zukunftsfrage nach dem integrativen pädagogischen Umgang mit Beeinträchtigungen, Behinderungen oder mit Verhaltensoriginalität kann hier nur angedeutet werden.

ZUKUNFTSFÄHIGE SCHULARCHITEKTUR

Eine flexible Schulorganisation ist freilich nur mit einer innovativen Schularchitektur zu verwirklichen. Denn Gebäude sind bekanntlich gebaute Konzepte. Und die meisten real existierenden Bildungsbauten sind steinerne Zeugen des längst überholten Konzepts der *lehrerzentrierten* und *frontalen Vermittlung* von Wissen. In diesem Sinne muss die Schularchitektur von übermorgen die pädagogischen Konzepte von vorgestern verhindern! Ohne eine pädagogisch angemessene Schularchitektur ist leider auch die grundsätzlich sehr sinnvolle Realisierung von ganztägigen Schulformen keine nachhaltige Innovation, sondern oftmals nur ein für alle Beteiligten lästiges Aufbewahrungsprojekt.

ZU GERINGE INVESTITIONEN IN
DAS DEUTSCHE UND ÖSTERREICHISCHE BILDUNGSWESEN

In beiden Ländern wird in die Angebotsstruktur des *Bildungswesens* weniger investiert als in vielen anderen Ländern. Im Vergleich aller 31 OECD-Länder liegen Österreich und Deutschland im unteren Drittel![16] Bei den Kosten für die *Bildungsbürokratie* sind die deutsche und die österreichische Politik jedoch weniger zurückhaltend. Allzu kleinräumige Verwaltungseinheiten und sinnlose Doppelstrukturen erweisen sich diesseits und jenseits der deutsch-österreichischen Grenze seit vielen Jahren als reformresistent. Krisenbedingt werden offensichtlich nahezu alle Bildungsausgaben in den kommenden Jahren nicht nennenswert erhöht. Was dies für die Wettbewerbsfähigkeit der zukünftig in der deutschen und österreichischen Wirtschaft so wichtigen wissensbasierten Berufe bedeutet, muss wohl nicht näher ausgeführt werden.

ABER: EINE PRIVATISIERUNG DES DEUTSCHEN UND
ÖSTERREICHISCHEN BILDUNGSWESENS IST NICHT IN SICHT

Trotz dieser Sparprogramme gibt es in Österreich und Deutschland derzeit keine Anzeichen für eine *radikale* Umstellung der Bildungsökonomie von der staatlichen Finanzierung hin zu privaten Finanzierungsmodellen – evtl. verbunden mit günstigen Bildungskrediten. Eine *schleichende* Umstellung zu mehr privater *Mit*finanzierung ist jedoch nicht nur nicht auszuschließen, sondern – vor allem im Hochschulwesen – längerfristig sogar durchaus wahrscheinlich. In Deutschland war diese Kostenbeteiligung auf Hochschulebene bereits weit vorangeschritten, wurde in letzter Zeit jedoch (vorerst) größtenteils wieder zurückgenommen. Wirklich zukunftsorientiert wäre freilich ein weiteres Konjunkturentwicklungspaket mit dem Schwerpunkt „Bildung"! Sehr realistisch ist dies leider nicht.

VERGEUDUNG VON TALENTEN DURCH
MANGELNDE CHANCENGERECHTIGKEIT

Nur in wenigen Ländern der EU beeinflusst das Bildungsniveau der Herkunftsfamilien die Bildungskarriere der Schülerinnen und Schüler so stark wie in Deutschland und Österreich. Wer etwa in einer städtischen Akademikerfamilie aufwächst, hat deutlich größere Chancen, eine höhere Schule und anschließend eine Hochschule zu besuchen, als der Nachwuchs aus so genannten bildungsfernen Schichten im ländlichen Raum. Mangelnde Chancengerechtigkeit ist übrigens nicht nur ein humanitäres oder moralisches Problem und auch nicht nur ein Problem der individuellen Lebensqualität der Betroffenen. Verbesserungen sind vor allem auch im Hinblick auf die Herausforderungen der zukünftigen Wirtschafts- und Arbeitswelt dringend vonnöten! Denn die Ausschöpfung aller Bildungspotenziale, und somit auch die bessere Qualifizierung bisher bildungsferner Bevölkerungsgruppen, ist – nicht nur in Bezug auf den demografischen Wandel – eine der wichtigsten Voraussetzungen für den nachhaltigen Erfolg der Wirtschaftsstandorte Deutschland und Österreich. Derzeit wird ein beachtlicher Anteil der vorhandenen Talente vergeudet!

CHANCENGERECHTIGKEIT FÜR KINDER UND JUGENDLICHE MIT MIGRATIONSHINTERGRUND

Beim Thema Chancengerechtigkeit spielt auch die *interkulturelle* Dimension der Bildungsarbeit eine wichtige Rolle. Kinder aus Familien mit Migrationshintergrund besuchen in Deutschland und Österreich bisher sehr selten höhere Schulen. In schulischen genauso wie in hochschulischen Bildungsprozessen werden Kinder, Jugendliche und junge Erwachsene mit Migrationshintergrund nach wie vor benachteiligt. Dies setzt sich auch beim Berufseinstieg fort, wie eine aktuelle OECD-Studie zeigt. Wer etwa *Kolaric* oder *Özdemir* heißt, hat auch mit einem ausgezeichneten Studienabschluss ein Problem am Arbeitsmarkt. Österreich und Deutschland sind übrigens sowohl im Hinblick auf die schulische Förderung von Kindern und Jugendlichen mit Migrationshintergrund als auch hinsichtlich der *beruflichen* Integration von gut gebildeten Migrantinnen und Migranten die Schlusslichter unter allen OECD-Ländern![17]

CHANCENGERECHTIGKEIT BEI DER TECHNISCHEN BILDUNG VON MÄDCHEN

Beim Bildungsthema *Chancengerechtigkeit* geht es zum einen um *soziale Schichten* und *familiäre Herkunft* sowie zum anderen auch um die *Gender*frage. Im Hinblick auf die Bildungsabschlüsse an höheren Schulen und Hochschulen wurde dieses Ziel zu Beginn des 21. Jahrhunderts bereits erreicht. Ein ungelöstes Problem ist dagegen immer noch das weitgehende Fehlen von Mädchen und jungen Frauen in *Technik*studien und in den gut bezahlten *Technik*berufen. Mit Genetik hat dies ganz gewiss nichts zu tun, sondern ausschließlich mit Bildung und Sozialisation – von der Familienerziehung und dem sozialen Umfeld über den Kindergarten bis hin zur Schule. In diesem Zusammenhang sollte auch die überwiegend *männlich* geprägte Kommunikationskultur in den schulischen und hochschulischen Technikausbildungen nicht ganz vergessen werden.

EUROPÄISCHER UND NATIONALER QUALIFIKATIONSRAHMEN

Obwohl bereits heute viele Wissensbestände und Kompetenzen außerhalb von Bildungseinrichtungen erworben werden – und dies zukünftig immer mehr der Fall sein wird –, werden am Arbeitsmarkt bei Bewerbungsgesprächen bzw. für die berufliche Karriere schulische Wissensbestätigungen überbetont. Eine große Herausforderung für die Berufs- und Wissenswelt von morgen besteht daher darin, praktikable Formen der Zertifizierung auch für nicht schulisch erworbenes Wissen zu entwickeln. Erste Ansätze für die Lösung dieses Problems finden sich im so genannten „Europäischen Qualifikationsrahmen" der EU bzw. in den davon abgeleiteten „Nationalen Qualifikationsrahmen".

KREATIVITÄT ALS ZENTRALE ZUKUNFTSKOMPETENZ

Kreativität und Innovationsfähigkeit zählen zu den wichtigsten Schlüsselkompetenzen für zukünftige Lebensqualität und Wettbewerbsfähigkeit. Aber wo lassen sich diese Zukunftskompetenzen erlernen? In unseren heutigen Schulen und Hochschulen offensichtlich nur sehr begrenzt. In den Schulen der Zukunft muss die kreative und innovationsorientierte Wissensaneignung im Mittelpunkt stehen. Dies funktioniert nur mit mehr multimedial unterstütztem, selbst organisiertem und forschendem Lernen, mit mehr fächerübergreifenden Projekten sowie mit einer neuen Schularchitektur. Die zukunftsträchtige Förderung von Kreativität und Innovationsfähigkeit lebt von einer pädagogischen Grundhaltung: *Respekt vor der Neugierde der Lernenden.*

Ein prominenter Zeuge für diese kreative Kraft der Neugier ist Albert Einstein, der sich selbst einmal folgendermaßen einschätzte: *„Ich habe keine besondere Begabung, sondern bin nur leidenschaftlich neugierig."* Neugierde fördert also Kreativität und Innovationsfähigkeit. Kreativität und Innovationsfähigkeit sind die Motoren für soziale, kulturelle, technische, wirtschaftliche und politische Innovation. Innovation wiederum stärkt die Chancen der wissensbasierten Gesellschaften Europas auf dem globalen Markt und sichert damit die ökonomische Basis für unsere zukünftige Lebensqualität.[18]

ZUKUNFTSBILDUNG
AN HOCHSCHULEN

Auch die Hochschullandschaft in Österreich und Deutschland kann sich nicht über einen Mangel an Baustellen beklagen. Die folgenden Anmerkungen beschäftigen sich mit einigen zukünftigen Herausforderungen der Hochschulen und Universitäten.

HANDLUNGSBEDARF BEI HOCHSCHULMANAGEMENT
UND HOCHSCHULDIDAKTIK

Der Umstieg der Hochschulen und Universitäten auf das international vergleichbare, so genannte *Bologna-System* – also das System mit den drei hochschulischen Bildungsstufen: sechssemestriges Bachelorstudium (BA) + viersemestriges Masterstudium (MA) + sechssemestriges Doktoratsstudium (PhD) – ist bisher nur organisatorisch gelungen. Bei manchen Studienplänen wurde offensichtlich nur ein neues Etikett auf das alte Gurkenglas geklebt. Auch die Akzeptanz des Bachelorabschlusses am Arbeitsmarkt hält sich vorerst noch in überschaubaren Grenzen. Trotz mancher Fehlentwicklungen steckt im Grundgedanken des Bologna-Systems vor allem eine beachtliche *internationalisierende* Energie. Diese Innovationskraft wirkt aber nur dann, wenn das System nicht lustlos verwaltet, sondern kreativ gestaltet wird. Wie so oft scheitert – nicht nur im Bildungswesen – die Umsetzung hochfliegender Ideen am weniger hochfliegenden Bodenpersonal. So gesehen haben die meisten Mängel des heutigen Hochschulsystems nur wenig mit dem Bologna-System zu tun, aber viel mit *hausgemachten* Unzulänglichkeiten in den Bereichen von Hochschulökonomie, Hochschulmanagement und Hochschuldidaktik. Das Management einer Vielzahl von Hochschulen entfernt sich immer mehr von der demokratischen Beteiligung der Hochschullehrer und Studierenden. Moderne, aktivierende und projektbezogene Didaktik sowie zukunftsweisendes E-Learning sind an deutschen und österreichischen Hochschulen zudem eher die Ausnahme als die Regel.

VERSCHULUNG STATT SELBSTORGANISATION

Der Grad der Verschulung hat an allen Hochschultypen massiv zugenommen. Vor allem an den Fachhochschulen – und immer öfter auch an Universitäten – gibt es viel zu wenige Wahlmöglichkeiten. Von interdisziplinärer Querschnittbildung, fundierter Persönlichkeitsbildung und selbst organisiertem Projektstudium gar nicht zu reden. Diese Engführung der Hochschulbildung wurde in den vergangenen Jahren von den Hochschulen selbst vorangetrieben – mit dem Vorwand des angeblichen Bedarfs der Wirtschaft an Absolventinnen und Absolventen mit praktisch verwertbarem Wissen. Fragt man allerdings die Personalverantwortlichen der real existierenden Unternehmen, so sehnen sie sich mehrheitlich nach jungen Mitarbeiterinnen und Mitarbeitern mit breiter Allgemeinbildung und entwickelter Persönlichkeit.

SPALTUNG DER HOCHSCHULLANDSCHAFT
IN FACHHOCHSCHULEN UND UNIVERSITÄTEN

Weltweit gibt es nur in sehr wenigen Ländern die in Deutschland und Österreich realisierte strukturelle Trennung von Fachhochschulen und Universitäten. Obwohl die Profile von *Fachhochschulen* und *Universitäten* sich einander immer stärker annähern, ändert sich an der strukturellen Trennung nur wenig. Faktisch gibt es an den Universitäten eine ganze Reihe von Studien, die überwiegend der *berufs*bezogenen Logik von Fachhochschulen entsprechen, etwa weite Teile der Ausbildung von Juristinnen und Juristen oder der Ausbildung von Ärztinnen und Ärzten. Die Absolventinnen und Absolventen der Wirtschafts- und Technikstudien sowohl an den Universitäten als auch an den Fachhochschulen schließen mit gleich lautenden akademischen Graden ab und bewerben sich erfolgreich auf dem gleichen Arbeitsmarkt um die gleichen Jobs. Zukünftig wird sich wohl die hochschulpolitische Frage stellen, ob diese typisch deutsche und österreichische Spaltung der Hochschullandschaft noch zeitgemäß ist.

WILDWUCHS BEI FREI FINANZIERTEN UNIVERSITÄREN WEITERBILDUNGS-STUDIENGÄNGEN

Zu den oben angesprochenen Profilproblemen im Spannungsfeld zwischen Fachhochschulen und Universitäten kommt seit einigen Jahren noch die mittlerweile unübersehbare Menge an frei finanzierten und zum Teil sehr teuren Weiterbildungs-Studiengängen mit einem breiten Spektrum an gewöhnungsbedürftigen und geradezu operettenhaften Titeln. Spätestens mit dieser Entwicklung entstand ein heiß umkämpfter Bildungsmarkt, der nach allen Regeln des modernen Marketings erobert wird. Wenn der Kunde Glück hat, stimmt das geschickt aufgebaute Image einer solchen Bildungsmarke mit der gebotenen Qualität überein. Manchmal sind solche Angebote jedoch eigentlich ein Fall für die Konsumentenberatung.

BILDUNG IN DER FREIZEIT – VIELFALT DER LERNORTE

Bildung in der Freizeit ist von einer Vielzahl von Anlässen und Orten des Lernens geprägt. Im Bereich der *außerschulischen Jugendbildung* führt der Trend weg von ehrenamtlich strukturierten Jugendorganisationen, hin zu professionalisierten Angeboten der offenen Jugendarbeit – im Zusammenspiel von Sozialpädagogik und Freizeit- bzw. Kulturpädagogik. In der *Erwachsenenbildung* wurden in den vergangenen Jahren die Angebote der *berufs*bezogenen Bildung immer wichtiger. Dieser Trend wird sich offensichtlich auch weiterhin fortsetzen. Für die Einrichtungen der Erwachsenenbildung wird zukünftig der Bildungsbedarf in der Zielgruppe der *älteren Arbeitnehmerinnen und Arbeitnehmer* im Rahmen der Entwicklung einer alter(n)sgerechten Arbeitswelt eine neue Herausforderung darstellen. Das Segment der allgemein- und persönlichkeitsbildenden Institutionen der Erwachsenenbildung – also die Volkshochschulen oder die Bildungsinstitute der Kirchen – hat in den vergangenen Jahren leicht an Bedeutung verloren.

Dabei wird dieser Typus der Erwachsenenbildung auch hinsichtlich der Vorbereitung auf die immer länger werdende *nachberufliche* Lebensphase immer bedeutsamer.

Die Besonderheit der in der Zukunft immer wichtiger werdenden *Edutainment-Angebote* liegt in der Verknüpfung von Bildung und Unterhaltung. Ein gutes Beispiel für Edutainment in der Freizeit sind Science Center. Science Center sind der Definition nach naturwissenschaftlich orientierte Experimentierfelder, die einen Einblick in Grundlagen der Naturwissenschaft bieten. Oftmals werden sie auch als Erlebnis-, Wissenschafts-, Interaktiv- oder Mitmachmuseen bezeichnet. Oberster Grundsatz ist das direkte Einbeziehen der Besucher durch diverse „Hands-on"-Experimentierstationen. *Hands-on* bezeichnet in diesem Zusammenhang die Aufforderung an die Gäste, selbst Versuche an den Exponaten durchzuführen. Die für Museen ungewöhnliche Aufforderung „Anfassen erwünscht" statt des rigorosen „Berühren verboten" verschafft den Besuchern die Gelegenheit, direkter, tiefer und vor allem in einer einfachen, spielerischen Weise mit Phänomenen, Produkten und Prozessen der Wissenschaft in Berührung zu kommen. Ohne an dieser Stelle konkret auf unterschiedliche Ausprägungsformen und Konzepte von Science Centern einzugehen, kann festgehalten werden, dass sich in Science Centern die Elemente Bildung, Erlebnis und Unterhaltung auf gelungene Weise vermischen. Das zu vermittelnde „Wissen" wird nicht mehr – wie traditionell in Museen – mithilfe von Vitrinen, Wandtafeln oder Schaukästen präsentiert, sondern erlebnisorientiert unter Einbeziehung des Besuchers anhand von Experimenten oder Simulatoren aufbereitet und vermittelt. Bei diesen außerschulischen Lern- und Erlebnisorten gilt das Prinzip der Selbststeuerung und der interaktiven Auseinandersetzung mit grundlegenden Phänomenen und technischen Prinzipien: Die Ausstellungsstücke regen zur Selbsttätigkeit an. Die Besucher sollen die Stationen individuell auswählen, wodurch auch die Lernprozesse individuell verschieden sind. Science Center bieten somit die Möglichkeit, erstens erworbenes Wissen auf eine neue Art zu vertiefen, zweitens ergänzend zur Schule bzw. zur Erwachsenenbildung Wissen zu erfahren und drittens das eigene Interesse für Neues zu entdecken (z. B. durch spezielle Kurse). Als ein weiteres Beispiel für Edutainment in der Freizeit sind Freizeit- und Themenparks anzuführen. Diese vereinen zunehmend unterhaltende und bildende Elemente. Freizeit- und Themenparks vermitteln über Thematisierungen und Inszenierungen ebenso wie über bauliche Arrangements und Installationen bildungsrelevante Erlebnisse. Dadurch tauchen die Besucher emotional in eine Thematik ein und erwerben gleichzeitig – auf der kognitiven Lernebene – neues Wissen. Exemplarisch können hier Shows, Akrobatikaufführungen oder auch Simulationen genannt werden, die meist auch vertiefende Informationsblöcke beinhalten. Und selbst die vielfältigen Fahrattraktionen ermöglichen ein „Learning by Feeling". So lassen sich etwa durch die Erlebnisse bei der Fahrt mit der Achterbahn physikalische Phänomene – wie die Fliehkraft – körperlich „erfahren".

BILDUNGSFORSCHUNG ZWISCHEN STATUS QUO UND QUO VADIS?

Viele Studien im Bereich der Bildungsforschung bleiben in der Analyse des *Status quo* stecken. Zukünftig sollte die Bildungsforschung häufiger auch fragen: *„quo vadis?"*, also zukunftsbezogene Fragen stellen. Zum Beispiel diese:

- Wie kann Bildungspolitik so umgestaltet werden, dass sie sich nicht nur um Schulen und Hochschulen kümmert, sondern auch um das *Wissensmanagement in Unternehmen*, um *lebenslanges Lernen* und um das immer stärker individualisierte und modularisierte Bildungsangebot im World Wide Web?

- Soll zukünftig – nach Abschluss der ersten acht bis neun Schuljahre – die Aufgabe der Wissensvermittlung (im engeren Sinne) weitgehend aus der Schule ausgelagert und mithilfe der neuen Medien „individualisiert" werden?

- Wie ließen sich dabei die Finanzierung durch die öffentliche Hand sowie die unverzichtbare staatliche Koordination und Qualitätssicherung gestalten, und wer wäre für die Steuerung und Zertifizierung zuständig?

- Sind in zwei Jahrzehnten die ersten halbwegs funktionierenden elektronischen Dolmetschprogramme am Markt, die die direkte Übersetzung einfacher, gesprochener Texte in die wichtigsten Sprachen ermöglichen?

41

- Soll zukünftig der schulische Sportunterricht und der Unterricht in den künstlerischen Fächern durch eine enge Kooperation mit den Sportvereinen und Kultureinrichtungen ersetzt werden? Sollten auch Museen, Science Center, die außerschulische Jugendarbeit und die Einrichtungen der Erwachsenenbildung in derartige Bildungsnetzwerke mit einbezogen werden?

- Welche Rollen könnten und sollten öffentliche Schulen und Universitäten in diesem bunten Bildungsnetzwerk wissensorientierter Dienstleistungen spielen?

ZWISCHEN VERGANGENHEITS- UND ZUKUNFTSORIENTIERUNG

Von den Befragten stimmen der Aussage „In der Vergangenheit war vieles besser" zu (gerundet, in Prozent):

GESAMTBEVÖLKERUNG

NACH EINKOMMEN

< 1.500 Euro   > 3.500 Euro

NACH ALTER

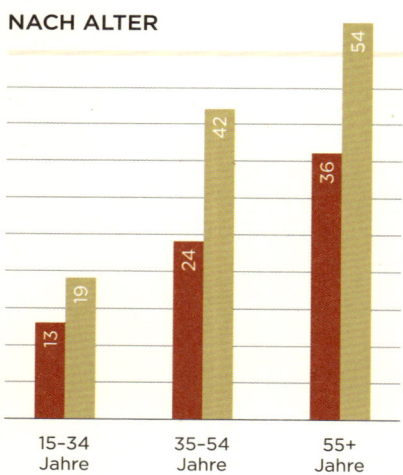

15–34 Jahre   35–54 Jahre   55+ Jahre

■ Österreich

■ Deutschland

Quelle für alle Grafiken: Erhebung in den Jahren 2010 bis 2012[1]

44

DER ÖSTERREICHISCHE SCHRIFTSTELLER Alfred Polgar (1873–1955) hat seine Landsleute einmal folgendermaßen charakterisiert: „Die Österreicher sind ein Volk, das mit Zuversicht in die Vergangenheit blickt." Heutzutage schließt sich allerdings nur mehr ein Viertel der Menschen in der Alpenrepublik der Aussage an: „In der Vergangenheit war vieles besser." Ganz anders in Deutschland, wo 40 Prozent der Befragten der Vergangenheit nachtrauern. In beiden Ländern ist die Vergangenheitsorientierung erwartungsgemäß bei den Älteren stärker ausgeprägt als bei den Jüngeren. Bei Bevölkerungsgruppen mit hohem Einkommen ist die Verklärung der Vergangenheit deutlich stärker verbreitet als bei jenen mit niedrigem Einkommen.

Insgesamt brauchen wir in unserer schnelllebigen Zeit viel mehr kritische Auseinandersetzung mit Zukunftsfragen. Dies muss in der Schule beginnen, in der zu viele Inhalte wie ein Echo der Vergangenheit klingen. Aber auch die Bildungspolitik ist heute meist kaum mehr als eine Krisenintervention für eine Schul- und Hochschulpädagogik von gestern. Vorausschauende Bildungspolitik müsste sich allerdings um die Bildungswelt von morgen und übermorgen kümmern. Kein Wunder, dass wir an den Hochschulen und Universitäten des deutschsprachigen Raums hunderte von Instituten für Geschichte haben, aber nicht einmal eine Handvoll Institute für Zukunftsforschung.

Dies ist jedoch kein Plädoyer gegen die Auseinandersetzung mit unserer Tradition. Denn die Zukunft ist tief in unserer Geschichte verwurzelt. Es müsste jedoch klarer herausgearbeitet werden, dass es bei der Beschäftigung mit gestern vor allem um eine Orientierung für morgen geht. Manchmal entsteht der Eindruck, dass sich allzu viele Menschen, aber auch allzu viele Institutionen und Unternehmen in Deutschland und Österreich so verhalten wie ein Autofahrer, der mit 160 Stundenkilometern vorwärts rast – jedoch mit dem Blick in den Rückspiegel.

45

ERWARTUNGEN FÜR DAS NEUE JAHR:
ZUKUNFTSOPTIMISMUS WÄCHST WIEDER

Im Hinblick auf die Erwartungen für das neue Jahr stimmen von den Befragten der Aussage „Ich blicke mit Zuversicht auf das kommende Jahr" zu (gerundet, in Prozent):

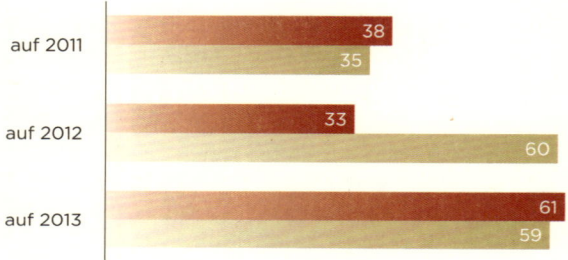

	Österreich	Deutschland
auf 2011	38	35
auf 2012	33	60
auf 2013	61	59

■ Österreich   ■ Deutschland

ENDE 2010 war die seit 2008 tobende Finanz- und Wirtschaftskrise auch in den Köpfen der ÖsterreicherInnen und der Deutschen angekommen. Beim Vorausblick auf das Jahr 2011 sank daher der Zukunftsoptimismus in beiden Ländern auf einen historischen Tiefpunkt.

Ein Jahr später – beim Vorausblick auf 2012 – stieg die Zuversicht in Deutschland wieder rasant an. In Österreich dagegen dominierte noch die Zukunftsangst, und die Werte für den positiven Blick in die kurzfristige Zukunft befanden sich noch im Keller.

Bei der im Dezember 2012 repräsentativ abgefragten Vorausschau auf 2013 kehrte der Optimismus auch in die Alpenrepublik zurück, und die beiden Nachbarländer lagen nun fast gleichauf. Ende 2012 blickten drei von fünf BürgerInnen – und damit fast doppelt so viele wie im Dezember 2011 – zuversichtlich auf das kommende Jahr.

Wenn es um die Einschätzung der Zukunftsentwicklung geht, spielt seit jeher die Höhe des Einkommens eine entscheidende Rolle. Die große Mehrheit der Besserverdienenden kann es sich offensichtlich leisten, positiv in die Zukunft zu blicken. Bei Menschen mit geringerem Einkommen sinkt dagegen gerade in Zeiten von Unsicherheit und Krisenangst das Vertrauen in die Zukunft. Die Gründe sind nachvollziehbar. Denn wer nur über bescheidene finanzielle Ressourcen und Reserven verfügt, rutscht rasch in die Talsohle der Kaufkraft ab.

Sowohl in Österreich als auch in Deutschland war und ist die Zuversicht der älteren Bürgerinnen und Bürger deutlich weniger ausgeprägt als im Bevölkerungsdurchschnitt. Den Ausgleich für diese niederen Werte verdanken wir dem Zukunftsoptimismus der jungen Menschen, die sich wieder mehr auf ihre Chancen als auf die Probleme und Risiken konzentrieren. So glaubten etwa Ende 2012 drei Viertel der unter 30-Jährigen in Österreich und sogar vier Fünftel ihrer Altersgenossen in Deutschland fest daran: 2013 wird ein gutes Jahr.

ZUKUNFTSHORIZONT DER ÖSTERREICHER UND DEUTSCHEN

Die Befragten antworten auf die Frage „Wie weit planen Sie voraus?" folgendermaßen (gerundet, in Prozent):

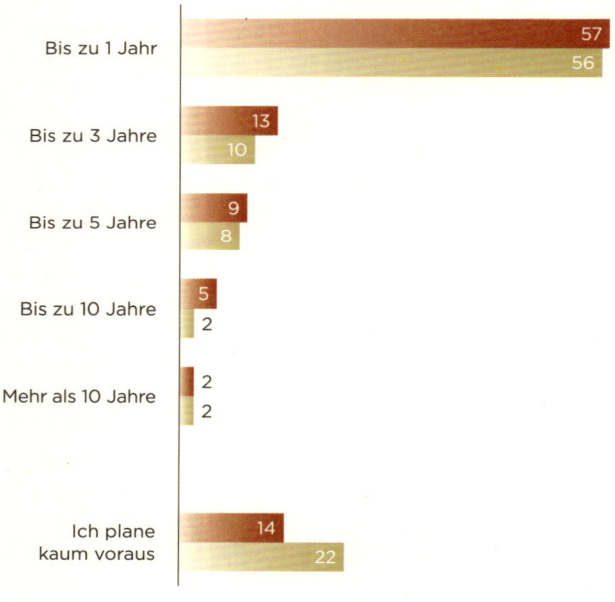

Bis zu 1 Jahr — 57 / 56
Bis zu 3 Jahre — 13 / 10
Bis zu 5 Jahre — 9 / 8
Bis zu 10 Jahre — 5 / 2
Mehr als 10 Jahre — 2 / 2
Ich plane kaum voraus — 14 / 22

Österreich   Deutschland

DER PLANUNGSHORIZONT der großen Mehrheit der ÖsterreicherInnen (57 %) und der Deutschen (56 %) reicht nicht wesentlich über ein Jahr hinaus. Nur 13 Prozent der Österreicher und zehn Prozent der Deutschen planen bis zu drei Jahre voraus. Am Fünf-Jahres-Plan beteiligt sich nicht einmal mehr ein Zehntel der Österreicher und der Deutschen, und die Vorausplanung auf zehn und mehr Jahre ist in beiden Ländern ein sehr bescheidenes Minderheitenprogramm. Beachtliche 14 Prozent der ÖsterreicherInnen und sogar 22 Prozent der Deutschen bekennen sich zu der Aussage „Ich plane kaum voraus". In Deutschland gibt es also mehr radikale Planungsverweigerer als in Österreich. Erstaunlicherweise halten sich in beiden Ländern die Unterschiede im Hinblick auf Alter, Bildungsgrad oder Einkommen in überschaubaren Grenzen.

Hier sind Politik, Bildungseinrichtungen und Medien gefordert, Zukunftsbilder im Spannungsfeld zwischen Chancen und Gefahren zu präsentieren. Aber auch die Zukunftsforschung sollte sich um eine ausgewogenere öffentliche Präsentation ihrer Ergebnisse bemühen. Die Alles-wird-gut-Propheten, die sich mit unhinterfragtem Zukunftsoptimismus profilieren, sind hier ebenso angesprochen wie die Propheten des immer und überall lauernden Weltuntergangs.

Bei der Zukunftsplanung geht es um eine realistische Bewertung von Ressourcen und Kompetenzen einerseits und das visionäre Ausloten zukünftiger Entwicklungsmöglichkeiten andererseits. Bei Visionen sind allerdings manche Menschen skeptisch. So wird etwa sowohl dem ehemaligen deutschen Kanzler Helmut Schmidt als auch seinem früheren österreichischen Amtskollegen Franz Vranitzky die Aussage zugeschrieben: „Wer Visionen hat, braucht einen Arzt." Vielleicht ließe sich dieser Gedankengang folgendermaßen weiterführen: „Die Zukunftsforschung ist die Medizin für jene Menschen, die keine Visionen haben."

DRINGEND ZU BEWÄLTIGENDE PROBLEME DER WELT

Die Befragten antworten auf die Frage „Wenn Sie jetzt einmal an die Probleme der Welt denken, welche der folgenden globalen Herausforderungen sollten Ihrer Meinung nach in Zukunft am dringendsten angegangen werden?" folgendermaßen (gerundet, in Prozent):

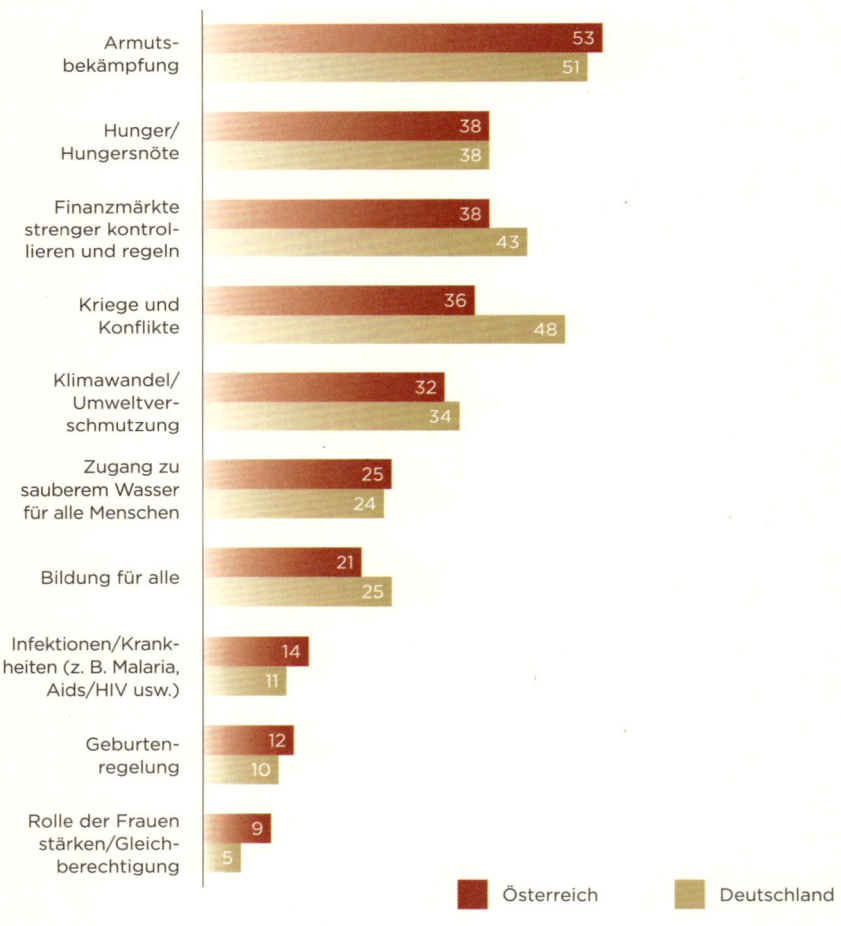

	Österreich	Deutschland
Armutsbekämpfung	53	51
Hunger/Hungersnöte	38	38
Finanzmärkte strenger kontrollieren und regeln	38	43
Kriege und Konflikte	36	48
Klimawandel/Umweltverschmutzung	32	34
Zugang zu sauberem Wasser für alle Menschen	25	24
Bildung für alle	21	25
Infektionen/Krankheiten (z. B. Malaria, Aids/HIV usw.)	14	11
Geburtenregelung	12	10
Rolle der Frauen stärken/Gleichberechtigung	9	5

WENN DIE ÖSTERREICHER UND DIE DEUTSCHEN über die Grenzen ihrer hochprivilegierten Länder hinaus auf die Probleme der großen und weiten Welt blicken, dann denken sie vor allem an die globale Herausforderung, nachhaltige Maßnahmen gegen Armut und Hunger zu ergreifen. Immerhin verhungern pro Tag rund 25.000 (!) Menschen, obwohl es weltweit genügend Nahrungsmittel für alle gäbe. Bereits an dritter Stelle des Forderungskatalogs der ÖsterreicherInner und Deutschen steht die weltweit wirkungsvolle, strenge Kontrolle und Regelung der Finanzmärkte. Dazu gibt es zwar seit Jahren immer wieder vollmundige Ankündigungen der Politik, jedoch keine sichtbaren Erfolge.

Mehr als ein Drittel der ÖsterreicherInnen und fast die Hälfte der Deutschen wünschen sich für die Zukunft eine deutliche Reduktion von Kriegen und Konflikten. Seit dem letzten Weltkrieg gab es zwar erfreulicherweise keine globale kriegerische Auseinandersetzung mehr, allerdings verloren viele Millionen Menschen ihr Leben in rund 250 lokalen Kriegen und bewaffneten Konflikten. Aus der weltumfassenden Perspektive der ÖsterreicherInnen und der Deutschen geht es also vor allem um Sozial-, Ernährungs-, Finanz- und Friedenspolitik. Erst auf Platz fünf findet sich die Forderung nach einer länderübergreifenden Klima- und Umweltpolitik, und lediglich 25 Prozent der Österreicher und 24 Prozent der Deutschen betrachten den Zugang zu sauberem Wasser für alle Menschen der Erde als wichtig.

Erstaunlicherweise halten auch nur rund ein Viertel der Deutschen und sogar nur ein Fünftel der Österreicher die entwicklungspolitisch so wesentliche Verbesserung der Bildungsangebote für dringlich. Und weit abgeschlagen landen die Forderungen nach einer globalen Gesundheitspolitik und nach Geburtenregelung am achten und neunten Platz. Einer der global bedeutendsten Politikbereiche, die Stärkung der Rolle der Frauen, findet sich leider erst auf dem letzten Platz. Bei dieser Zukunftsfrage zeigen die Deutschen noch mehr Zurückhaltung als die Österreicher.

KRISEN ALS CHANCE FÜR EINE BESSERE ZUKUNFT

Von den Befragten stimmen der Aussage „Wir leben in fortgesetzten Krisenzeiten – erst Finanz- und Wirtschaftskrise, jetzt die Eurokrise. Auch in naher Zukunft wird es weiterhin Krisen geben" zu (gerundet, in Prozent):

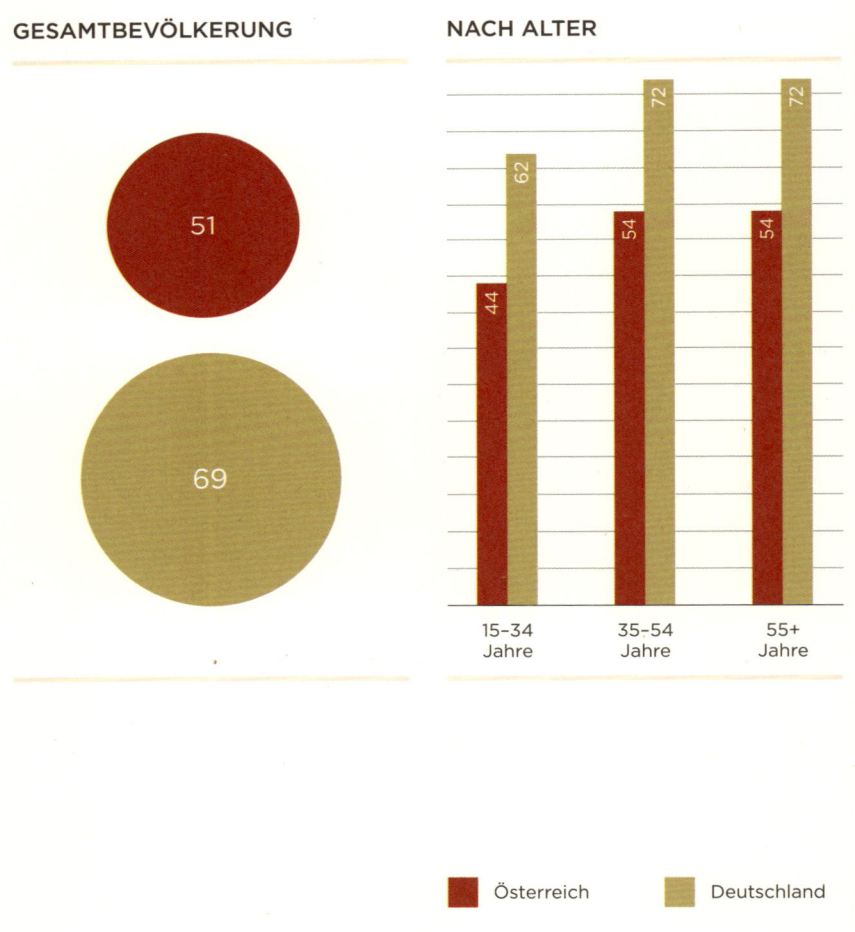

GESAMTBEVÖLKERUNG

51

69

NACH ALTER

	15–34 Jahre	35–54 Jahre	55+ Jahre
Österreich	44	54	54
Deutschland	62	72	72

■ Österreich   ■ Deutschland

IM ALLTÄGLICHEN SPRACHGEBRAUCH klingt das Wort „Krise" wie eine gefährliche Drohung. Im Altgriechischen war „Krisis" allerdings ein neutraler Begriff für den Wendepunkt in einem Entwicklungsprozess. So gesehen war und ist zum Zeitpunkt einer Krise niemals klar, ob sich die Lage positiv oder negativ entwickelt. Jede Krise kann also die Wende in Richtung einer besseren Zukunft einläuten. In diesem Fall sprechen wir gerne von der Krise als Chance. Eine Krise kann aber auch der Anfang vom Ende sein. Solche Formen des nachhaltigen Niedergangs bezeichneten die alten Griechen als „Katastrophe".

Offensichtlich wird das menschliche Leben durch eine Serie von Wendepunkten bzw. Krisen geprägt. Nüchtern betrachtet ist also die Ungewissheit der Normalfall. Aber Ungewissheit aktiviert Zukunftsangst. Kein Wunder, dass wir uns nach mehr linearer Logik und weniger Wendepunkten sehnen. Deshalb klammern wir uns allzu gerne an unsere Gewohnheiten, die Stabilität suggerieren und Sicherheit spenden. Gewohntes Verhalten ändern wir nur dann, wenn es „not-wendig" ist, also der Abwendung von Not dient. Dies gilt nicht nur für unser individuelles Verhalten, sondern auch für unsere gesellschaftlichen Verhältnisse: Mehr als die Hälfte der ÖsterreicherInnen und sogar mehr als zwei Drittel der Deutschen gehen davon aus, dass es auch in naher und ferner Zukunft Krisen in Politik und Wirtschaft geben wird.

Eine wachsende Zahl von ExpertInnen lebt sehr gut von Verfahren zur Reduktion der kollektiven Krisenangst. Man denke nur an die beruhigende Wirkung von Risikomanagement, Trendforschung und Wirtschaftsprognostik, welche uns die Illusion eines wissenschaftlich abgesicherten Wissens über die Zukunft vermitteln. Vielleicht müssten wir uns aber gar nicht so sehr fürchten. Denn „Krise kann ein produktiver Zustand sein. Man muss ihr nur den Beigeschmack der Katastrophe nehmen" (Max Frisch).

ZUKUNFTSBILDER ZUM ÖKOLOGISCHEN FUSSABDRUCK

Von den Befragten stimmen der Aussage „Der Klimawandel bringt ernste Veränderungen für mein Land" zu (gerundet, in Prozent):

Von den Befragten stimmen der Aussage „Mein Land ist ein umweltbewusstes Land" zu (gerundet, in Prozent):

GESAMTBEVÖLKERUNG

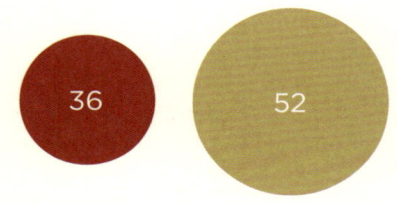

GESAMTBEVÖLKERUNG

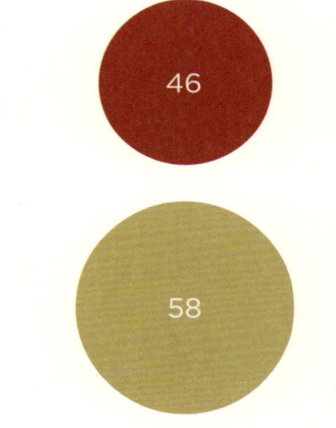

NACH GESCHLECHT

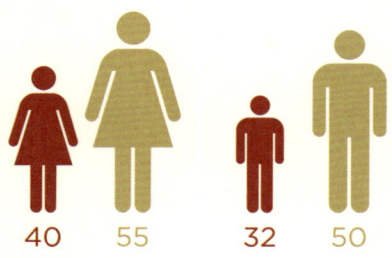

34
14- bis 34-Jährige
47

41
14- bis 34-Jährige
54

 Österreich    Deutschland

DIE ZUKUNFTSANGST VIELER MENSCHEN bezieht sich auf die Katastrophenszenarien des Klimawandels: schmelzende Gletscher, steigender Meeresspiegel, Ozonloch, Hitzewellen, Waldbrände und Wassermangel. Beim Thema Klimawandel unterscheiden sich die Meinungsbilder der ÖsterreicherInnen und der Deutschen sehr stark. Während in Deutschland mehr als die Hälfte der Menschen negative Effekte für die eigene Heimat befürchtet, erwartet dies rund ein Drittel der Österreicher. In beiden Ländern sind die Frauen besorgter als die Männer. Die junge Generation in Österreich und Deutschland betrachtet die zukünftige Klimaentwicklung relativ entspannt.

Wenn es allerdings um die Bewertung des Umweltbewusstseins geht, sind die Jungen kritischer als die Älteren. Dies gilt auch für Österreich, wo weniger als die Hälfte der Bürgerinnen und Bürger (46 %) an die Umweltfreundlichkeit des eigenen Landes glaubt. In Deutschland glauben dies immerhin 58 Prozent. Im Vergleich mit der Landwirtschaft, dem Güterverkehr auf unseren Straßen oder der Energiegewinnung und der industriellen Produktion ist der Anteil der privaten Haushalte an der Umweltverschmutzung bekanntlich überschaubar.

Dennoch können auch die einzelnen Bürgerinnen und Bürger positive Beiträge leisten, etwa durch ökologisch sensiblen Lebensmittelkonsum, weniger Wasserverbrauch, Absenken der Heiztemperaturen oder Reduktion der Autofahrten und Flugreisen. Allerdings wirken derartige Verhaltensänderungen nur dann, wenn eine große Menge von Menschen alltäglich und systematisch den ökologischen Fußabdruck verkleinert. Diese massenhafte Verhaltensmodifikation gelingt nur mithilfe umfassender ökologischer Bildung, an der sich auch die Medien stärker beteiligen müssten. Besonders rasch lernt die Mehrheit der Menschen durch die Einsicht, dass sich ökologisches Verhalten ökonomisch rechnet. Moralisierende Verzichtsparolen mit erhobenem Zeigefinger bringen dagegen nur wenig.

SELBSTSTÄNDIGKEIT IN ALLEN LEBENSLAGEN

Die Befragten antworten auf die Frage „Selbstständig/eigenverantwortlich sein hat je nach den persönlichen Anforderungen des Lebens eine unterschiedliche Bedeutung. Wie wichtig ist es Ihrer Meinung nach, dass es in verschiedenen Lebenssituationen selbstständige Menschen gibt?" folgendermaßen (gerundet, in Prozent):

	Österreich	Deutschland
In der Freizeit	80	81
In der Schule/Ausbildung	78	82
Im Beruf als Angestellter	76	75
Als Freiberufler oder selbstständiger Unternehmer	65	65

■ Österreich   ■ Deutschland

„SELBSTSTÄNDIGKEIT" IST EIN VIELDEUTIGER BEGRIFF. Er kann die Gründung eines Unternehmens, das Ausziehen von Jugendlichen aus dem „Hotel Mama" oder auch die eigenverantwortliche Lösung eines beruflichen Problems durch einen Angestellten meinen. Für 80 Prozent der ÖsterreicherInnen und 81 Prozent der Deutschen ist Selbstständigkeit eine unverzichtbare Voraussetzung für die Gestaltung der Freizeit. Denn schon heute – und in Zukunft immer mehr – gibt es eine geradezu unübersehbare Menge an Freizeitangeboten. Wer nicht einfach nur konsumieren will, muss selbstständig entscheiden und gelegentlich auch Nein sagen können.

Selbstständigkeit bzw. Eigenverantwortlichkeit als Lernziel in der schulischen Ausbildung ist den Deutschen wichtiger als den Österreichern. Der Großteil der Befragten ist nämlich davon überzeugt, dass junge Menschen – zukünftig noch mehr als heute – lernen müssen, sich selbstständig um ihre Belange zu kümmern.

Zwei Drittel der ÖsterreicherInnen und der Deutschen glauben an die Wichtigkeit von Selbstständigkeit im Sinne von Unternehmertum. Derzeit liegt der Anteil der Selbstständigen an allen Erwerbstätigen in Österreich bei knapp zwölf Prozent, in Deutschland bei elf Prozent und in beiden Ländern unter dem EU-Durchschnitt von 15 Prozent. In mittelfristiger Perspektive wird sich die Selbstständigenquote leicht erhöhen, und zwar vor allem im Bereich der Ein-Personen-Unternehmen (z. B. Ich-AGs). Somit bleibt die so genannte unselbstständige Erwerbstätigkeit die mit Abstand dominanteste Größe auf dem Arbeitsmarkt.

Drei Viertel der Österreicher und der Deutschen betonen in diesem Zusammenhang die große Bedeutung von selbstständig denkenden und handelnden Angestellten. Diese Sichtweise entspricht dem Trend, dass die so genannte unselbstständige Erwerbstätigkeit im Innenverhältnis immer selbstständiger wird.

ERZIEHUNG ZUR SELBSTSTÄNDIGKEIT

Die Befragten antworten auf die Frage „Welche Einflüsse (Erziehung, soziales Umfeld usw.) tragen am ehesten zur beruflichen Selbstständigkeit bzw. zu eigenverantwortlichem Handeln bei?" folgendermaßen (gerundet, in Prozent):

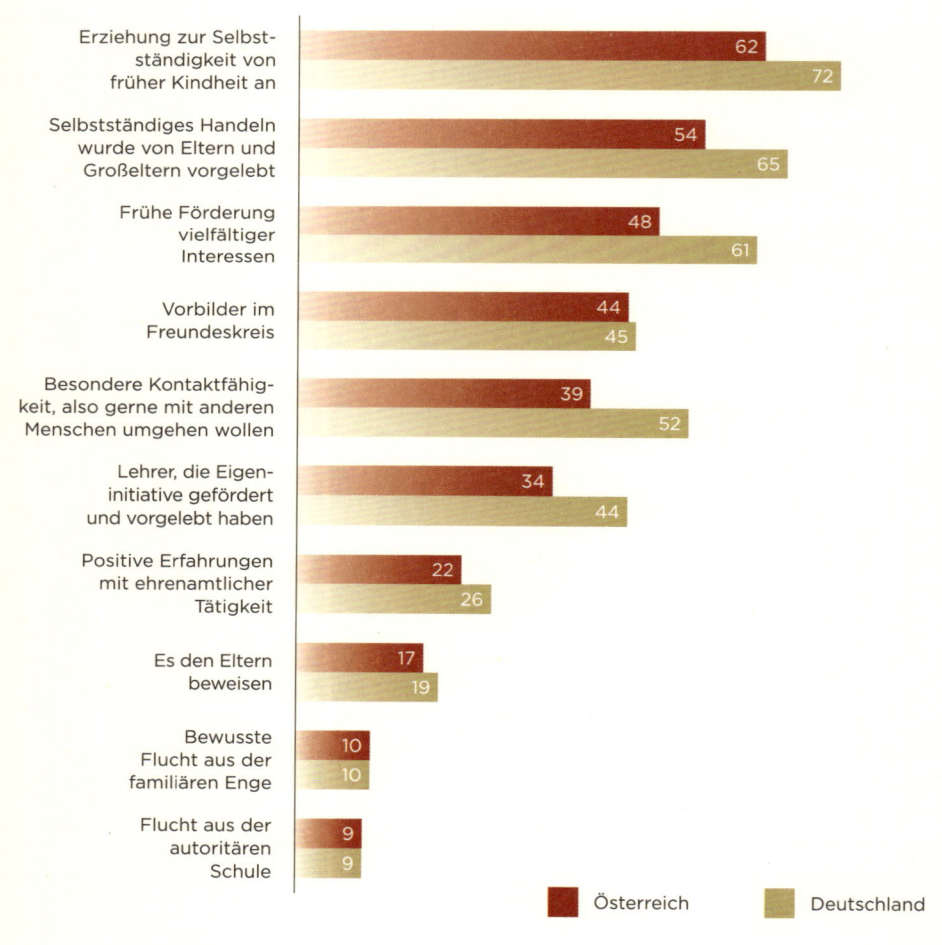

	Österreich	Deutschland
Erziehung zur Selbstständigkeit von früher Kindheit an	62	72
Selbstständiges Handeln wurde von Eltern und Großeltern vorgelebt	54	65
Frühe Förderung vielfältiger Interessen	48	61
Vorbilder im Freundeskreis	44	45
Besondere Kontaktfähigkeit, also gerne mit anderen Menschen umgehen wollen	39	52
Lehrer, die Eigeninitiative gefördert und vorgelebt haben	34	44
Positive Erfahrungen mit ehrenamtlicher Tätigkeit	22	26
Es den Eltern beweisen	17	19
Bewusste Flucht aus der familiären Enge	10	10
Flucht aus der autoritären Schule	9	9

DER BEKANNTE SOZIOLOGE Ulrich Beck hat schon in den 80er Jahren des vergangenen Jahrhunderts prognostiziert, dass in modernen Gesellschaften die Verantwortung für die Risiken des menschlichen Lebens immer mehr vom einzelnen Menschen zu tragen sein würde. Beck betitelte seine Analyse mit einem Begriff, der unterdessen in die Alltagssprache eingeflossen ist: „Risikogesellschaft". In diesem Sinne werden Selbstständigkeit und Eigenverantwortung immer wichtiger.

Aber wie lernt man diese Zukunftskompetenzen? Die ÖsterreicherInnen und die Deutschen vertreten dazu ähnliche Alltagstheorien: Laut diesem grenzüberschreitenden Meinungsbild muss die Erziehung zu Selbstständigkeit und Eigenverantwortung von frühester Kindheit an erfolgen. Dabei geht es vor allem um die frühe Förderung vielfältiger Interessen und um soziales Lernen im Kontakt mit den Bezugspersonen der kindlichen Mitwelt.

Große Bedeutung kommt auch dem so genannten Modelllernen zu, also der Orientierung am Vorbild von Eltern, Großeltern, KindergartenpädagogInnen, LehrerInnen, älteren Geschwistern oder Freundinnen und Freunden. Die Rolle des elterlichen Vorbilds wird von den älteren Befragten überdurchschnittlich hoch und – erwartungsgemäß – von den jüngeren eher gering bewertet.

Besonders lehrreich sind selbstverständlich die positiven Vorbilder. Manchmal kann aber auch der Protest gegen negative Erfahrungen in Familie oder Schule zu mehr Selbstständigkeit und Eigenverantwortung führen. Vor allem dann, wenn junge Menschen ein eigenständiges Gegenprogramm zu familiärer Enge entwickeln. Oder wenn sie ihren Eltern beweisen wollen, was in ihnen steckt. Es verwundert nicht, dass diese protestgesteuerte Variante der Entwicklung von Selbstständigkeit überdurchschnittlich stark von der Jugend vertreten wird.

DIE ZUKUNFTSFÄHIGKEIT UNSERER BILDUNGSSYSTEME

Von den Befragten stimmen der Aussage „Das Bildungssystem in meinem Heimatland bereitet die Menschen gut auf die Zukunft vor" zu (gerundet, in Prozent):

GESAMTBEVÖLKERUNG

NACH GESCHLECHT

26   25   32   26

NACH ALTER

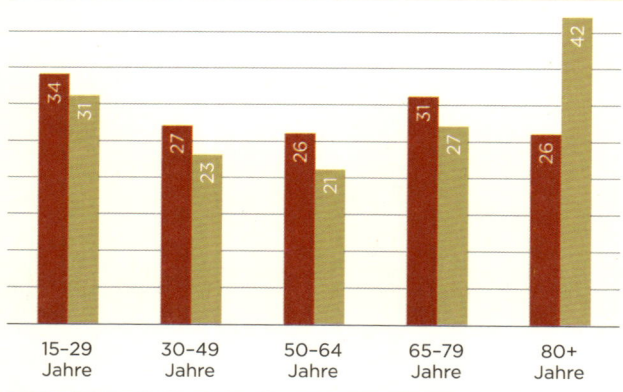

| 15–29 Jahre | 30–49 Jahre | 50–64 Jahre | 65–79 Jahre | 80+ Jahre |

Österreich

Deutschland

SOWOHL DIE ÖSTERREICHER als auch die Deutschen stellen ihren Schulen kein gutes Zeugnis aus. Denn in Österreich meinen nur 29 Prozent und in Deutschland sogar nur 26 Prozent der repräsentativ befragten Menschen, dass unser Bildungssystem die Menschen gut auf die Zukunft vorbereitet!

In der Altersgruppe der 14- bis 34-Jährigen, die entweder noch einen direkten Kontakt zum real existierenden Schulsystem hat oder deren eigene Schulzeit noch relativ kurz zurückliegt, wird das österreichische und deutsche Bildungssystem etwas besser bewertet als vom großen Rest der Befragten. Dies ist vielleicht ein kleiner Trost. Aber auch in dieser jüngeren Altersgruppe überwiegt die Skepsis. In überdurchschnittlich positiver Schul-Nostalgie schwelgen nur die über 80-jährigen Deutschen.

Das negative Meinungsbild der ÖsterreicherInnen und Deutschen unterstreicht zum wiederholten Mal die Dringlichkeit tief greifender Reformen. Seit vielen Jahren sind die notwendigen Maßnahmen bekannt. Was fehlt, ist die Umsetzung! Aber nicht nur der Politik, sondern auch den Lehrerinnen und Lehrern sollte der weit verbreitete Zweifel an der Zukunftsfähigkeit des österreichischen Bildungssystems zu denken geben! Zukunftsrelevante Bildung müsste sich verstärkt auf die Fähigkeit zum vorausschauenden Ausloten möglicher Chancen und Gefahren beziehen. Der Werbeslogan für dieses Programm könnte lauten: „Bildung als Kompass für das Kommende".

ZUKUNFTSRELEVANTE ERZIEHUNGSZIELE

Die Befragten antworten auf die Frage „Welche der folgenden
Erziehungsziele halten Sie für besonders wichtig?" folgendermaßen
(gerundet, in Prozent):

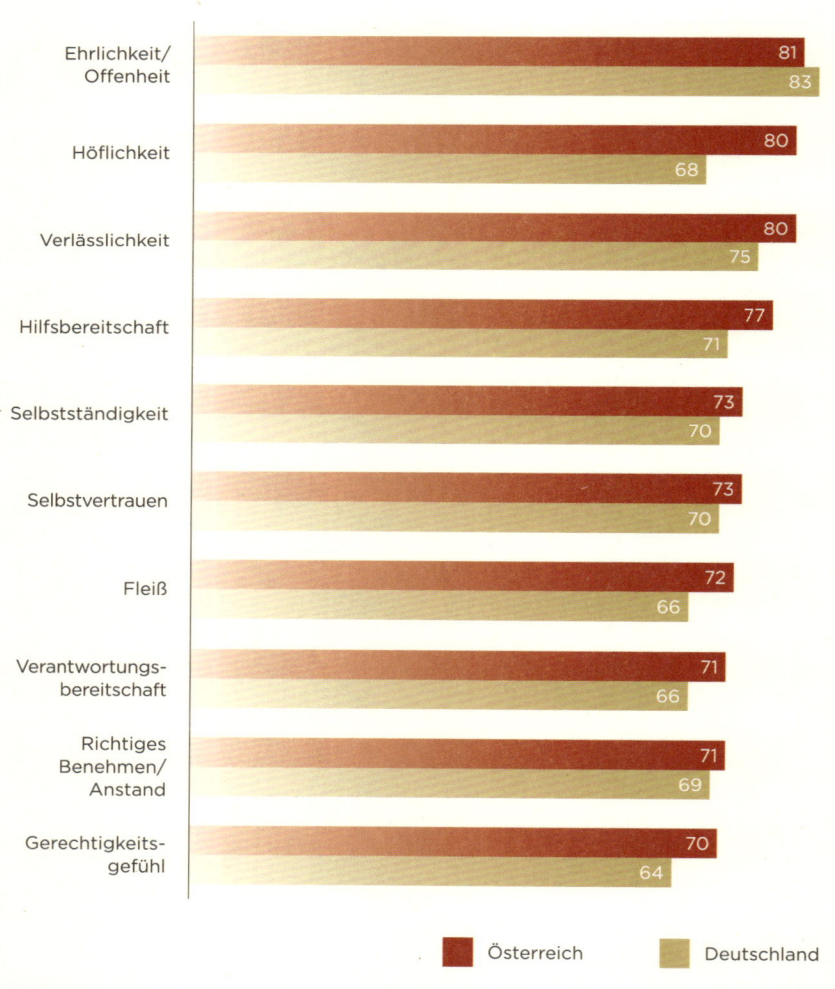

Ehrlichkeit/Offenheit — Österreich 81, Deutschland 83
Höflichkeit — Österreich 80, Deutschland 68
Verlässlichkeit — Österreich 80, Deutschland 75
Hilfsbereitschaft — Österreich 77, Deutschland 71
Selbstständigkeit — Österreich 73, Deutschland 70
Selbstvertrauen — Österreich 73, Deutschland 70
Fleiß — Österreich 72, Deutschland 66
Verantwortungsbereitschaft — Österreich 71, Deutschland 66
Richtiges Benehmen/Anstand — Österreich 71, Deutschland 69
Gerechtigkeitsgefühl — Österreich 70, Deutschland 64

■ Österreich   ■ Deutschland

ERZIEHUNG BASIERT IMMER auch auf den gegenwärtigen Annahmen, welche Verhaltensweisen und Wertvorstellungen in der Zukunft nützlich und sinnvoll sein werden. Die große Mehrheit der ÖsterreicherInnen und Deutschen hält folgende Erziehungsziele für besonders zukunftsrelevant: An der Spitze stehen Ehrlichkeit/Offenheit, Höflichkeit und Verlässlichkeit.

Auch auf den Plätzen vier bis neun folgen Ziele, die sich an traditionellen Werten orientieren: Hilfsbereitschaft Selbstständigkeit, Selbstvertrauen, Fleiß, Verantwortungsbereitschaft richtiges Benehmen/Anstand. Hohe Zustimmung (über 60 Prozent) erreichen zudem: Gerechtigkeitsgefühl, Pflichtbewusstsein, Vertrauenswürdigkeit, Toleranz, Disziplin und Kontaktfähigkeit.

Erstaunlich weit hinten (unter der 60-Prozent-Marke) landen dagegen jene Erziehungsziele, die für die engagierte Beteiligung an der Verbesserung unserer Gesellschaft unverzichtbar sind, nämlich Zivilcourage, Durchsetzungsvermögen und Kritikfähigkeit. Auch die Erziehung zu einem optimistischen Blick auf die Zukunft ist den Erziehungsberechtigten in Österreich und Deutschland ebenso wenig wichtig wie das Erziehungsziel Bescheidenheit. Besonders verwunderlich ist zudem, dass die Zukunftskompetenz „Leistungsstreben" sowohl in Österreich als auch in Deutschland im Ranking der Erziehungsziele den letzten Platz einnimmt.

ZUKUNFTSRELEVANTE ERZIEHUNGSZIELE

Die Befragten antworten auf die Frage „Welche der folgenden
Erziehungsziele halten Sie für besonders wichtig?" folgendermaßen
(gerundet, in Prozent):

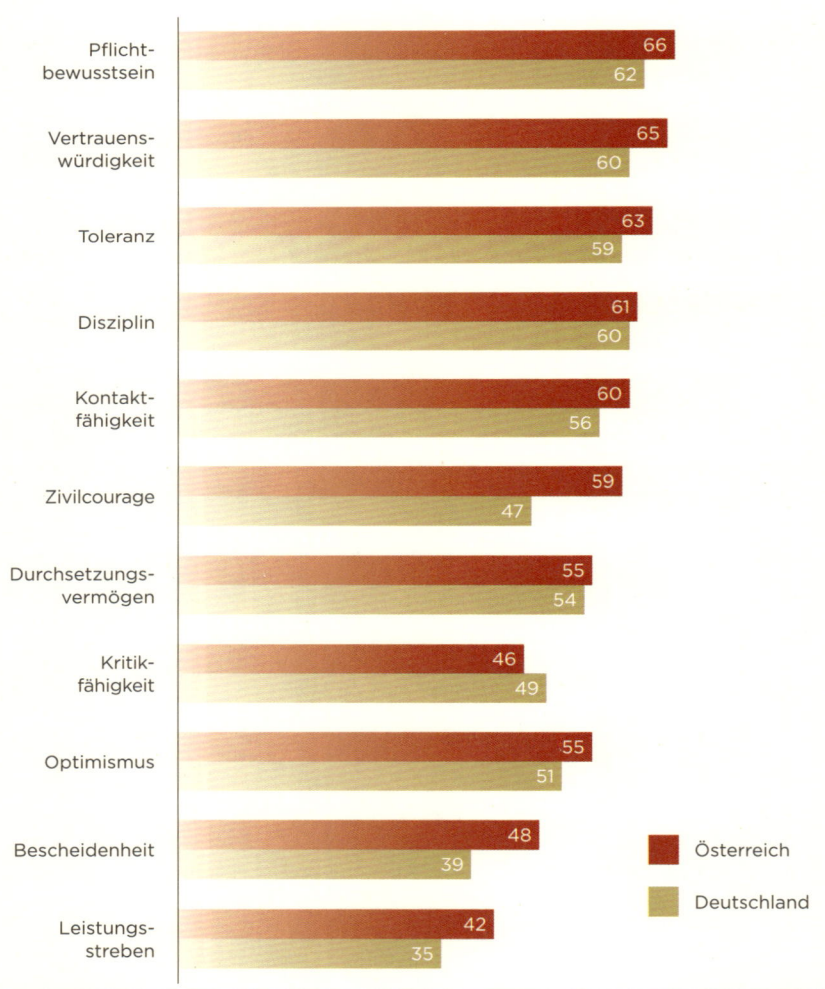

FREMDSPRACHENKOMPETENZ UND/ODER ÜBERSETZUNGSCOMPUTER

Von den Befragten stimmen der Aussage „2030 sprechen die meisten Europäer mindestens zwei Sprachen" zu (gerundet, in Prozent):

GESAMTBEVÖLKERUNG

48   48

NACH ALTER

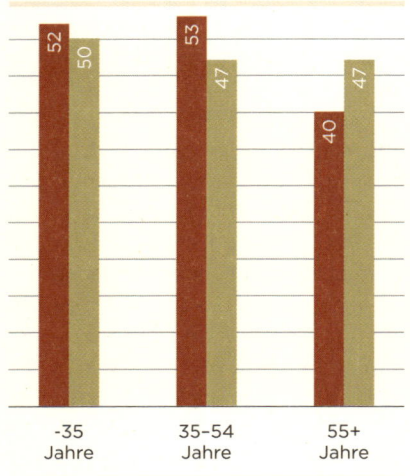

	-35 Jahre	35–54 Jahre	55+ Jahre
Österreich	52	53	40
Deutschland	50	47	47

Von den Befragten stimmen der Aussage „2030 erleichtern tragbare Geräte und Telefone mit Simultanübersetzung die Kommunikation" zu (gerundet, in Prozent):

GESAMTBEVÖLKERUNG

30   37

NACH ALTER

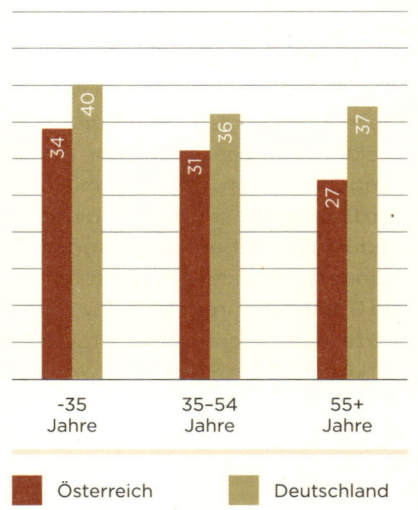

	-35 Jahre	35–54 Jahre	55+ Jahre
Österreich	34	31	27
Deutschland	40	36	37

■ Österreich   ■ Deutschland

EINES DER WICHTIGSTEN ZIELE des Bildungssystems ist der Erwerb von Sprachkompetenz. Fast die Hälfte der ÖsterreicherInnen und der Deutschen meinen, dass 2030 die meisten Europäer mindestens zwei Sprachen, also die Muttersprache und eine Fremdsprache, fließend sprechen. Für Österreich und Deutschland ist dieses Zukunftsbild – mit Deutsch als Muttersprache und Englisch als Fremdsprache – durchaus realistisch. Allerdings ist dabei eine gesellschaftliche Spaltung im Spannungsfeld zwischen Jung und Alt sowie zwischen höher Gebildeten und Menschen mit niedrigerem Bildungsniveau zu erwarten.

Neben Englisch gibt es freilich noch eine Reihe von weltweit wichtigen Sprachen, etwa Hochchinesisch, das von mehr als einer Milliarde Menschen gesprochen wird, oder Spanisch (ca. 370 Millionen) und Russisch (ca. 300 Millionen). Dagegen erweisen sich Sprachen wie Französisch, Deutsch oder Italienisch geradezu als Minderheitenprogramm. Allein in der EU gibt es übrigens 23 Amtssprachen.

Auch zukünftig wird es wohl nur sehr wenige Menschen geben, die all diese Sprachen sprechen und verstehen. Kein Wunder, dass in den Entwicklungsabteilungen mehrerer Elektronikkonzerne an technischen Lösungen für den Umgang mit der globalen Sprachenvielfalt gearbeitet wird. Vielleicht sind die Kinderkrankheiten der derzeit noch gewöhnungsbedürftigen Übersetzungsprogramme in etwa zwei Jahrzehnten überwunden. Die dann am Markt angebotenen, halbwegs brauchbaren digitalen Dolmetschprogramme würden die direkte Übersetzung gesprochener Texte in die wichtigsten Sprachen ermöglichen. Dies würde nicht nur den herkömmlichen Spracherwerb, sondern auch die globale Kommunikation revolutionieren. Allerdings glauben nur 37 Prozent der Deutschen und 30 Prozent der Österreicher an diese sensationelle Produktinnovation; je jünger die Befragten, desto optimistischer.

ZUKUNFTSBILDUNG – LEBENSLANG

Die Befragten antworten im Hinblick auf lebenslanges Lernen auf die Frage „Welchen der folgenden Vorschläge würden Sie persönlich zustimmen?" folgendermaßen (gerundet, in Prozent):

„Im Jahr 2030 wird wenigstens eine Weiterbildung pro Jahr für jede/n ArbeitnehmerIn selbstverständlich sein."

GESAMTBEVÖLKERUNG

„Wir brauchen ganz neue Bildungs-einrichtungen, die unabhängig von der Arbeit sind, uns ein Leben lang begleiten und bei der Weiterquali-fikation beraten."

GESAMTBEVÖLKERUNG

„In Zukunft wird vor allem mit elektronischen Medien gelernt werden (E-Learning)."

GESAMTBEVÖLKERUNG

„Lebenslanges Lernen hat nicht nur etwas mit Beruf und Betrieb zu tun."

GESAMTBEVÖLKERUNG

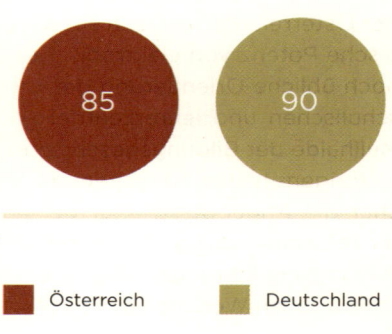

■ Österreich   ■ Deutschland

DIE EUROPÄISCHE UNION hat für den Zeitraum von 2007 bis 2013 eine Bildungsoffensive für Lebenslanges Lernen gestartet und dafür sieben Milliarden Euro investiert. Ein nennenswerter Erfolg dieses Programms ist – jedenfalls in Österreich und Deutschland – bisher nicht erkennbar. Denn nur rund ein Drittel der Bürgerinnen und Bürger dieser beiden Länder meinen, dass 2030 wenigstens eine Weiterbildung pro Jahr für jede Arbeitnehmerin bzw. jeden Arbeitnehmer selbstverständlich sein wird. Vielleicht ärgern sich aber immer mehr Menschen auch nur über die allzu häufige Reduktion des Lebenslangen Lernens auf den Erwerb von Fähigkeiten und Fertigkeiten für den Beruf. Immerhin 85 Prozent der ÖsterreicherInnen und sogar 90 Prozent der Deutschen glauben, dass die Anpassung der Kompetenzen an die immer rascher erfolgenden Veränderungen des Berufslebens zwar wichtig ist, aber Bildung für den großen Rest des Lebens dabei nicht vernachlässigt werden darf. Denn auch die Beziehungs- und Erziehungsprobleme in der Familie, die bunte Vielfalt des modernen Freizeitlebens und die Gestaltung eines gesundheitsbewussten Alltags erfordern immer wieder neues Wissen und Können.

Lebenslanges Lernen funktioniert zukünftig immer öfter ohne LehrerInnen. Dies sehen auch deutlich mehr als zwei Drittel der Deutschen und der Österreicher so. Denn sie erwägen zu Recht die wachsende pädagogische Potenz von elektronischen Medien. So gesehen könnte die heute noch übliche Orientierung der Erwachsenenbildung an der Didaktik des schulischen und lehrerzentrierten Unterrichts schon sehr bald auf der Müllhalde der Bildungsgeschichte landen.

Übrigens halten 70 Prozent der Deutschen und 63 Prozent der Österreicher die Angebotsstruktur der real existierenden Erwachsenenbildung für reformbedürftig. Sie wünschen sich zukünftig ganz neue Typen von Bildungseinrichtungen, die sie ein Leben lang begleiten und auch bei der individuellen Weiterqualifikation beraten.

BILDUNG STATT SCHULE

Von den Befragten stimmen der Aussage „2030 ist informelle Bildung wichtiger als formale (schulische) Bildung" zu (gerundet, in Prozent):

GESAMTBEVÖLKERUNG

 18 22

NACH GESCHLECHT

16   22   20   22

 Österreich   ▮ Deutschland

NUR 22 PROZENT DER DEUTSCHEN und 18 Prozent der Österreicherinnen und Österreicher glauben, dass 2030 informelle Bildung wichtiger sein wird als formale schulische Bildung. Kein Wunder. Wenn nämlich in der Politik oder in den Medien über Bildung geredet wird, dann geht es fast ausschließlich um Schulen (einschließlich Hochschulen) sowie um LehrerInnen und ProfessorInnen. Doch selbst in jenen entwickelten Ländern wie Deutschland oder Österreich, in denen es nicht nur die Schulpflicht, sondern auch flächendeckend Schulen gibt, verbringt die Durchschnittsbürgerin bzw. der Durchschnittsbürger höchstens drei bis vier Prozent der Lebenszeit mit schulischer (einschließlich hochschulischer) Bildung, Vor- und Nachbereitung schon mitgezählt! In den restlichen 96 bis 97 Prozent der Lebenszeit dominieren unterschiedliche Formen der informellen bzw. non-formalen Bildung.

Viel zu sehr kümmern wir uns also um die Probleme und Herausforderungen der großen Bildungsinstitutionen und viel zu selten um die vielfältigen Ausprägungsformen des Lernens ohne LehrerInnen und außerhalb von Schulen. Dabei geht es um die mannigfaltigen Lernerfahrungen in der Familie, im Freundeskreis, am Arbeitsplatz, im Sportverein, im Jugendclub, beim sozialen Engagement, beim Besuch von Museen, Science Centern, Theatern und Zoos, bei der Lektüre von Zeitungen, Zeitschriften und Büchern oder beim Radiohören und Fernsehen. Eine rasant wachsende Bildungsfunktion kommt auch dem World Wide Web zu. Und auch zukünftig gilt: „Reisen bildet". In Zukunft müssen wir unseren Blick für die Weite der Bildungswelten schärfen.

Der Bildungsbegriff der meisten Menschen ist jedoch nachhaltig von ihren schulischen Erfahrungen geprägt. In Anbetracht der kommunikativen, organisatorischen und räumlichen Rahmenbedingungen dieser „Unterrichtsvollzugsanstalten" wird Bildung nur selten mit Lust, sondern vielmehr mit Last verbunden. Dies ist eine schwere Hypothek für die Motivation zu lustvollem Lernen.

BERUF
UND
LEBENS-
STANDARD
_____

KAPITEL 2

BERUF
UND
LEBENS-
STANDARD

„Die Arbeitskraft ist keine Ware wie jede andere, und der Arbeitsmarkt ist kein Markt wie jeder andere!"

EVA SENGHAAS-KNOBLOCH

LEBENSSTANDARD IST DIE ÖKONOMISCHE BASIS VON LEBENSQUALITÄT

Aus wissenschaftlicher Sicht gibt es einen signifikanten Zusammenhang zwischen Lebensstandard und Lebensqualität[19]: Für die meisten Menschen ist Geld offensichtlich die ökonomische Basis eines guten Lebens. Allerdings führt mehr Geld nicht immer zu mehr Glück. Wenn das Einkommen so hoch ist, dass die meisten materiellen Bedürfnisse befriedigt sind, lässt sich das subjektive Glücksempfinden durch zusätzlichen Geldsegen nur mehr sehr eingeschränkt steigern. Diese begüterte Zielgruppe konzentriert sich deshalb bei der Suche nach zusätzlicher Lebensqualität vor allem auf immaterielle Werte.

Was für die Lebensqualität wohlhabender Menschen gilt, stimmt jedoch keineswegs für die untere und nur sehr begrenzt für die mittlere Einkommensgruppe.[20] Im alltagssprachlichen Gebrauch wird der Begriff *Lebensqualität* meist auf die emotionalen Aspekte des individuellen Wohlbefindens reduziert und weitgehend synonym mit den Begriffen *Glück* oder *Wohlbefinden* verwendet. Bei dieser subjektiven und gefühlsorientierten Betrachtung verblasst der objektiv starke Einfluss von Lebensstandard und Geld auf alle Lebensbereiche.

In der öffentlichen und veröffentlichten Meinung hört und liest man immer öfter, dass in Zukunft die Lebensqualität und das Glück der Menschen vor allem von den so genannten *immateriellen* Werten wie Liebe, Freundschaft oder Gesundheit bestimmt werden würden und das Einkommen eine immer geringere Rolle spielen würde. Eine repräsentative Befragung durch das Salzburger Zentrum für Zukunftsstudien verdeutlicht jedoch, dass Lebens*standard* und Lebens*qualität* sehr wohl signifikant zusammenhängen:

- Menschen mit niedrigem Lebensstandard beurteilen ihre Lebensqualität mit der Schulnote 2,4.

- Bei Menschen mit hohem Lebensstandard schneidet die Lebensqualität dagegen mit der Note 1,7 deutlich besser ab.[21]

In diesem Sinne ist für den größten Teil der Arbeitnehmerinnen und Arbeitnehmer – auch beim Blick in die Zukunft – gute Entlohnung das mit Abstand wichtigste Kriterium für eine qualitativ hochwertige Berufstätigkeit und für die gesamte Lebensqualität. Der Volksmund hat Recht: „Geld *allein* macht nicht glücklich". Denn einerseits braucht es für Lebensqualität und Glück deutlich mehr als nur Geld, auch immaterielle Werte sind sehr wichtig. Andererseits ist Geld für die meisten Menschen offensichtlich die ökonomische Basis für ein gutes Leben. Wer um seine Existenz bangen muss, kann sich Lebensqualität ganz einfach nicht leisten. Auch zukünftig müssen sich die Menschen nicht zwischen Geld und Glück entscheiden.

ARBEIT ZWISCHEN GELD UND GLÜCK

Im Hinblick auf die Arbeitswelt lässt sich der zukunftsfähige Mix von subjektiv befriedigenden und objektiv leistungsfördernden Faktoren für das Arbeitsplatzprofil von morgen und übermorgen folgendermaßen zusammenfassen[22]:

- Gutes Einkommen und passende Arbeitszeiten fördern den Fleiß.

- Abwechslung und selbstständige Arbeitseinteilung fördern die Zufriedenheit.

- Anerkennung und Wertschätzung fördern Erfolgserlebnisse.

- Karrierechancen und kollegiale Kommunikation fördern die Motivation.

- Mitbestimmung und Weiterbildung fördern die Identifikation mit dem Betrieb.

SOZIALPARTNERSCHAFTLICHE KOMPROMISSE SCHAFFEN AUCH IN DER ZUKÜNFTIGEN ARBEITSWELT MEHR LEBENSQUALITÄT

Spätestens seit Beginn der Industrialisierung ist der permanente Wandel der Arbeitswelt – und damit verbunden der Wandel der Lebenswelt – nicht die Ausnahme, sondern die Regel. Auch in der modernen Arbeitswelt treiben viele Faktoren den Wandel voran, wobei sich diese Faktoren wechselseitig beeinflussen, z. B.: neue Technologien, Digitalisierung, Globalisierung, internationale Mobilität, demografische Entwicklung, Geschlechterverhältnis, Bedeutungszuwachs der Medien und der Bildung u. v. a. m. Der produktive Umgang mit diesen Wandlungsprozessen erfordert sowohl von den Arbeitgebern als auch von den Arbeitnehmern ein hohes Maß an Reflexion, Flexibilität und Bereitschaft zur Aushandlung von Kompromissen. In diesem Zusammenhang kann die Zukunftsfähigkeit der in Österreich sehr gut und in Deutschland noch relativ gut funktionierenden Sozialpartnerschaft nicht hoch genug eingeschätzt werden.[23] Dennoch werden die sozialpartnerschaftlich ausgehandelten Regeln für Arbeits*zeit*, Arbeits*ort* und Arbeits*inhalt* von manchen Trend-Gurus als das größte Hindernis für die zukünftige Arbeitswelt wahrgenommen. Aus dieser ideologischen Sicht wird den heutigen Jugendlichen eingeredet, dass schon bald der neue Typus des „Lebenszeitunternehmers" den Arbeitsmarkt beherrschen wird: hochgebildet, hochgradig vernetzt, extrem flexibel und von den traditionellen Bindungen in der Arbeitswelt befreit. Viel wahrscheinlicher ist es, dass dieser Typus ein winziges – allenfalls leicht wachsendes – *Minderheiten*programm bleiben wird und die Zukunftsmusik im weniger flexiblen *Mehrheits*programm der beschäftigungsintensiven Berufe spielt. Denn auch 2030 werden die wirklich wichtigen großen Berufsgruppen massenhaft gebraucht, etwa Köchinnen und Köche, Kellnerinnen und Kellner, Bauarbeiterinnen und Bauarbeiter, Verkäuferinnen und Verkäufer, Sekretärinnen und Sekretäre, Technikerinnen und Techniker, Handwerkerinnen und Handwerker, Polizistinnen und Polizisten, Lehrerinnen und Lehrer, Kindergartenpädagoginnen und -pädagogen, Krankenschwestern und Krankenpfleger usw. In der Zukunft der Arbeitswelt werden also sozialpartnerschaftliche Kompromisse eine deutlich größere Rolle spielen, als die Trend-Gurus prophezeien.

FLEXICURITY IST DEUTLICH WAHRSCHEINLICHER ALS EINE RADIKALE FLEXIBILISIERUNG DER ARBEITSWELT

Auch die Flexibilisierung der Arbeitswelt wird sich voraussichtlich *nicht* in der radikalen Weise einstellen wie häufig propagiert, sondern vor allem in Form einer *sozialpartnerschaftlich vereinbarten Flexibilisierung* der Arbeits*organisation*, der Arbeit*orte* und der Arbeits*zeit*. Dies entspricht auch der Bedürfnislage der großen Mehrheit der Menschen, die sich „Flexicurity" wünschen, also Flexibilität gepaart mit Sicherheit. Allem Anschein nach wird die *Flexibilisierung* der *Arbeitsorganisation* vom fortschreitenden Abbau starrer Arbeits*strukturen* und Arbeits*zeiten* geprägt sein. Für eine wachsende Zahl von Arbeitnehmerinnen und Arbeitnehmern treten stärkere Eigenverantwortung und Selbstkontrolle an die Stelle der alten, hierarchischen Kontrolle durch betriebliches Aufsichtspersonal. Dadurch entsteht einerseits mehr Spielraum für eine verstärkte zeitliche, räumliche und inhaltliche Autonomie bei der Organisation der Arbeit. Andererseits wird damit aber auch die Verantwortung für das Arbeitsergebnis stärker auf die Arbeitnehmerinnen und Arbeitnehmer übertragen, was in vielen Fällen zu mehr Arbeitsintensität und Stress führt. Die so genannte *unselbstständige* Erwerbstätigkeit wird also im Innenverhältnis immer *selbstständiger* – mit allen Vor- und Nachteilen.

RÄUMLICHE FLEXIBILITÄT: WOHNEN UND ARBEITEN UNTER EINEM DACH

Die alte Form der Kombination von Wohnen und Arbeiten ist – jedenfalls in unseren Breiten – Geschichte. Das so genannte „gesamte Haus", also Wohnen und Arbeiten unter einem Dach, war bis weit in das 19. Jahrhundert hinein die dominante Form des Zusammenlebens in der Landwirtschaft und auch im Gewerbe. Manchmal wird diese Lebensform mit dem Begriff der *Großfamilie* romantisch verklärt. In Wirklichkeit gab es eine strenge Hierarchie vom Hausvater bis hinunter zum letzten Dienstboten und einen von harter Arbeit und sozialer Kontrolle geprägten Alltag. Durch die Industrialisierung entwickelte sich – vorerst nur für die kleine Minderheit der Industriearbeiter – die räumliche und zeitliche Trennung zwischen der Fabrik einerseits und der so genannten *Mietskaserne* mit ihren kleinen, aber keineswegs feinen Wohneinheiten andererseits. Im Laufe des 20. Jahrhunderts wurde diese Spaltung von Arbeits- und Lebenswelt zum Normalfall für fast alle Arbeitnehmerinnen und Arbeitnehmer. Dies könnte sich für manche Jobs bald ändern. Denn mit den Möglichkeiten der modernen Telekommunikation können immer mehr Arbeiten an jedem beliebigen Ort verrichtet werden – auch in den eigenen vier Wänden. War also die Trennung von Arbeiten und Wohnen nur eine kurze Episode in der Menschheitsgeschichte? Kommt eine neue Form des „gesamten Hauses" – ohne autoritären Hausvater und mit elektronischen Dienstboten? Entkommen wir so auch dem täglichen Verkehrsstau zu den Hauptzeiten der Mobilität zwischen der Arbeitsstätte und dem Wohnort? Oder scheitert der neue Mix aus Arbeit und Wohnen an viel zu kleinen Wohnungen? Geraten wir durch den Wegfall der im Büro oder in der Werkstatt unvermeidlichen zwischenmenschlichen Kontakte in die soziale Isolation? Kommt es durch das Fehlen von geregelten Arbeitszeiten zu verstärkter Selbstausbeutung? Vor diesen Gefahren muss jedenfalls bei den nach dem Motto „Kinder – Küche – Computer" beworbenen Formen von Billig-Telearbeit für junge Mütter gewarnt werden. Doch auch weit über diese Zielgruppe hinaus kann die neue Freiheit schnell zur Falle werden, wenn die räumlichen Rahmenbedingungen und die Kompetenzen für die Trennung von Berufs- und Privatleben nicht vorhanden sind. Die berufliche Arbeit kann dann die Betroffenen bis in ihr Schlafzimmer verfolgen, den bio-psychisch unverzichtbaren Wechsel von Anspannung und Entspannung gefährden und so der Gesundheit schaden.[24] Wenn die Bedingungen und Kompetenzen passen, ist jedoch die Kombination von klassischer Büroarbeit mit häuslichem Teleworking bei allen zeitlich und räumlich flexiblen Berufen durchaus zukunftsträchtig. Dies gilt nicht nur für Jobs in der Forschung oder in der Kreativwirtschaft, sondern auch für manche Verwaltungsarbeiten. Bei diesem Zukunftsmodell wird der mit sozialen Kontakten verbundene Teil des Jobs an einem (mobilen) Arbeitsplatz in der Firma ausgeübt und der individuelle Teil des Berufes online am Schreibtisch zu Hause. Nach dem Motto *„My home is my office"* spricht also vieles für die zunehmende *räumliche Flexibilisierung* des Arbeitsplatzes – im Spannungsfeld zwischen dem Büro und der Wohnung.

ATYPISCHE ARBEITSVERHÄLTNISSE NEHMEN ZU, WERDEN ABER NICHT TYPISCH

Zur Zukunft der Arbeitswelt gibt es eine Reihe von extrem negativen Prognosen, welche bei genauerer Betrachtung nicht sehr plausibel sind. Besonders hartnäckig hält sich das Zukunftsbild, dass die *atypischen* Arbeitsverhältnisse, also geringfügige Beschäftigungen, freie Dienstverträge, Leiharbeit und befristete Dienstverhältnisse, schon sehr bald *typisch* sein werden. Richtig ist, dass diese atypischen Arbeitsverhältnisse auch in Deutschland und Österreich seit Jahren zunehmen und dass sich diese unerfreuliche Entwicklung wahrscheinlich auch in den kommenden Jahren fortsetzen wird. Richtig ist auch, dass die Zahl der *Teilzeitjobs* seit Jahren stetig steigt. Ebenso trifft aber auch zu, dass – jedenfalls in Deutschland und Österreich – der überwiegende Teil der Arbeitnehmerinnen und Arbeitnehmer in Form von *unbefristeten Vollzeit-Dienstverhältnissen* beschäftigt ist und dass dieser Typus auch zukünftig nicht auf der Müllhalde der Wirtschaftsgeschichte landen wird. Diese sicherheitsfördernden Arbeitsverhältnisse sind auch in der Zukunft nicht nur der wichtigste Ausweg aus der Armutsfalle, sondern auch der wichtigste Faktor für die Arbeitsmotivation, die Lebensqualität und die Leistungskraft von Arbeitnehmerinnen und Arbeitnehmern sowie – aus der Sicht der Arbeitgeberinnen und Arbeitgeber – ein Garant für betriebliche Qualitätsentwicklung. Derzeit ist dieser zukunftsfähige Job-Typus allerdings in Deutschland und Österreich eine klare Domäne der Männer! In der Zukunft der Arbeitswelt muss es gelingen, den Anteil der Frauen an den Teilzeitbeschäftigten zu reduzieren und ihren Anteil im Bereich der unbefristeten *Vollzeit-Dienstverhältnisse* zu erhöhen!

HÖHERE ERWERBSBETEILIGUNG VON FRAUEN

Im Hinblick auf den Arbeitskräftebedarf in der Wirtschaft, die Zukunftsfähigkeit des Gesundheits-, Sozial- und Pensionssystems und eine selbstbestimmte Lebensplanung muss sich zukünftig die Erwerbsbeteiligung von Frauen insgesamt deutlich verbessern.[25] Das Erfolgsgeheimnis für eine bessere Zukunft in Bezug auf die Erwerbsbeteiligung und Karriereentwicklung von Frauen liegt im Zusammenspiel von Arbeitswelt, Familie und einer deutlich besseren Infrastruktur für professionelle Kinderbetreuung. Ein wesentliches Zukunftsproblem des österreichischen und des deutschen Produktionssektors besteht jedoch darin, dass *Frauen* dort nur marginal vorkommen. Mit den Genen hat die weibliche Distanz zur Technik jedenfalls nichts zu tun. Beim Blick auf die Zukunftstechnologien wird auch schnell klar, dass die Ausrede, Frauen wären wegen ihrer geringeren Körperkraft für Technik-Jobs weniger geeignet, nicht besonders stichhaltig ist. Technik-Jobs hängen schon heute und zukünftig immer weniger mit mächtigen Muskelpaketen zusammen. In Wahrheit fängt das Problem gleich nach der Geburt an. Denn die Familienerziehung orientiert sich hierzulande leider noch viel zu stark an geschlechtsspezifischen Stereotypen. Diese Engführung setzt sich im Kindergarten und in der Schule fort. Oberflächliche Imagekampagnen kurz vor der Berufswahl der jungen Menschen bringen daher in dieser Frage nur wenig.

WIR BRAUCHEN STRATEGIEN FÜR EINE ALTER(N)SGERECHTE ARBEITSWELT

In Deutschland und Österreich wird der Bevölkerungsanteil der Menschen im Alter von 60 plus in etwa zwei Jahrzehnten rasant steigen:

- 2030: Österreich 30 Prozent, Deutschland 37 Prozent,

- 2045: Österreich 33 Prozent, Deutschland 39 Prozent.

Bei solchen Zahlen denken viele Leute spontan an den steigenden Pflegebedarf. Diese Assoziation entspricht dem weit verbreiteten *defizit*orientierten Bild des Alters. Die meisten älteren Menschen empfinden sich jedoch keineswegs als betreuungsbedürftige und zu bevormundende Problemfälle. Dies gilt selbstverständlich auch für die Arbeitswelt, in der ältere Mitarbeiterinnen und Mitarbeiter viel zu oft nur mehr wie Auslaufmodelle behandelt werden. Nach der EU-Leitlinie für Wachstum und Beschäftigung hätte bereits im Jahr 2010 in allen EU-Mitgliedsländern in der Altersgruppe der 55- bis 64-Jährigen eine Beschäftigungsquote von mindestens 50 Prozent erreicht werden sollen. Im Gegensatz zu Deutschland (60 %) ist Österreich (42 %) von diesem Ziel noch weit entfernt. Die zukünftigen Herausforderungen für Gesellschaft, Wirtschaft und Politik bestehen darin, sowohl die Rahmenbedingungen als auch die individuelle Bereitschaft für den längeren Verbleib älterer Menschen in der Erwerbsarbeit zu verbessern. Dabei geht es nicht nur um die Verbesserung der betrieblichen Gesundheitsförderung, sondern auch um eine positivere Sicht des Alters und des Alterns weit über das berufliche Leben hinaus. Heute ist das Image älterer Arbeitnehmerinnen und Arbeitnehmer noch überwiegend negativ besetzt: *zu teuer, zu langsam, zu unflexibel, zu oft krank.* Zukünftig müssen auch jene Kompetenzen betont werden, bei denen ältere Arbeitnehmerinnen und Arbeitnehmer den meisten jüngeren Kollegen überlegen sind: *Ausdauer, Erfahrung, Loyalität, soziale Kompetenz, Verlässlichkeit.* Man könnte demnach festhalten: Unternehmen sollten nicht nur auf junge Besen setzen, diese kehren zwar schnell und gut, die alten kommen dafür aber auch in die Ecken. Bei aller Wertschätzung des Alters sollten freilich die vielfältigen Qualitäten jüngerer Menschen nicht wegdiskutiert werden. Auch in der Arbeitswelt dürfen Jung und Alt nicht gegeneinander ausgespielt werden. Vielmehr geht es um ein zukunftsorientiertes betriebliches *Generationenmanagement*, also um einen leistungsgerechten Umgang mit *allen* Altersgruppen.

KRITERIEN UND HANDLUNGSEMPFEHLUNGEN FÜR EINE ALTER(N)SGERECHTE ARBEITSWELT

Eine alter(n)sgerechte Arbeitswelt zeichnet sich durch ein betriebliches Umfeld aus, das zumindest durch die folgenden vier Kriterien bestimmt ist:

Erstens: Arbeitnehmerinnen und Arbeitnehmer werden nicht nur in Hinblick auf ihre berufliche Funktionsfähigkeit, sondern auch in Hinblick auf ihre allgemeine biologische und psychische Gesundheit gefördert.

Zweitens: Zur Sicherung und Weiterentwicklung der professionellen Kompetenz der Arbeitnehmerinnen und Arbeitnehmer wird auf regelmäßige Weiterbildung geachtet.

Drittens: Die individuellen Belastungsgrenzen der einzelnen Arbeitnehmerinnen und Arbeitnehmer werden nicht überschritten.

Viertens: Unabhängig vom jeweiligen Alter wird den Arbeitnehmerinnen und Arbeitnehmern die berufliche und persönliche Entwicklung und Entfaltung ermöglicht.

Die folgenden Handlungsempfehlungen erleichtern die Umsetzung einer alter(n)sgerechten Arbeitswelt:

Leitbilder für alternsgerechtes Arbeiten schaffen einen Orientierungsrahmen für Ziele und Strategien sowohl auf der betrieblichen Ebene als auch auf der Ebene der Politik. Auf der politischen Ebene braucht es sowohl rechtliche Regelungen und finanzielle Anreize als auch Koordinations- und Vernetzungszentren für alternsgerechtes Arbeiten – einschließlich praxisorientierter Beratungsangebote. Gelungene Praxisbeispiele erleichtern die Einführung von Innovationen. Sehr gute Modelle für alternsgerechtes Arbeiten gibt es in den skandinavischen Ländern, etwa in Finnland oder Norwegen. Alternsgerechtes Arbeiten muss als wichtiges betriebliches Querschnittthema verstanden werden, das viele verschiedene Bereiche wie betriebliche Gesundheitsförderung, berufliche Weiterbildung, Ergonomie und betriebliches Generationenmanagement betrifft. Dies funktioniert in den meisten Fällen nur dann, wenn alternsgerechtes Arbeiten zur „ChefInnensache" erklärt wird. In diesem Sinne müssten die Interessenvertretungen der Arbeitgeber das Problembewusstsein und die Lösungskompetenz der Führungskräfte in den österreichischen Unternehmen durch Informations- und Sensibilisierungsprojekte deutlich verbessern. Auch auf der Ebene der Arbeitnehmerinnen und Arbeitnehmer müssen die vielfältigen Herausforderungen des alternsgerechten Arbeitens besser verstanden werden. Gewerkschaften und Betriebsräte (und in Österreich auch die Arbeiterkammern) haben hier eine wichtige Funktion. Die sozialwissenschaftliche Forschung muss sich zukünftig viel mehr als heute der vorausschauenden Auseinandersetzung mit dem Thema „Alter und Altern" in hochentwickelten Gesellschaften widmen. Konzepte des alternsgerechten Arbeitens müssen zudem berücksichtigen, dass die Menschen sich auch in der nachberuflichen Lebensphase eine gute Lebensqualität wünschen. Denn das Leben nach dem Beruf dauert bekanntlich schon heute mehr als zwei Jahrzehnte – und zukünftig immer länger.

In unseren privilegierten Breiten kann ein heute 60-jähriger Mann mit einer Lebenserwartung von ca. 81 Jahren und eine 60-jährige Frau mit einer Lebenserwartung von etwa 85 Jahren rechnen. Das bedeutet durchschnittlich beachtliche 730.000 Stunden „Lebenszeit" und stellt den vorläufigen Rekordwert in der gesamten Menschheitsgeschichte dar; Tendenz steigend. Die heutzutage im Beruf verbrachte Zeit beträgt selbst im Falle einer durchgehenden Vollzeitarbeit im gesamten Lebensverlauf nur rund 73.000 Stunden. *Das sind etwa zehn Prozent der gesamten Lebenszeit!* In Zukunft wird zwar die Lebens*arbeits*zeit leicht ansteigen; allerdings nur in Relation zur ebenfalls steigenden Lebenserwartung, sodass der Anteil der Berufszeit auch zukünftig die Zehn-Prozent-Marke nicht überschreiten wird. In diesem Zehntel der Lebenszeit müssen wir freilich durch den Verkauf unserer Arbeitskraft die finanzielle Wertschöpfung für die restlichen neun Zehntel des Lebens erarbeiten! Dies ist wohl einer der Gründe, warum wir den *objektiv* sehr übersichtlichen *beruflichen* Anteil unseres Lebenszeitbudgets *subjektiv* als Zentrum des Lebens wahrnehmen!

Heute ist das Image der Arbeit überwiegend positiv. Dies war nicht immer so. Denn während des größten Teils der Menschheitsgeschichte hielt sich die Begeisterung für die Arbeit in überschaubaren Grenzen, wie ein Blick auf die Sprachhistorie zeigt: So bedeutete etwa das mittelhochdeutsche Wort *arebeit* „Mühe". Das lateinische *laborare* bedeutete ursprünglich „leiden", und in der Bibel ist Arbeit die Strafe Gottes für den Sündenfall. Bekanntlich mussten die Menschen erst nach der Vertreibung aus dem Paradies ihr Brot *im Schweiße ihres Angesichts* verdienen. Trotz der heutzutage prinzipiell positiveren Sicht auf den *beruflichen* Teil des Lebens ist den meisten Menschen das Leben *nach* der Arbeit lieber als das Leben *in* der Arbeit. Dies gilt sowohl für den Feierabend und die Wochenenden als auch für den Urlaub und vor allem für die lange Phase der nachberuflichen Lebenszeit.

DAS „BEDINGUNGSLOSE GRUNDEINKOMMEN" KOMMT VORERST NICHT

In mehreren Ländern der Welt gibt es Initiativen für ein bedingungsloses Bürgergeld, das vom Staat ohne jede Gegenleistung an alle Menschen, egal ob arm oder reich, in einer existenzsichernden Höhe ausbezahlt werden soll. Allerdings soll es dann Kindergeld, Arbeitslosengeld, Pensionen, Sozialhilfe oder Studienbeihilfen nicht mehr geben! Während sich die Befürworterinnen und Befürworter dieser Grundversorgung die langfristige Sicherung des Sozialsystems und die ökonomische Basis für eine kreative Lebensgestaltung erhoffen, befürchten die KritikerInnen eine sinkende Arbeitsmoral, größere Alltagslangeweile und unfinanzierbare Staatsausgaben. In längerfristiger Perspektive ist die Realisierung des bedingungslosen Grundeinkommens in Deutschland und Österreich wenig wahrscheinlich. Denn die Finanzierung ist weitgehend ungeklärt, und sowohl die großen politischen Parteien als auch die Spitzenverbände der Arbeitgeber und Arbeitnehmer sind gegenüber diesem Modell eines Mindest-Lebensstandards für alle sehr skeptisch.[26]

DIE VEREINBARKEIT VON BERUF, FAMILIE UND FREIZEIT WIRD EIN IMMER WICHTIGERES POLITISCHES QUERSCHNITTTHEMA

Die Qualität des Lebens entwickelt sich also im Spannungsfeld zwischen Beruf bzw. Schule, Familie, Freizeit und Konsum. Für die Vereinbarkeit dieser Lebensbereiche hat sich in unserer Umgangsprache der Begriff „Work-Life-Balance" eingebürgert. Dieser Begriff ist – genau genommen – falsch! Denn er suggeriert, dass es um eine Balance zwischen *Beruf* und *Leben* geht. In Wahrheit ist der Beruf selbstverständlich ein Teil des Lebens, und es geht um eine möglichst hohe Lebensqualität in *allen* Bereichen unserer menschlichen Existenz.[27]

EIN ZUKUNFTSFÄHIGER BETRIEB BRAUCHT EIN IDEENMANAGEMENT

Auf das kreative Potenzial, das in den vielen Millionen von Köpfen der Mitarbeiterinnen und Mitarbeiter in unseren Unternehmen schlummert, kann eigentlich kein Betrieb verzichten. Denn rund um den eigenen Arbeitsplatz gibt es keinen besseren Experten für Innovationen als die jeweilige Mitarbeiterin bzw. den jeweiligen Mitarbeiter. So gesehen braucht ein zukunftsfähiger Betrieb „IdeenmanagerInnen", also ExpertInnen für das Suchen und Heben dieser Schätze. Kreativität ist die wesentliche Voraussetzung für ein gelingendes Ideenmanagement. Jeder Mensch kommt mit einer Überfülle an kreativem Potenzial auf die Welt. Wenn dieser kreative Schatz in der Familienerziehung und in der Schule nicht verschüttet wurde, hat es eine Ideenmanagerin bzw. ein Ideenmanager relativ leicht. Wenn Familie und Schule kreativitätstechnisch versagt haben, steht der Innovationsmanager auf verlorenem Posten. Denn Kreativität lässt sich nicht durch Aufträge verordnen.

Die Bereitschaft, Ideen zur Verbesserung betrieblicher Prozesse beizusteuern, lebt von einer prinzipiell wertschätzenden, vertrauensvollen und partizipativen Unternehmenskultur. In einer angstgesteuerten Kontrollkultur wächst der Wille zum „Dienst nach Vorschrift". Wenn jedoch der Mensch im Mittelpunkt steht, entfaltet sich der Wille zur Produktion und Kommunikation von kleinen, aber feinen Ideen. Übrigens: Nicht für jede Idee muss es eine finanzielle Belohnung geben. Oft ist der Stolz auf die im Unternehmen offiziell anerkannte Idee mindestens so wichtig wie die Prämie. Ideal ist ein gut ausbalancierter Mix aus Geld und Anerkennung.

Im Innovationsdiskurs wird gelegentlich der englische Begriff „Empowerment" verwendet. Dieser Begriff klingt etwas sperrig und auch ein bisschen zu brutal. Besser beschreibt der aus der viel emotionaleren romanischen Sprachwelt stammende Begriff „Amination", worum es beim Ideenmanagement geht. Denn Animation bedeutet *Beseelen, Beleben* bzw. *Aktivieren*. Und genau darum geht es: weg vom öden Verwalten von Vorschlägen – hin zum lebendigen Interesse der Führungskräfte und der Kollegenschaft an den Ideen jeder und jedes Einzelnen.

Die folgenden fünf Punkte skizzieren das soziale Klima eines Unternehmens, in dem neue Ideen und Innovation wachsen und gedeihen können[28]:

- Wertschätzung ist gleich wichtig wie Wertschöpfung.

- Vertrauenskultur ersetzt die alte Kontrollkultur.

- Initiative und Kreativität werden gefördert.

- Diskurse kommen häufiger vor als Dekrete.

- Arbeitszeit ist auch persönliche Entwicklungszeit.

DER MYTHOS VOM ENDE DER INDUSTRIEGESELLSCHAFT

Manche angeblich visionäre Trend-Gurus prognostizieren seit Jahren das Ende des Produktionssektors in unseren Breiten und die massenhafte Abwanderung unserer produzierenden Betriebe in den asiatischen Raum. Richtig ist, dass die produzierende Wirtschaft (einschließlich der Bauwirtschaft) in Österreich und Deutschland rund drei Zehntel der gesamten Wertschöpfung erzielt. Im Vergleich dazu: Selbst im so genannten Tourismusland Österreich erreicht der Tourismus eine direkte Wertschöpfung von gerade einmal etwa fünf Prozent! Die produzierenden Unternehmen haben übrigens mit ihrer beachtlichen Exportquote maßgeblich zur Bewältigung der Wirtschaftskrise beigetragen. Auch zukünftig resultiert der Erfolg der Wirtschaftsstandorte Deutschland und Österreich aus einem guten Mix von vielfältiger Produktion – gerade auch im Bereich der Zukunftstechnologien – und einer Vielzahl von Dienstleistungen.

Der häufig beschworene Gegensatz zwischen der so genannten *Industriege*sellschaft und der so genannten *Dienstleistungsgesel*lschaft ist bei genauerer Betrachtung nicht zu erkennen. Viele Menschen assoziieren mit der produzierenden Wirtschaft und besonders mit der industriellen Produktion längst überkommene Bilder von Hochöfen und qualmenden Schornsteinen. Um diesen Typus von Industrie geht es bekanntlich in unseren Breiten immer weniger. Vielmehr geht es um Zukunftstechnologien, die sich nur unter den Rahmenbedingungen industriell sehr fortgeschrittener Ländern entwickeln können.

Jedes intelligente Produkt zieht zudem einen Rattenschwanz von Dienstleistungen nach sich. Produktion und Dienstleistung sind also eng miteinander verzahnt. Um die Produkte bauen sich in konzentrischen Kreisen Dienstleistungen mit eigenen Unternehmen und neuen Jobs auf. Rund um den industriellen Kern gibt es eine Reihe von Dienstleistern, die für Werbung, Verkauf, Einschulungen und Service sorgen. Außerdem sind viele Arbeitsplätze in weiteren Segmenten des Dienstleistungssektors direkt oder indirekt von der produzierenden Wirtschaft abhängig, z. B. im Bank- und Versicherungswesen. Wenn man den produzierenden Kern wegnimmt, bleibt von diesen Dienstleistungen nicht mehr viel übrig. Bildlich gesprochen: Künftig gibt es zwar nur noch wenige rauchende Schlote, aber viele rauchende Köpfe sowohl in der zukunftsfähigen Produktion als auch im weiten Spektrum der produktionsnahen und wissensbasierten Dienstleistungen. (Zu den wichtigsten Wachstumsmärkten siehe weiter unten.) Weder steht also die *produzierende* Wirtschaft vor dem Aus, noch ist eine ausschließlich auf Dienstleistungen reduzierte Arbeitwelt ernsthaft vorstellbar und wünschenswert. Die Zukunft der Welt, auch der Arbeitswelt, ist bunt und nicht schwarz-weiß. Dies sollte sich auch in den Begriffen für unsere Zukunftsbilder und in den zukunftsbezogenen Bildungskonzepten widerspiegeln.

DAS WEITE SPEKTRUM DER DIENSTLEISTUNGSBERUFE

Die Produktion bleibt also wichtig und unverzichtbar. Der Großteil der Jobs wird aber auch zukünftig im weiten Spektrum der Dienstleistungen bestehen und entstehen. In der öffentlichen Diskussion leidet der Begriff der „Dienstleistung" vielfach unter dem Dienstboten-Image. Wer beim Begriff „Dienstleistung" in erster Linie an Pizza-Service, Sushi-Express oder Babysitting denkt, hat die große Vielfalt des gesamten Systems der Dienstleistungen nicht erkannt. Abgesehen von den bereits angesprochenen, außerordentlich wichtigen *industrienahen Dienstleistungen* wird die quantitative und qualitative Dynamik des Dienstleistungssektors zukünftig von den großen gesellschaftlichen Entwicklungen in den Bereichen *Bildung, Gesundheit* sowie *Freizeit – Medien – Erlebniskonsum* beeinflusst. Nicht zu vergessen ist das – auch in Zukunft – unverzichtbare Dienstleistungssystem der *öffentlichen Verwaltung.*

ZUKÜNFTIGE WACHSTUMSMÄRKTE UND WACHSTUMSTREIBER

KRITISCHE ANMERKUNGEN ZU EINER UNREFLEKTIERTEN WACHSTUMSKRITIK

Spätestens seit Beginn der leider noch immer andauernden großen Finanz- und Wirtschaftskrise nimmt auch in der deutschen und österreichischen Bevölkerung eine latente Kritik am wirtschaftlichen Wachstum zu. Manche Vertreterinnen und Vertreter der Zukunftsforschung im deutschsprachigen Raum untermauern diese Kritik durch die berechtigten Warnungen vor den negativen Folgen eines rücksichtslosen Natur- und Ressourcenverbrauchs und einer inhumanen Ausbeutung der menschlichen Arbeitskraft. Vielfach fehlt jedoch im wachstumskritischen Diskurs die nötige Differenzierung. So wird etwa meist zu wenig beachtet, dass ein (moderates) Wirtschaftswachstum die unverzichtbare Grundlage für die Gestaltung der Rahmenbedingungen unserer Lebensqualität darstellt. Wenn die Erträge aus Produktion und Dienstleistung im langjährigen Durchschnitt nicht um mindestens zwei bis drei Prozent steigen, führt dies nicht nur zum Abbau von Arbeitsplätzen und zur Verringerung der Kaufkraft, sondern hat auch negative Konsequenzen für die Qualität des Bildungssystems, für ein sozial ausgewogenes Gesundheitssystem, für die soziale und öffentliche Sicherheit sowie letztlich auch für die unverzichtbaren Investitionen in den Klima-, Natur- und Umweltschutz. Wirtschaftswachstum und Lebensqualität sind also keine Gegner. Freilich ist es nicht egal, wie das für unsere Lebensqualität relevante Wachstum zustande kommt. Das Wachstum sollte mit möglichst geringem Ressourcenverbrauch und überwiegend in Form von *realwirtschaftlicher* Produktion und Dienstleistung erzielt werden.

ZUKÜNFTIGE WACHSTUMSMÄRKTE

Im Hinblick auf die Wachstumsmärkte und die Wachstumstreiber des kommenden Jahrzehnts halten sich die Überraschungen in engen Grenzen. So ist es etwa wenig überraschend, dass das Wirtschaftswachstum mittel- bis langfristig in besonderer Weise mit der Entwicklung und Weiterentwicklung innovativer *Technologien* – also mit dem Fortschritt im Produktionssektor und in den damit verbundenen produktionsnahen Dienstleistungen – zusammenhängt. Dies sei jenen Trend-Gurus ins Stammbuch geschrieben, die von einer Dienstleistungsgesellschaft jenseits der Produktion träumen. Ohne Anspruch auf Vollständigkeit lassen sich beispielhaft folgende Felder anführen, die zukünftig sowohl überdurchschnittlich stark zum Wirtschaftswachstum beitragen als auch die Gestaltung des Alltags der Menschen besonders stark beeinflussen werden.[29]

WACHSTUMSMARKT PRODUKTIONS-, PROZESS- UND MATERIALTECHNOLOGIEN

In diesem Technologiesegment dürfen wir uns zukünftig besondere Wachstumseffekte durch die Verbesserung der Automatisierung mithilfe intelligenter mechatronischer Systeme sowie durch die Verbesserung der Interaktion zwischen Mensch und Technik – u. a. durch die Weiterentwicklung der Sensortechnologie – erwarten. In den Entwicklungslabors der großen Technologiekonzerne ist auch die Verkleinerung der technischen Module in diversen Geräten und Maschinen ein zukunftsweisendes Thema. Diese Miniaturisierung gelingt u. a. durch die Verknüpfung von Mikroelektronik und Mikrooptik sowie durch neue Formen von Photovoltaikzellen. Technisch und wirtschaftlich außerordentlich bedeutsam ist die zukünftige Weiterentwicklung von extrem leistungsfähigen Klebstoffen und innovativen Verbundwerkstoffen. Uneinig sind sich die Expertinnen und Experten für Technikvorausschau bei der Einschätzung der Möglichkeiten der Nanotechnologie. Große Einigkeit herrscht jedoch bei der Annahme, dass sich mit der Bevorzugung ressourcenschonender Produkte und Prozesse ein gigantischer Zukunftsmarkt entwickelt.

WACHSTUMSMARKT INFORMATIONS- UND KOMMUNIKATIONSTECHNOLOGIEN

Hier liegt das Wachstumspotenzial in der weiteren Verbesserung der Schnitt- bzw. Nahtstellen des Informationsaustausches zwischen Mensch und Computer, z. B. durch Spracherkennung oder durch Eye-Tracking, also durch Registrierung der Blickbewegung. Im gesamten Bereich der Informations- und Kommunikationstechnologien wird es zukünftig eine stark wachsende Nachfrage nach Sicherheitslösungen geben, u. a. durch biometrische Verfahren wie etwa

Fingerprinting oder Iris-Erkennung. Generell schafft die Dynamik der Durchdringung aller Lebensbereiche mit immer leistungsfähigeren, immer kleineren, vernetzten und überall verfügbaren Computern einen Wachstumsmarkt, der sich im Alltag der Menschen besonders gut nachvollziehen lässt. In diesem Zusammenhang spielt übrigens auch die im Freizeitleben vieler Menschen immer wichtiger werdende Unterhaltungselektronik eine bedeutende Rolle.

WACHSTUMSMARKT MOBILITÄT

Im vergangenen Jahrzehnt wuchs die Zahl der Automobile etwa vier Mal so stark wie die Bevölkerungszahl, während der Anteil des öffentlichen Verkehrs beinahe stagnierte und allem Anschein nach auch mittelfristig viel zu langsam ausgebaut wird. Diese Entwicklungen hängen einerseits mit den Mobilitätsmotiven der einzelnen Menschen und andererseits mit den Präferenzen im Bereich der politischen Steuerung zusammen. Der individualisierte Straßenverkehr könnte bereits in den kommenden zehn Jahren um etwa 40 Prozent zunehmen; Tendenz steigend. Der Güterverkehr auf der Straße wird jedoch noch dynamischer wachsen als der Personenverkehr. Voraussichtlich wird der Verbrennungsmotor in einer kontinuierlich verbesserten und energieeffizienteren Form auch in den kommenden zwei bis drei Jahrzehnten der statistische Normalfall nicht nur auf den Straßen unserer Welt, sondern auch auf den deutschen und österreichischen Verkehrswegen bleiben. Was immer sich im Bereich der Antriebsalternativen durchsetzt, wird in den nächsten zwei bis drei Jahrzehnten nicht mehr sein als ein wachsendes Minderheitenprogramm. In diesem alternativen Segment wird derzeit dem Elektroauto – vor allem in den urbanen Ballungsräumen – das größte Potenzial zugeschrieben. Dazu kommt noch das wachsende Segment der Autos mit hybridem Antriebsmix aus Elektro- und Verbrennungsmotor. Über der hektischen Diskussion um die Antriebstechnik der Zukunft werden die kontinuierlich entwickelten Innovationen im großen Rest der Fahrzeugtechnik oft übersehen, z. B. stetig verbesserte Lenk-, Brems- und Sicherheitssysteme, elektronisch gesteuerte Fahrerassistenzsysteme, Unterhaltungselektronik und vieles mehr. Kein Wunder, dass die Zulieferindustrie wohl auch zukünftig etwa drei Viertel der Wertschöpfung des Gesamtsystems der Autoindustrie erzielen wird. Für die vor allem in den Schwellenländern rasch expandierenden Einfachautos, die manchmal auch ein wenig abwertend als „Billigautos" bezeichnet werden, sind die europäischen Produktionsstandorte weitgehend ungeeignet. In unseren Breiten dagegen liegt die Chance im Premiummarkt, den es übrigens auch im gehobenen Einkommenssegment der Schwellenländer gibt.

WACHSTUMSMARKT ENERGIE

Beim Thema *Energie* spielen zukünftig Technologien zur Förderung einer effizienten Nutzung eine zentrale Rolle. In diesem Zusammenhang geht es primär um technische Innovationen im Bereich der Rückgewinnung von Energie aus industriellen Produktionsprozessen sowie um Energieeffizienz im Spannungsfeld zwischen konventionellen Kraftwerken, Großheizanlagen und Heizsystemen im Haushalt. Ein erhebliches Wachstumspotenzial liegt auch in der Verbesserung der Technologien im Segment der erneuerbaren Energien, etwa bei Wind-, Solar- und Bioenergie, mit einem wachsenden Anteil von dezentralen Energie-Versorgungssystemen. Im Alltag der Menschen spielt naturgemäß der Wachstumsmarkt im Bereich der energieeffizienten Gebäude-, Büro- und Haushaltstechnologien eine zentrale Rolle. Dabei geht es um ein weites Spektrum an Technologien, von Techniken zur Gebäudedämmung über die Beleuchtungstechnik bis hin zu Büro- und Haushaltsgeräten. Die Entwicklungen am Energiemarkt sind in besonderer Weise von den Weichenstellungen durch die Politik abhängig, wobei die Preisentwicklung vor allem beim Rohöl der zentrale Einflussfaktor zu sein scheint.

WACHSTUMSMARKT BILDUNG

Der Bildungssektor wird vor allem in Reaktion auf die zukünftigen Herausforderungen des lebenslangen Lernens erheblich anwachsen. Das Wachstumspotenzial der bildungsbezogenen Dienstleistungen reicht dabei weit über die traditionellen Bildungsinstitutionen hinaus. Ausführlichere Überlegungen zu dieser Thematik finden sich im Kapitel 1 des vorliegenden Buches.

WACHSTUMSMARKT FREIZEIT UND TOURISMUS, ERLEBNISKONSUM, KULTUR UND MEDIEN

Der *Club of Rome* hat bereits 1984 den Bedeutungszuwachs des Lebensbereichs *Freizeit* als eine der größten Herausforderungen für die Lebensqualität der Menschen im 21. Jahrhundert erkannt.[30] Das Wachstumspotenzial der freizeitbezogenen Wirtschaft liegt jedoch keineswegs nur im Teilbereich des Tourismus, sondern noch viel mehr im weiten Spektrum von Erlebniskonsum, freizeitrelevanten Medien sowie Kultur und Unterhaltung. Persönliche Dienstleistungen tragen durchaus auch im Tourismus zum wirtschaftlichen Wachstum bei, wobei das diesbezügliche Potenzial nicht überschätzt werden sollte. Im Tourismus müssen wir zukünftig mit einer noch stärkeren Segmentierung rechnen; einerseits im Hinblick auf Zielgruppen, also z. B. Jung, Alt, Familien oder Singles, und andererseits im Hinblick auf Reisemotive, z. B. Wellness, Natur, Kongress oder Kultur. Außerdem wird die Konkurrenz zwischen den Tourismusdestinationen immer härter, die kurzfristige Buchung immer häufiger und der Kurzurlaub zum Normalfall. Über den Tourismus, also über die Bereiche Gastronomie, Hotellerie, Seilbahnen, Reisebüros und Kur- bzw. Wellnessbetriebe hinaus steht ein wachsender Anteil von Arbeitsplätzen in den zahllosen freizeitbezogenen Unternehmen zur Verfügung, etwa in Fitnesszentren oder im weiten Feld der Vergnügungs- und Unterhaltungsbetriebe (von den Spielhallen bis zu den Kinos). Dazu kommt noch eine Vielzahl von überwiegend freizeitorientierten Arbeitsplätzen, die im Bereich der *wirtschafts*bezogenen Beschäftigtenstatistik gar nicht erfasst werden, z. B. FreizeitbetreuerInnen in ganztägigen Schulformen, MitarbeiterInnen in freizeitrelevanten Bereichen der gemeinnützigen Jugendarbeit, Erwachsenenbildung, Kulturarbeit oder Sportpädagogik, in öffentlichen Bädern, Parks, auf Spielplätzen, in Eislaufanlagen oder übrigens auch auf Friedhöfen, welche ja – zumindest für die Lebenden – eine vielfach unterschätzte Freizeitfunktion erfüllen. Darüber hinaus gibt es eine Reihe von Berufen, die zwar nicht *Freizeit*berufe im engeren Sinne sind, bei denen jedoch ein wesentlicher Teil der Funktionen mit den vielfältigen Ausprägungsformen des modernen Freizeitlebens eng verbunden ist. Dies gilt etwa für viele Jobs in der Medienwirtschaft, bei der Bahn, in der Auto- oder Motorradbranche, in der boomenden Sport- und Spielgeräteindustrie, in wesentlichen Teilen des Handels – oder auch bei der Polizei (z. B. bei der Regelung des wachsenden Freizeitverkehrs oder bei der Sicherung von Sport- und Kulturveranstaltungen)! Kein Wunder also, dass schon heute die mit dem gesellschaftlichen Phänomen *Freizeit* zusammenhängenden, vielfältigen Dienstleistungen sowohl global als auch regional beachtliche Wachstumsraten aufweisen. Tendenz steigend! So paradox dies klingt, wenn man das weit verbreitete Alltagsverständnis von „Freizeit" zugrunde legt: Freizeit ist ein wichtiger Jobmotor der Zukunft! Wenn wir jedoch zukünftig nicht nur ein quantitatives Wachstum der Arbeitsplätze, sondern auch zukunftsfähige Jobperspektiven wollen, gibt es in diesem Jobsegment noch einen beachtlichen Verbesserungsbedarf bei den beruflichen Rahmenbedingungen und beim Lohnniveau. Zum Wachstumsmarkt *Freizeit und Tourismus, Erlebniskonsum, Kultur und Medien* finden sich vertiefte Überlegungen im Kapitel 3 des vorliegenden Buches.

WACHSTUMSMARKT GESUNDHEIT UND KRANKHEIT

Unser so genanntes Gesundheitssystem ist eigentlich ein Krankheitssystem. Denn nicht die Erhaltung der Gesundheit, sondern die Behandlung unserer Krankheiten steht im Vordergrund. Bei den krankheitsbezogenen *Dienstleistungen* können wir zukünftig mit beachtlichen Wachstumsraten rechnen, sei es bei der ärztlichen Behandlung, der Physiotherapie, der Pflege und Altenbetreuung oder auch in den gehobenen Steuerungsfunktionen des Gesundheitswesens. In enger Verbindung mit diesen Dienstleistungen werden freilich die vielfältigen *Technologien* für Diagnose, Heilung und Lebensverlängerung der mit Abstand größte Wachstumsmotor sein; diese Technikhilfen können vom Operations- oder Pflegeroboter über miniaturisierte Sensoren für die Diagnostik bis hin zu nanotechnisch gestützten, biokompatiblen Materialien reichen. Nicht zu vergessen ist die biotechnische Potenz der Pharmakonzerne. Genetik und Hirnforschung werden das bereits heute sehr breite Spektrum technologischer Lösungen noch um neue Techniken der medizinischen Interventionen erweitern. Unser „Krankheitssystem" wird wohl auch zukünftig – im Spannungsfeld zwischen Technik und Dienstleistung – öffentlich finanziert und gesteuert werden. Die Kosten dieses Systems werden jedoch auch in den kommenden Jahren weit über das Wachstum des BIP, also des Bruttoinlandsprodukts, hinaus steigen. Deshalb stehen bereits heute – und zukünftig immer mehr – Fragen der Kostenreduktion und der Effizienzsteigerung ganz oben auf der Tagesordnung. Betriebswirtschaftlich qualifizierte Managerinnen und Manager werden daher in Zukunft noch strikter als heute für die Durchsetzung der *ökonomischen* Ziele sorgen.

Im Konfliktfeld zwischen diesen ökonomischen Zwängen und dem Einfluss der Medizintechnik- und Pharmaindustrie wird sich auf der fachlich-medizinischen Ebene dieses Krankheitssystems in den nächsten Jahrzehnten der Trend zur Technisierung, Spezialisierung und Standardisierung verstärken. „Evidence-based" wird zum zentralen Schlüsselbegriff für jede Intervention. Die Kommunikation zwischen den Expertinnen und Experten und den Patientinnen und Patienten wird in diesem System – trotz aller gegenteiligen Beteuerungen in den Sonntagsreden der Gesundheitspolitikerinnen und Gesundheitspolitiker – immer mehr zur Randerscheinung werden. Kommunikation wird sich wohl weitgehend auf die Information über die technischen Abläufe und über juristisch relevante Risiken und Nebenwirkungen reduzieren. Denn empathische Zuwendung kostet Zeit. Und Zeit kostet bekanntlich Geld.

Psychotherapie wird im Kontext dieses Krankheitssystems mittelfristig nur mehr in jenen Ausprägungsformen vorkommen, die sowohl zur ökonomischen Effizienzlogik als auch zum medizinisch-technologischen Konzept passen. Zudem wird auch in der Pflege im Allgemeinen und in der Betreuung von hochaltrigen Patientinnen und Patienten im Besonderen die Technik Einzug halten. Pflegeroboter werden die Vitalfunktionen messen, die Mobilisation und die Nahrungsaufnahme unterstützen und immer öfter auch eine sensorgesteuerte Kommunikation mit pflegebedürftigen Menschen aufbauen. Erste Ahnungen von dieser künftigen Pflegewelt ermöglicht etwa die Babyrobbe „Paro", ein Pflegeroboter in Form eines Plüschtiers. Diese mit zahlreichen Sensoren ausgestattete Kommunikationsmaschine reagiert auf Berührung, Zuspruch und Positionswechsel.

Parallel zu diesem technisierten Krankheitssystem entwickelt sich Schritt für Schritt ein wachsender, privat finanzierter „zweiter Gesundheitsmarkt" – basierend auf dem Bedeutungszuwachs gesunder Lebensstile. Denn Gesundheit wird zukünftig zum zentralen Wert in unserer Gesellschaft. Dies hat auch in ökonomischer Hinsicht beträchtliche Auswirkungen. Denn anders als die meisten sonstigen Güter und Dienstleistungen werden Gesundheitsleistungen erfahrungsgemäß auch dann nachgefragt, wenn der Preis steigt.

Dieser *zweite Gesundheitsmarkt* wird wohl zunehmend zum Fluchtpunkt jener Angebote der Alternativmedizin und der Psycho- oder Soziotherapie, die den Logiken von Effizienz und Evidenzbasiertheit nicht mehr entsprechen. Mit dem wachsenden Gesundheitsbewusstsein werden auch Begriffe wie Selbstverantwortung und Selbstkompetenz immer stärker in den Vordergrund rücken. Dieser Trend äußert sich in einem verstärkten Ernährungs- und Körperbewusstsein, im zunehmenden Interesse für Angebote in den Bereichen Wellness und Gesundheitssport sowie in der Sehnsucht nach der Erhaltung gesunder Lebensräume. Hier begegnet uns ein Mix aus gesunder Ernährung, Bewegung, Wellness und Esoterik. In Anbetracht dieser Entwicklungen sowohl auf dem Gebiet des überwiegend öffentlich finanzierten und kontrollierten „Krankheitssystems" als auch auf dem Gebiet des überwiegend privat finanzierten „Gesundheitssystems" wird bereits in wenigen Jahren jeder fünfte Job in Deutschland und Österreich in diesen Bereichen angesiedelt sein.[31]

WACHSTUMSMARKT FINANZDIENSTLEISTUNGEN

Insgesamt betrachtet wird wohl nach der Finanz- und Wirtschaftskrise wieder den *realwirtschaftlichen* Wachstumstreibern mehr Aufmerksamkeit geschenkt werden. Im Sinne der Volksweisheit „Aus nix wird nix" wird jene Form von wirtschaftlichem Wachstum, die vor allem auf der *virtuellen* Wertschöpfung von Finanzprodukten basiert, deutlich kritischer gesehen als noch vor wenigen Jahren. Krisenbedingt setzt sich offensichtlich in der öffentlichen und veröffentlichten Meinung die Erkenntnis durch, dass die rasche Vermehrung des privaten und gesellschaftlichen Wohlstands mittels hybrider Wetten auf mögliche und unmögliche Zukünfte der Wirtschaftswelt und abgekoppelt von den mühseligen Prozessen der Realwirtschaft auf Dauer nicht funktioniert. In diesem Sinne stellen die auf *realwirtschaftliche* Aktivitäten bezogenen *Finanzdienstleistungen* (etwa im Bank- und Versicherungswesen) auch zukünftig einen wichtigen Wachstumsmarkt dar.

ZUKÜNFTIGE WACHSTUMSTREIBER –
QUER DURCH ALLE WACHSTUMSMÄRKTE

Einige materielle und personenbezogene Maßnahmen werden auch zukünftig – quer durch alle Wachstumsmärkte – als *Wachstumstreiber* fungieren, u. a.:

- Wachstumseffekte durch *intelligenten Kapitaleinsatz*, etwa durch Investitionen in Informations- und Kommunikationstechnologien,

- Wachstumseffekte durch volkswirtschaftliche und betriebswirtschaftliche *Investitionen in das so genannte Humankapital*, also vor allem in die *Qualifizierung* – von der schulischen Grundbildung über höhere und hochschulische Bildung bis hin zum lebenslangen Lernen u. a. auch im Bereich betrieblicher Bildung,

- Wachstumseffekte durch *Forschung und Entwicklung*,

- Wachstumseffekte durch den – in Deutschland und Österreich – auch zukünftig überdurchschnittlich wichtigen *Export* oder

- Wachstumseffekte durch *geändertes Konsumverhalten*, z. B. in Richtung privater Gesundheitsausgaben, Ausgaben für Freizeit, Reisen, Kultur und Sport sowie Ausgaben für Verkehr, motiviert durch ein zunehmend individualisiertes Mobilitätsverhalten. In diesem Zusammenhang spielt auch die Veränderung der Altersstruktur der deutschen und österreichischen Bevölkerung im Rahmen des demografischen Wandels eine wesentliche Rolle.

DIE WICHTIGKEIT VON LEBENSQUALITÄT UND LEBENSSTANDARD

Von den Befragten stimmen der Aussage „Lebensqualität wird in Zukunft für mich wichtiger sein als Lebensstandard" zu (gerundet, in Prozent):

GESAMTBEVÖLKERUNG

44   63

NACH EINKOMMEN

< 1.500 Euro   > 3.500 Euro

NACH ALTER

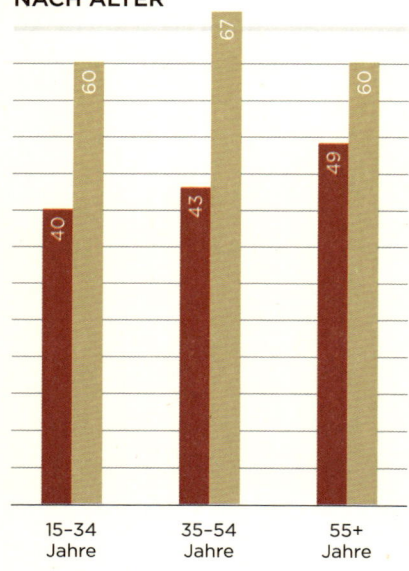

| 15–34 Jahre | 35–54 Jahre | 55+ Jahre |

■ Österreich

■ Deutschland

WIRD LEBENSQUALITÄT zukünftig wichtiger als Lebensstandard? In dieser Frage gibt es große Unterschiede zwischen den Zukunftsbildern der ÖsterreicherInnen und der Deutschen. In Österreich gelten offensichtlich für die Mehrheit der Menschen auch zukünftig Kaufkraft und Lebensstandard als die unverzichtbare ökonomische Basis einer guten Qualität des Lebens. Deutlich weniger ist diese Sichtweise bei den jüngeren Österreicherinnen und Österreichern verbreitet, überdurchschnittlich stark in der Altersgruppe 50 plus.

In der deutschen Zukunftsperspektive besteht dagegen für knapp zwei Drittel der Befragten kein nennenswerter Zusammenhang zwischen Geld und Glück. Überraschenderweise tritt dieses Meinungsbild ausgerechnet bei der mitten im Berufsleben stehenden Altersgruppe der 35- bis 54-Jährigen verstärkt auf. Die deutsche Bereitschaft zur zukünftigen Reduktion von Lebensstandard gilt allerdings für Menschen mit niederem Einkommen in etwas geringerem Ausmaß. Kein Wunder. Denn wer jeden Cent dreimal umdrehen muss, bevor er ihn ausgibt, träumt naturgemäß nicht von noch mehr Verzicht.

Dieser Zusammenhang wird auch durch die Ergebnisse der Glücksforschung bestätigt. Menschen mit höherem Einkommen müssten jedoch nach der – auch medial weit verbreiteten – Lehrmeinung der Glücksforscher eine überdurchschnittliche Bereitschaft zeigen, zugunsten von Lebensqualität auf Lebensstandard zu verzichten. Jedenfalls mit Blick auf Österreich und Deutschland irrt die Glücksforschung. Denn die sehr gut verdienenden ÖsterreicherInnen unterscheiden sich nicht vom österreichischen Durchschnitt. Und in Deutschland ist die Sehnsucht nach einer weiteren Erhöhung des sowieso schon gehobenen Lebensstandards bei den besser Verdienenden sogar noch deutlich stärker ausgeprägt als bei den Ärmeren.

99

WOHLSTAND ALS SCHLÜSSELBEGRIFF DER ZUKUNFTSPLANUNG

Die Befragten antworten auf die Frage „Welche der folgenden Aussagen treffen für Sie persönlich am besten zu, wenn Sie das Wort ‚Wohlstand' hören?" folgendermaßen (gerundet, in Prozent):

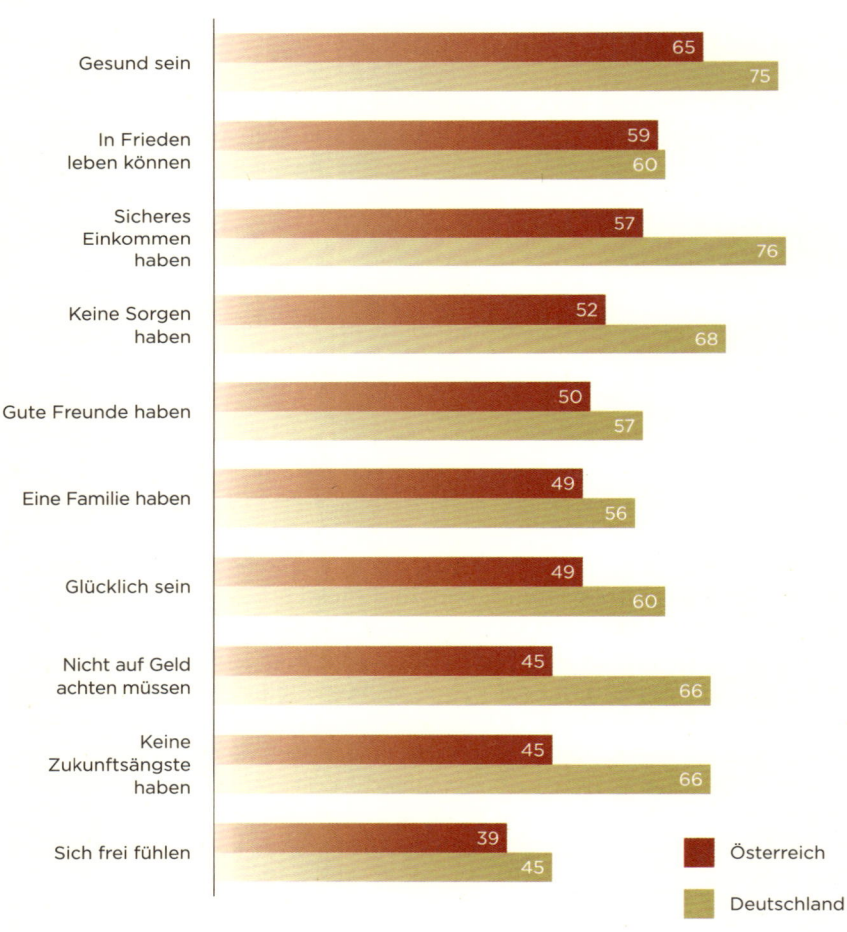

	Österreich	Deutschland
Gesund sein	65	75
In Frieden leben können	59	60
Sicheres Einkommen haben	57	76
Keine Sorgen haben	52	68
Gute Freunde haben	50	57
Eine Familie haben	49	56
Glücklich sein	49	60
Nicht auf Geld achten müssen	45	66
Keine Zukunftsängste haben	45	66
Sich frei fühlen	39	45

„NUR WER IM WOHLSTAND LEBT, LEBT ANGENEHM", heißt es in einem berühmten Refrain in Bertold Brechts „Dreigroschenoper". Dabei wird Wohlstand mit Reichtum gleichgesetzt. Aus Sicht der ÖsterreicherInnen und der Deutschen lässt sich Wohlstand jedoch nicht auf die ökonomische Dimension reduzieren. Vielmehr dominiert in beiden Ländern ein weites Verständnis vom zukünftigen Leben im Wohlstand. Nicht nur in politischen Sonntagsreden, sondern auch für die Zukunftsplanung der meisten Menschen gilt Wohlstand als Schlüsselbegriff. Nach Meinung der ÖsterreicherInnen und Deutschen sind folgende drei Faktoren besonders wichtig: Gesundheit, ein sicheres Einkommen als wichtiges materielles Fundament sowie ein friedliches Zusammenleben.

Der Zusammenhang zwischen Geld und Wohlstand wird in Deutschland noch stärker betont als in Österreich. Für die Deutschen ist zudem auch die Abwesenheit von Sorgen und Ängsten ein wesentliches Element des Wohlstands. Der altruistische Teil des Lebens, wie etwa ehrenamtliches Engagement, spielt allerdings bei der Definition von Wohlstand weder in Österreich noch in Deutschland eine große Rolle.

Aus der Sicht der ÖsterreicherInnen und Deutschen ist Wohlstand also ein Gesamtkunstwerk, das vom Zusammenspiel einer Vielzahl von mehr oder weniger wichtigen Faktoren lebt. Es geht dabei um die Kombination einer stabilen ökonomischen Basis mit Gesundheit, Frieden, familiärem Beziehungsleben, Freundschaft, Freiheitsgefühl, wenig Stress und intakter Natur. Dazu kommt noch genügend Zeitwohlstand. Außerdem sollten sich die Zukunftsängste in überschaubaren Grenzen halten.

WOHLSTAND ALS SCHLÜSSELBEGRIFF DER ZUKUNFTSPLANUNG

Die Befragten antworten auf die Frage „Welche der folgenden Aussagen treffen für Sie persönlich am besten zu, wenn Sie das Wort ‚Wohlstand' hören?" folgendermaßen (gerundet, in Prozent):

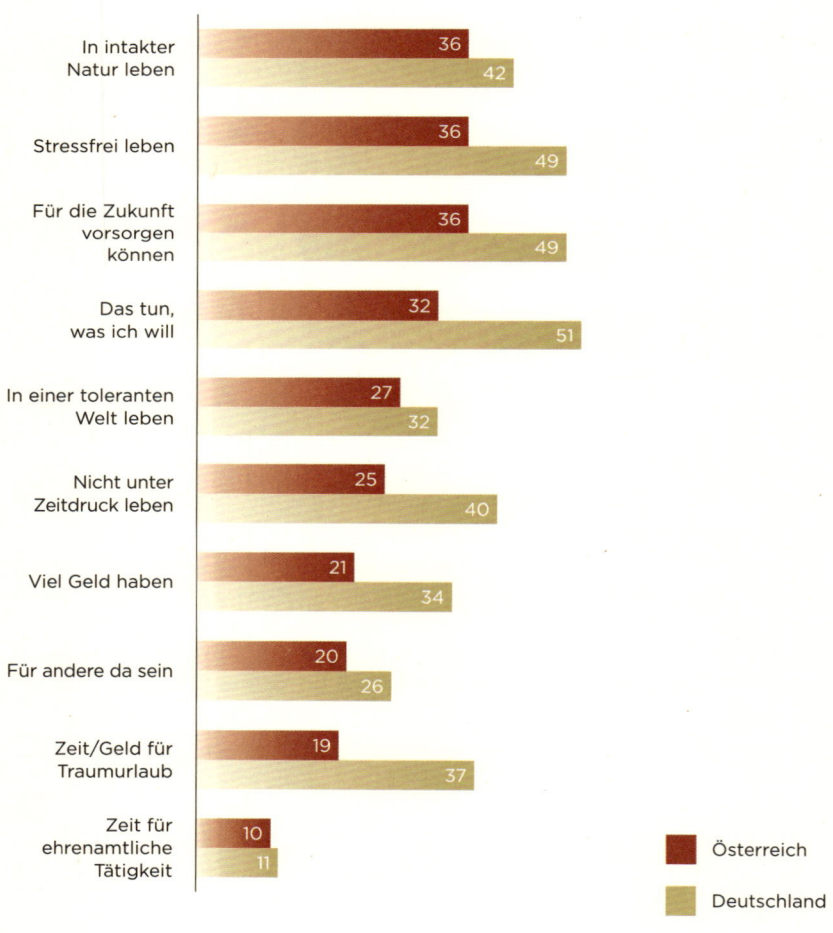

	Österreich	Deutschland
In intakter Natur leben	36	42
Stressfrei leben	36	49
Für die Zukunft vorsorgen können	36	49
Das tun, was ich will	32	51
In einer toleranten Welt leben	27	32
Nicht unter Zeitdruck leben	25	40
Viel Geld haben	21	34
Für andere da sein	20	26
Zeit/Geld für Traumurlaub	19	37
Zeit für ehrenamtliche Tätigkeit	10	11

EINSPARUNGSPOTENZIALE BEI ZUKÜNFTIGER GELDKNAPPHEIT

Die Befragten antworten auf die Frage „Wo wird am ehesten gespart, wenn das Geld knapp würde?" folgendermaßen (gerundet, in Prozent):

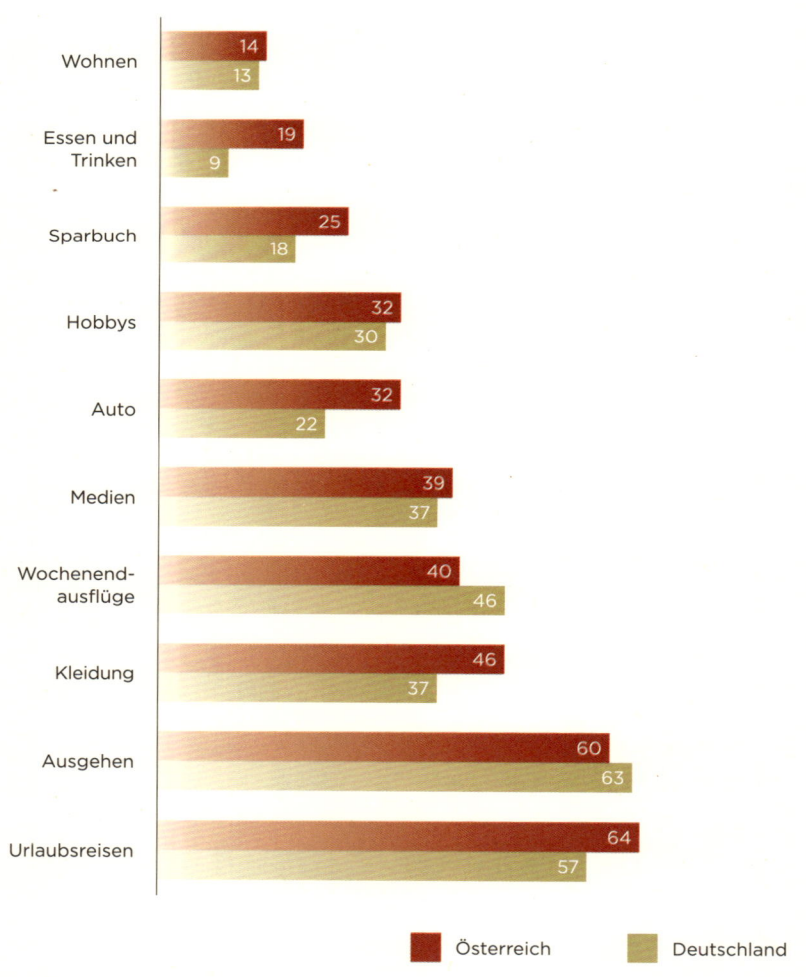

	Österreich	Deutschland
Wohnen	14	13
Essen und Trinken	19	9
Sparbuch	25	18
Hobbys	32	30
Auto	32	22
Medien	39	37
Wochenend-ausflüge	40	46
Kleidung	46	37
Ausgehen	60	63
Urlaubsreisen	64	57

SOLLTE DAS GELD zukünftig einmal knapp werden, würden die Österreicherinnen und Österreicher erstens beim Urlaub und zweitens beim Ausgehen (Disco, Kneipe, Restaurant, Theater, Oper, Konzert, Kino) sparen. Die Deutschen würden ihr Sparprogramm mit dem weniger Ausgehen starten. Erst dann käme es auch zu Kürzungen beim Urlaubsbudget und bei Wochenendausflügen.

Bei den Österreichern würde knapp die Hälfte der Befragten notfalls auf neue Kleidung verzichten. Von den Deutschen könnte sich nur etwa ein Drittel zu dieser Entscheidung durchringen. Den Österreichern fällt das Sparen beim Auto schwer genug. Aber noch schwerer tun sich die Deutschen, vor allem die deutschen Männer, wenn beim fahrbaren Untersatz gespart werden muss. Wenn das Bargeld knapp wird, würden sich die meisten Deutschen den Zugriff auf die mühsam ersparten Reserven (Sparbuch, Lebensversicherung, Rentenversicherung) sehr lang überlegen. Die Österreicher wären da etwas großzügiger.

Vor allem die Deutschen sehen beim Essen und Trinken nahezu kein Sparpotenzial. Die Österreicher sehen das nicht ganz so eng. Aber allzu viel Spielraum für das Sparen bei Speis und Trank gibt es auch in der genussfreudigen Alpenrepublik nicht. Beim Medienkonsum (Computer, Videos, CDs, Bücher, Zeitschriften, Zeitungen) und bei den Ausgaben für Hobbys liegt die Sparbereitschaft diesseits und jenseits der deutsch-österreichischen Grenze auf etwa gleichem Niveau. Auch beim Budgetanteil für die eigenen vier Wände sind sich die ÖsterreicherInnen und die Deutschen einig: Bei Wohnung, Haus und Garten wird erst dann eingespart, wenn alle anderen Möglichkeiten ausgeschöpft sind.

ZUSÄTZLICHE AUSGABEN
BEI KÜNFTIGEM GELDSEGEN

Die Befragten antworten auf die Frage „Wo wird am ehesten zusätzliches Geld ausgegeben?" folgendermaßen (gerundet, in Prozent):

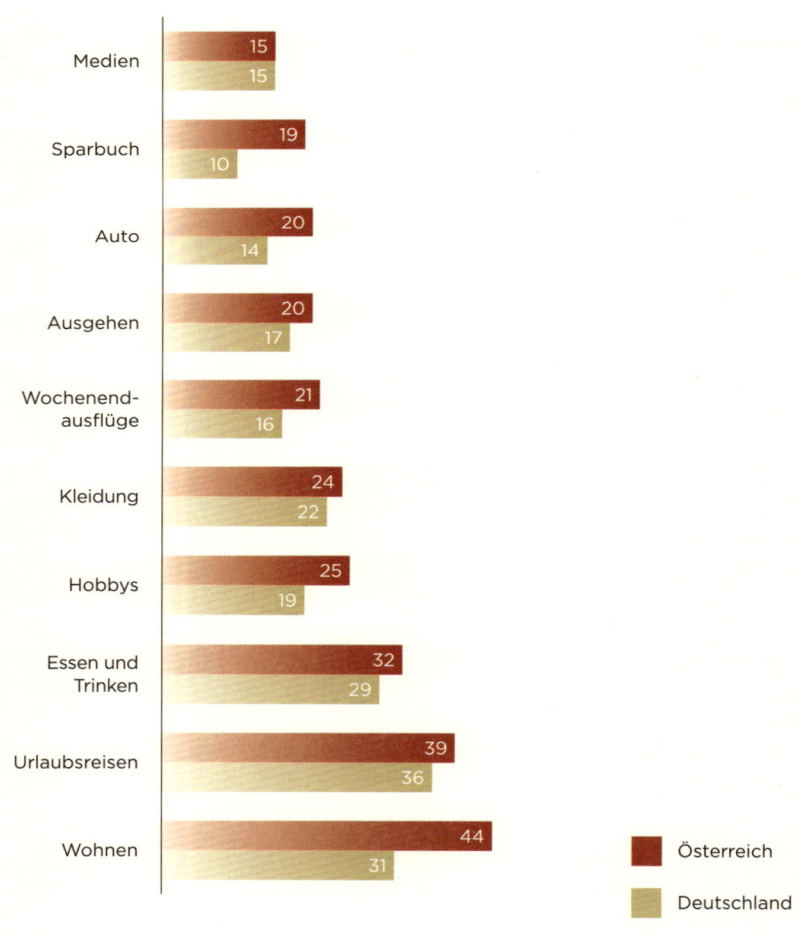

WER TRÄUMT NICHT in stillen Stunden davon, dass eine Gehaltserhöhung, eine Erbschaft oder gar der ersehnte Lottogewinn das Haushaltsbudget aufbessert? Bei zukünftigem Geldsegen hätten Herr und Frau Österreicher eine klare Priorität, nämlich Investitionen in Wohnung, Haus und Garten. Wenn das erledigt ist, würden die zusätzlichen Einnahmen in die Reisekassa fließen. Die Deutschen würden dagegen zuerst die bisher aus Kostengründen aufgeschobenen Urlaubsträume realisieren und erst dann die eigenen vier Wände verschönern.

Sowohl in Österreich als auch in Deutschland würde ein wesentlicher Teil der verbesserten Kaufkraft dem Lebensmittelhandel zugutekommen. Denn Essen und Trinken sind in beiden Ländern zentrale Elemente der Lebensqualität. Auch der Autohandel würde von der künftigen Kaufkraft profitieren, in Österreich deutlich stärker als in Deutschland. Der Wunsch nach einem neuen Auto ist allerdings in beiden Ländern eine klare Domäne der Männer. Diesem automobilen Wunschkonzert der Männer würden die österreichischen und deutschen Frauen bei einem Einkaufsbummel den dringenden Nachholbedarf im Bereich der neuesten Kleidermode entgegenstellen.

Die jüngeren ÖsterreicherInnen und Deutschen (15 bis 34 Jahre) würden sich im Falle von unerwarteten Einnahmen vor allem die Konsumbedürfnisse in den Bereichen Medien und Ausgehen erfüllen. In beiden Ländern würde bei allen Altersgruppen für das Sparbuch, die Lebensversicherung oder die Pensionsversicherung offensichtlich nicht allzu viel übrig bleiben. In Österreich gibt es jedoch ein bisschen mehr Sehnsucht nach materieller Vorsorge als in Deutschland.

ZUKÜNFTIGE ENTWICKLUNG DER KLUFT ZWISCHEN ARM UND REICH

Von den Befragten stimmen der Aussage „Die Kluft zwischen Arm und Reich wird in Österreich bzw. Deutschland zukünftig immer größer" zu (gerundet, in Prozent):

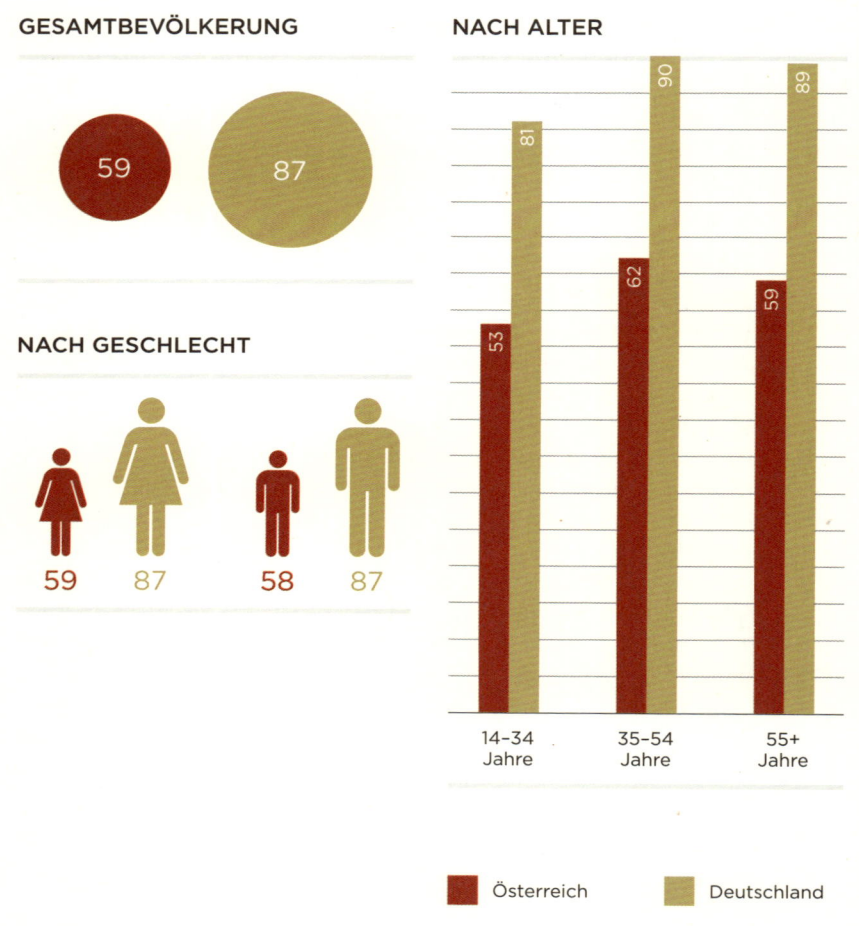

GESAMTBEVÖLKERUNG

59   87

NACH GESCHLECHT

59   87   58   87

NACH ALTER

81   90   89
53   62   59

14–34 Jahre   35–54 Jahre   55+ Jahre

■ Österreich   ■ Deutschland

IN ÖSTERREICH RECHNEN 59 Prozent der Menschen mit der zukünftigen Vertiefung der Kluft zwischen Arm und Reich. In Deutschland glauben dies sogar 87 Prozent! In beiden Ländern fällt diese Prognose bei den Jüngeren deutlich zurückhaltender aus als bei den Älteren.

Von Armut wird heute nach europäischer Konvention bekanntlich dann gesprochen, wenn 60 Prozent des Medianeinkommens eines Landes nicht erreicht werden. Die Armutsgrenze steigt und sinkt also in Relation zur Einkommensentwicklung im jeweiligen Land.

Nach den Ergebnissen der Armutsforschung sind sowohl in Österreich als auch in Deutschland vor allem Haushalte mit mehr als zwei Kindern, alleinerziehende Elternteile, Arbeitslose, Menschen mit Migrationshintergrund und allein lebende Pensionistinnen mit wenigen versicherungspflichtigen Arbeitsjahren von Armut bedroht. Im Hinblick auf die zuletzt genannte Bevölkerungsgruppe wird häufig von so genannter „Altersarmut" gesprochen. Dieser Begriff ist jedoch missverständlich, da er fälschlich einen generellen Zusammenhang zwischen Alter und Armut suggeriert.

ZUKÜNFTIGE ENTWICKLUNG DER KLUFT ZWISCHEN ARM UND REICH

Von den Befragten stimmen der Aussage „Altersarmut ist 2030 ein ungelöstes Problem" zu (gerundet, in Prozent):

GESAMTBEVÖLKERUNG

NACH GESCHLECHT

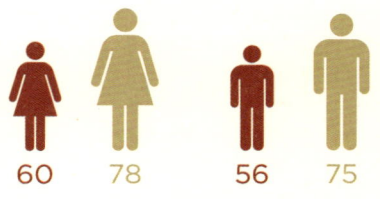

 Österreich Deutschland

Allerdings gibt es ein erschreckend hohes Armutsrisiko bei älteren Frauen. Der Anteil der armutsgefährdeten alten Frauen wird sich freilich zukünftig kontinuierlich verringern, da Frauen tendenziell zu den GewinnerInnen der Arbeitswelt von morgen und übermorgen zählen werden. Dennoch glauben 58 Prozent der Österreicherinnen und Österreicher und sogar 76 Prozent der Deutschen, dass Armut im Alter auch 2030 noch ein ungelöstes Problem darstellen wird.

In Anbetracht des steigenden politischer Stellenwerts des bis 2030 rasant anwachsenden Wählerpotenzials der älteren Menschen ist es allerdings in beiden Ländern sehr wahrscheinlich, dass diese Problematik auch zukünftig durch staatliche Sozialleistungen verringert wird.

REICHE LEBEN AUCH ZUKÜNFTIG
LÄNGER ALS ARME

Von den Befragten stimmen der Aussage „2030 liegt die Lebenserwartung von reichen Bürgern weit über der von armen" zu
(gerundet, in Prozent):

GESAMTBEVÖLKERUNG

NACH ALTER

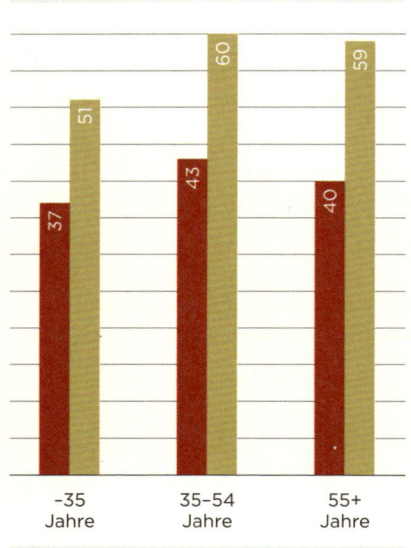

„MIT 66 JAHREN, DA FÄNGT DAS LEBEN AN." 1977, als Udo Jürgens mit dieser Hymne des aktiven Alterns die Hitparaden stürmte, war 66 ein hohes Alter, das viele Menschen gar nicht erreichten. Wer jedoch dieses Alter erreichte, lebte als Mann – statistisch betrachtet – noch etwa neun Jahre und als Frau noch vierzehn Jahre. Heutzutage fängt das Leben mit 66 auch nicht an. Aber in unseren privilegierten Breiten hat ein Mann, der es bis zum 66. Geburtstag geschafft hat, statistisch betrachtet immerhin fünfzehn Lebensjahre vor sich, und eine 66-jährige Frau sogar weitere zwanzig Jahre.

Das durchschnittliche Lebenszeitbudget, also die statistisch erwartbare Zeit von der Geburt bis zum Tod, stieg in den vergangenen hundert Jahren um mehr als zweihunderttausend Stunden pro Person an. Wir haben also unseren Zeitwohlstand in einem beachtlichen Ausmaß vermehrt! Zukünftig steigt die Lebenserwartung kontinuierlich, sodass viele heuer geborene Kinder noch einige Geburtstage zu Beginn des 22. Jahrhunderts feiern werden. In Anbetracht dieser sensationellen Entwicklungen ist es kein Wunder, dass die so genannte demografische Frage eines der meistdiskutierten Zukunftsthemen wurde.

Österreich und Deutschland zählen zu den Top Ten jener wohlhabenden Länder auf der Welt, in denen die Menschen überdurchschnittlich lang leben. Die Freude über dieses Privileg wird allerdings durch ein sehr unerfreuliches Faktum getrübt: In beiden Ländern leben reichere Menschen überdurchschnittlich lang, während ärmere Menschen – statistisch betrachtet – eine kürzere Lebenserwartung haben. Können wir in Österreich und Deutschland bis 2030 eine Verbesserung dieses unwürdigen Zustands erwarten? Zwei Fünftel der ÖsterreicherInnen und sogar fast drei Fünftel der Deutschen sind skeptisch. Vor allem jene ÖsterreicherInnen und Deutschen, die sich heute im mittleren Alterssegment bewegen, haben nur wenig Hoffnung auf mehr demografische Gerechtigkeit.

DIE ZUKUNFTSANGST VOR
DEM SOZIALEN ABSTIEG IST GROSS

Von den Befragten stimmen der Aussage „2030 gibt es kaum
noch eine Mittelschicht" zu (gerundet, in Prozent):

GESAMTBEVÖLKERUNG

NACH ALTER

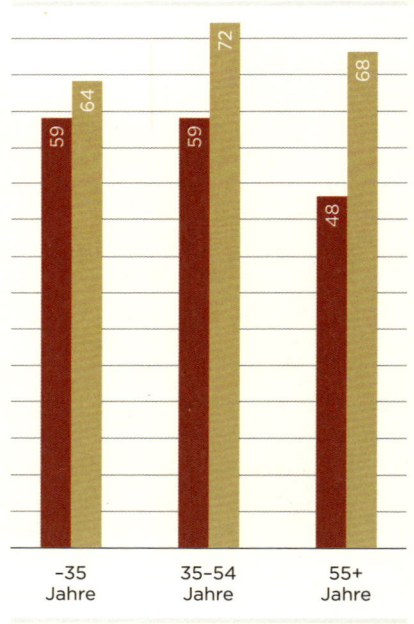

| | -35 Jahre | 35-54 Jahre | 55+ Jahre |

■ Österreich   ■ Deutschland

DEUTLICH MEHR ALS DIE HÄLFTE der Österreicherinnen und Österreicher (56 %) und mehr als zwei Drittel der Deutschen (68 %) gehen davon aus, dass es 2030 kaum noch eine so genannte Mittelschicht geben wird. In Deutschland sind überdurchschnittlich viele Menschen im mittleren Alter und unterdurchschnittlich viele Jüngere dieser Meinung. In Österreich glauben vor allem die jüngeren und mittleren Altersgruppen an das zukünftige tendenzielle Aussterben der Mittelschicht. Die Älteren schließen sich dieser Sichtweise nur begrenzt an.

Offensichtlich steckt hinter diesem negativen Zukunftsbild eine weit verbreitete Angst vor dem sozialen und ökonomischen Abstieg. In diesem Sinne befürchten viele Menschen, die sich derzeit zur mittleren Einkommensgruppe zählen, dass sie in den kommenden Jahren in die untere Einkommensgruppe abrutschen und nur mehr eingeschränkt von den Segnungen der Konsumgesellschaft profitieren werden.

Die Sorge vor dem Verlust der Mitte ist also sowohl in Österreich als auch in Deutschland sehr weit verbreitet. Richtig an dieser Einschätzung ist, dass in den vergangenen Jahren in beiden Ländern die Reicheren reicher und die Ärmeren ärmer geworden sind. Auch lässt sich beobachten, dass sich der unterste Teil der mittleren Einkommensgruppe stärker als vor der – leider noch immer andauernden – großen Finanz- und Wirtschaftskrise in Richtung Armutsgrenze bewegt. Sowohl in Österreich als auch in Deutschland kann jedoch nach wie vor mehr als die Hälfte der Bürgerinnen und Bürger der ökonomischen Mitte – mit einem Einkommen, das zwischen siebzig und einhundertfünfzig Prozent der Medianeinkommen liegt – zugerechnet werden. Wenn sich die Krise nicht radikal verschärft, spricht vieles dafür, dass sich auch 2030 mindestens fünfzig Prozent der ÖsterreicherInnen und Deutschen als Mitglieder der begehrten Mittelschicht empfinden dürfen.

ZUKÜNFTIGE VEREINBARKEIT VON BERUF UND FAMILIE

Von den Befragten stimmen der Aussage „In meinem Land lassen sich Beruf und Familie gut vereinbaren" zu (gerundet, in Prozent):

GESAMTBEVÖLKERUNG

NACH GESCHLECHT

29   25   30   25

NACH ALTER

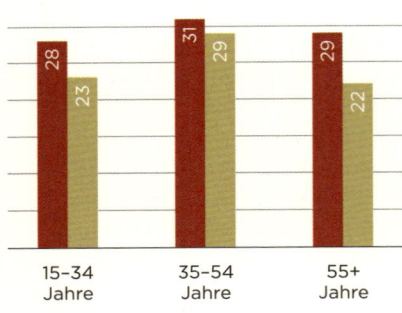

| 15–34 Jahre | 35–54 Jahre | 55+ Jahre |

■ Österreich   ■ Deutschland

NUR 25 PROZENT DER DEUTSCHEN und 30 Prozent der Österreicherinnen und Österreicher sind davon überzeugt, dass sich in ihren Ländern
Beruf und Familie gut vereinbaren lassen. Die gegenwärtigen Bedingungen für die Vereinbarkeit dieser beiden Lebensbereiche werden also in
Österreich als eher schlecht empfunden, in Deutschland schätzt man diese als noch viel schlechter ein.

Wird sich diese Mangellage zukünftig verbessern? In Deutschland glauben dies immerhin 41 Prozent der Befragten. Dieses Ergebnis ist zwar
nicht gerade visionär, signalisiert aber im Vergleich mit dem gegenwärtig
zufriedenen Viertel der Bevölkerung immerhin beachtliche Zukunftshoff-
nungen.

In Österreich rechnen jedoch nur 31 Prozent der Befragten mit einer
besseren Lebensqualität im Hinblick auf die Vereinbarkeit von Beruf und
Familie. Der Unterschied zu den eher schlecht bewerteten real existierenden Bedingungen (30 %) beträgt also gerade einmal einen einzigen Pro-
zentpunkt. So wenig Optimismus kann wie eine sich selbst erfüllende Pro-
phezeiung wirken.

ZUKÜNFTIGE VEREINBARKEIT VON BERUF UND FAMILIE

Die Befragten antworten auf die Frage „Glauben Sie, dass sich die Bedingungen für die Vereinbarkeit von Beruf und Familie in Ihrem Land zukünftig verbessern werden?" mit Ja (gerundet, in Prozent):

GESAMTBEVÖLKERUNG

NACH GESCHLECHT

33   43   29   38

NACH ALTER

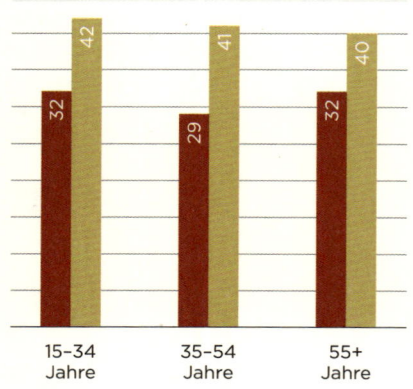

| 15–34 Jahre | 35–54 Jahre | 55+ Jahre |

 Österreich   Deutschland

Es ist zu hoffen, dass die Deutschen mit ihrem deutlich positiveren Zukunftsbild richtig liegen, obwohl der lange Arm der immer intensiveren und zunehmend psychisch belastenden Arbeitswelt zukünftig immer weiter in den Rest des Lebens hineinreichen wird. Die größten Hindernisse für eine bessere Vereinbarkeit von Beruf und Familie sind jedoch außerhalb der Arbeitswelt zu finden, nämlich einerseits im Bereich der familiären Rollenbilder und andererseits auch in der unterentwickelten Infrastruktur für die professionelle Betreuung von Kleinkindern.

Bei der gerechten Verteilung der Geschlechterrollen im familiären Zusammenleben tun sich die österreichischen Männer offensichtlich schwerer als die deutschen. Dies zeigt sich etwa bei der Elternkarenz, die in Deutschland von mehr als einem Viertel der Männer genutzt wird. In Österreich tun dies nur etwa halb so viele wie bei den deutschen Nachbarn.

AUF DEM ARBEITSMARKT IST DIE GLOBALISIERUNG NOCH EIN ZUKUNFTSPROJEKT

Von den Befragten stimmen der Aussage „2030 hat jede/r ArbeitnehmerIn in Vollbeschäftigung mindestens einmal im Ausland
gearbeitet" zu (gerundet, in Prozent):

GESAMTBEVÖLKERUNG

NACH GESCHLECHT

18 14 19 15

 Österreich   Deutschland

SEELEUTE – vom Matrosen über den Schiffskoch bis zum Kapitän – repräsentieren den wohl ältesten Typus eines globalisierten Berufs. Mit dem rasanten Fortschritt der Verkehrstechnologien gibt es jedoch mittlerweile viel mehr Möglichkeiten für den Transport von Menschen und Gütern. Die Anzahl der für den Betrieb der modernen Fahr-, Flug- und Schwimmzeuge erforderlichen international mobilen Frau- und Mannschaften hat sich seit den Zeiten von Odysseus oder Kolumbus vervielfacht.

Mit dem Wachstum des Welthandels und mit dem Bedeutungszuwachs von multinationalen Unternehmen entstand außerdem für eine kleine Minderheit von Expertinnen und Experten ein globaler Arbeitsmarkt weit über das traditionell globalisierte Verkehrs- und Transportwesen hinaus. Die Europäisierung und Globalisierung der Arbeitsmärkte wird zwar immer wichtiger. Das Ausmaß der internationalen Mobilität der Arbeitskräfte wird jedoch in der öffentlichen Meinung erheblich überschätzt. So glauben etwa 14 Prozent der Deutschen und 18 Prozent der Österreicher, dass im Jahr 2030 jede Arbeitnehmerin bzw. jeder Arbeitnehmer in Vollbeschäftigung mindestens einmal im Ausland gearbeitet hat.

Dieses Zukunftsbild ist höchst unwahrscheinlich. Denn selbst in der Europäischen Union, in der die rechtlichen Rahmenbedingungen für die Berufsausübung über die Grenzen des eigenen Landes hinaus sehr weit fortgeschritten sind, bewegt sich der allergrößte Teil der Arbeitskräfte nur auf den nationalen Arbeitsmärkten. Mehr als neun Zehntel der EU-Bürgerinnen und -Bürger haben immer nur in ihren Herkunftsländern gearbeitet und gelebt. Zukünftig ist mit einem moderaten Anstieg der Arbeitsmigration zu rechnen. Die für Österreich und Deutschland geltenden Steigerungsraten beim Import und Export von Waren lassen sich also nur begrenzt auf die Mobilität auf dem Arbeitsmarkt übertragen.

MANAGEMENT ZWISCHEN WUNSCH UND WIRKLICHKEIT

Von den Befragten stimmen der Aussage „2030 hat sich das Einkommen von Top-Managern verringert" zu (gerundet, in Prozent):

GESAMTBEVÖLKERUNG

Von den Befragten stimmen der Aussage „Ich vertraue meinem Chef in Bezug auf die Lösung von Zukunftsfragen" zu (gerundet, in Prozent):

GESAMTBEVÖLKERUNG

NACH GESCHLECHT

| 2 | 2 | 4 | 3 |

■ Österreich   ■ Deutschland

IN DEN MEISTEN MANAGEMENT-LEHRBÜCHERN wird ein ideales Bild der Gestaltung von betrieblichen Strukturen und Funktionen gezeichnet, z. B.: flache Hierarchien, Kombination von Führung und Selbstorganisation, flexible Orientierung an Unternehmenswerten statt an starren Regeln. Zugegeben, das sind außerordentlich wichtige, ja sogar unverzichtbare Voraussetzungen für die Gestaltung von zukunfts- und innovationsfähigen Unternehmen. Die Realität in den Niederungen des betrieblichen Alltags sieht jedoch bekanntlich nicht selten ganz anders aus. Denn allzu viele Führungskräfte ticken noch in der Logik längst überholter Managementkonzepte.

Eine zukunftsfähige Managementlogik ist geprägt von einer deutlichen Verringerung der Führungsebenen, von der Dezentralisierung der Prozess- und Ergebnisverantwortung, von der Förderung der Eigeninitiative der Mitarbeiterinnen und Mitarbeiter, von echten Zielvereinbarungen, von der Schaffung vielfältiger Freiräume auf allen betrieblichen Ebenen, von Vertrauenskultur statt Kontrollkultur sowie von Animation zur Partizipation, also von der möglichst umfassenden Beteiligung aller Mitarbeiterinnen und Mitarbeiter an betrieblichen Innovationsprozessen. In vielen Unternehmen erfordert dies freilich einen Paradigmenwechsel beim Organisationsverständnis – nach dem Motto: „Der Mensch im Mittelpunkt"! Jene Managerinnen und Manager, die diese zukunftsorientierten Fähigkeiten und Fertigkeiten des Führens beherrschen, verdienen die oft recht hohen Gagen zu Recht.

Beim weniger kompetenten Teil der Führungskräfte klaffen Leistung und Lohn viel zu weit auseinander. Gibt es Hoffnung auf eine zukünftige Verbesserung? Die Mehrheit der ÖsterreicherInnen und Deutschen glaubt nicht daran. Denn nur elf Prozent der Deutschen und gar nur acht Prozent der ÖsterreicherInnen meinen, dass sich die vielfach überhöhten Managergehälter bis 2030 nennenswert verringern werden. Und nur eine sehr kleine Minderheit der ÖsterreicherInnen und der Deutschen vertraut ihren Chefs im Hinblick auf die Lösung von Zukunftsfragen!

ZUKUNFT: FRAUEN ALS FÜHRUNGSKRÄFTE

Von den Befragten stimmen der Aussage „In Zukunft übernehmen die immer besser qualifizierten Frauen verstärkt Führungspositionen" zu (gerundet, in Prozent):

GESAMTBEVÖLKERUNG

NACH GESCHLECHT

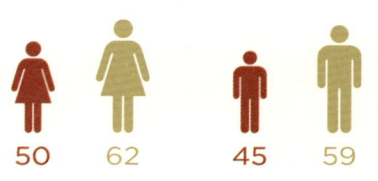

NACH ALTER

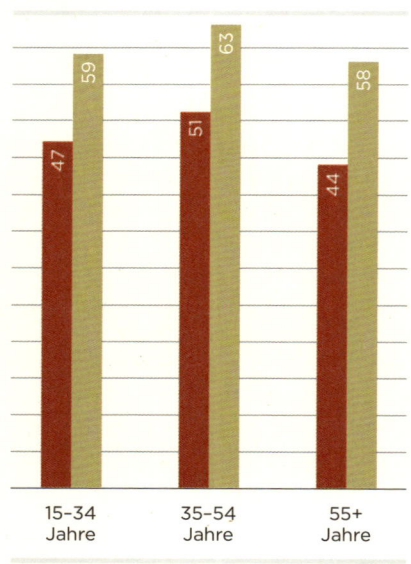

Österreich

Deutschland

FRAUEN HABEN IN DEN VERGANGENEN vier Jahrzehnten in den meisten europäischen Ländern im Bereich der Bildung eine gigantische Aufholjagd hingelegt. In Österreich hatten Anfang der 1970er Jahre noch ca. drei Fünftel der Frauen nur einen Pflichtschulabschluss, heute trifft dies nur mehr für ein Viertel zu. Ähnliches gilt auch für Deutschland. In beiden Ländern haben die jungen Frauen die jungen Männer bei den Abschlüssen an höheren Schulen, Hochschulen und Universitäten bereits überholt. Dies gilt allerdings nicht für Ausbildungen im Bereich der gut bezahlten technischen Berufe, um die Mädchen und junge Frauen sowohl in Österreich als auch in Deutschland leider nach wie vor einen großen Bogen machen.

Die weibliche Erfolgsstory im Bildungssektor setzt sich jedoch bisher bekanntlich nur sehr begrenzt in den Karrierechancen und in der Gehaltshöhe fort. Die Unterschiede zwischen den Gehältern von Frauen und Männern sind in Österreich und Deutschland größer als in den meisten anderen EU-Ländern! Und in beiden Ländern sind Frauen trotz der immer besseren Qualifizierung besonders selten in Führungspositionen zu finden.

Wird sich dieser Zustand in absehbarer Zukunft verbessern? Davon ist eine große Mehrheit der Deutschen (60 %) überzeugt. In Österreich glaubt dies jedoch nicht einmal die Hälfte der Befragten. Besonders reserviert zeigen sich Österreichs Männer (45 %). Selbst bei Österreichs Jugend dominiert in dieser Frage ein erstaunlicher Zukunftspessimismus. Solche negativen Zukunftserwartungen in der kleinen Alpenrepublik können zwar die gesamteuropäische Entwicklung nicht aufhalten, jedoch im eigenen Land als mentale Bremse wirken. Dadurch könnte der Bedeutungszuwachs von Frauen in der Arbeitswelt in Österreich sogar noch langsamer vorankommen als in Deutschland.

WACHSENDER ZEITWOHLSTAND
UND ALTERNSGERECHTE ARBEITSWELT

Von den Befragten stimmen der Aussage „2030 müssen die meisten
Arbeitnehmer bis zum 75. Lebensjahr arbeiten" zu (gerundet, in Prozent):

GESAMTBEVÖLKERUNG

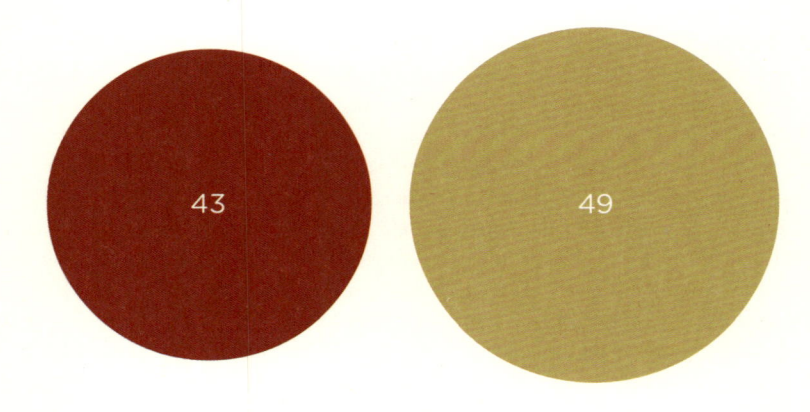

43   49

Österreich   Deutschland

MEHR ALS ZWEI FÜNFTEL der ÖsterreicherInnen und die Hälfte der Deutschen sind fest davon überzeugt, dass Arbeitnehmerinnen und Arbeitnehmer im Jahr 2030 bis zum 75. Lebensjahr arbeiten müssen. Dieses Zukunftsbild ist ausgesprochen unrealistisch. Denn die Lebensarbeitszeit wird zwar zukünftig kontinuierlich ansteigen, jedoch keinesfalls rascher als die statistische Lebenserwartung, die jährlich um mindestens zwei Monate wächst. Von 2013 bis 2030 gewinnen wir also einen Zeitwohlstand von mehr als drei Jahren pro Person dazu.

So gesehen ist der moderat verlängerte produktive Verbleib von älteren Arbeitnehmerinnen und Arbeitnehmern im Erwerbsleben eine der wichtigsten Herausforderungen der zukünftigen Arbeitswelt. Dieser Aussage würden die meisten ArbeitgeberInnen begeistert zustimmen. Allerdings stimmt dieses Ideal nur selten mit der Personalentwicklung in den real existierenden Unternehmen überein. Denn in der betriebswirtschaftlichen Praxis fallen allzu oft ältere ArbeitnehmerInnen einer kurzfristig orientierten Kosten-Nutzen-Rechnung zum Opfer.

Auch die meisten ArbeitnehmerInnen halten die Anpassung der Lebensarbeitszeit an die verlängerte Lebenszeit prinzipiell für durchaus plausibel. Wenn es jedoch um die individuelle Lebensplanung geht, hält sich die Begeisterung für eine Verlängerung der eigenen Lebensarbeitszeit meist in Grenzen. In der modernen Arbeitswelt wachsen nämlich Zeitdruck und Stress. Außerdem werden ältere MitarbeiterInnen immer öfter wie überzählige Auslaufmodelle behandelt. Dies kann der Gesundheit schaden. Denn: „Was kränkt, macht krank!"

Und auch außerhalb der Arbeitswelt dominieren die negativen Altersbilder, etwa wenn in den Medien nahezu täglich der diskriminierende Begriff „Überalterung" verwendet wird. Eine altersgerechte Arbeitswelt kann es also zukünftig nur dann geben, wenn sich in weiten Teilen der Gesellschaft, der Wirtschaft und der Politik ein positiveres Bild des Alterns und des Alters durchsetzt.

DER KUNDE ALS KÖNIG

Von den Befragten stimmen der Aussage „Meiner Meinung nach trifft der Satz ‚Der Kunde ist König' heute NICHT mehr zu" zu (gerundet, in Prozent):

Von den Befragten stimmen der Aussage „Ich habe schon einmal ein Geschäft verlassen, weil ich mich schlecht behandelt gefühlt habe" zu (gerundet, in Prozent):

GESAMTBEVÖLKERUNG

GESAMTBEVÖLKERUNG

■ Österreich   ■ Deutschland

128

WER AUCH MORGEN UND ÜBERMORGEN noch zufriedene KundInnen begrüßen möchte, muss tagtäglich beweisen, dass er die Wünsche der heutigen KundInnen erfüllen kann. Sowohl in Österreich als auch in Deutschland ist jedoch die Zufriedenheit mit der real existierenden Servicequalität im Handel nicht überwältigend groß. Denn drei Fünftel der ÖsterreicherInnen und sogar drei Viertel der Deutschen glauben nicht, dass der Slogan „Der Kunde ist König" heute noch zutrifft.

Unzufriedene Kundinnen und Kunden reagieren immer öfter rasch und konsequent. So haben drei Viertel der ÖsterreicherInnen und Deutschen ein Geschäft schon einmal verlassen, weil sie dort unfreundlich bedient oder schlecht beraten wurden. Je jünger die KundInnen, desto kritischer, je älter, desto toleranter. Dies weist für die Zukunft auf eine verstärkte Bereitschaft zur Abstimmung mit den Füßen hin.

Zugegeben, das Dienstleistungsgeschäft wird zunehmend härter. Denn was noch vor zwei Jahrzehnten nur von einer privilegierten Minderheit im Luxussegment erwartet wurde, sieht heute die Mehrheit der Kunden als selbstverständlich an. Und immer mehr Konsumenten nutzen gerne die Kompetenz des Fachhandels, um dann doch lieber anonym – um ein paar Euro billiger – im Internet einzukaufen. Von jenem unsympathischen Kundentypus, der Dienstleister mit Dienstboten verwechselt, gar nicht zu reden.

Dennoch: Die Servicequalität muss sich nachhaltig verbessern. Dies funktioniert nur in der Kombination aus betrieblichen Rahmenbedingungen und individuellen Kompetenzen der MitarbeiterInnen. Es geht also um einen guten Mix aus angemessener Entlohnung, genügend Personal, Reduktion von Stress und regelmäßiger Weiterbildung sowie um ein wertschätzendes Betriebsklima. Vielleicht „übernehmen" zukünftig sowohl in Österreich als auch in Deutschland nicht immer nur die Großen die Kleinen, sondern zur Abwechslung mal die Freundlichen die Unfreundlichen.

FREIZEIT
UND
LEBENS-
QUALITÄT

KAPITEL 3

FREIZEIT UND LEBENS-QUALITÄT

„Die Zukunft wird der Gegenwart sehr viel ähnlicher sein, als wir heute noch denken, aber die Gegenwart ist schon sehr viel anders, als wir sie heute wahrnehmen."

ALFRED ANDERSCH

LEBENSQUALITÄT: MODEWORT
UND WISSENSCHAFTLICHER BEGRIFF

„Lebensqualität" hat sich in den vergangenen Jahren zu einem Modewort entwickelt. So gibt es bei Google zu dem deutschen Begriff mehr als neun Millionen Einträge, zu dem englischen Begriff „Quality of Life" sogar mehr als 200 Millionen! Unter dem Stichwort Lebensqualität werden Urlaubsreisen gebucht, Lebensmittel angepriesen, Privatpensionsverträge beworben, Hobbys gepflegt, Haubenrestaurants besucht. Häuser geplant oder Zufriedenheit und Wohlbefinden empirisch gemessen. Ähnlich vage ist der Begriff „Glück". Der Internet-Buchhändler „Amazon" bietet bereits mehr als 1.500 deutschsprachige Bücher zu diesem Thema an. Neben wenigen Werken zur so genannten Glücksforschung dominiert in diesem Berg von Büchern die individualistisch orientierte Ratgeberliteratur mit den immer gleichen und meist esoterisch garnierten Tipps zu Bewegung, Ernährung, Partnerbeziehung und Spiritualität. Der Begriff *Glück* bezieht sich vor allem auf die subjektive Befindlichkeit der Individuen. *Lebensqualität* ist ein deutlich weiter gefasster Begriff, der sowohl die Qualität der gesellschaftlichen, wirtschaftlichen und politischen Rahmenbedingungen des Lebens als auch die subjektive Bewertung dieser Voraussetzungen beschreibt.[32]

FREIZEIT – WAS IST DAS?

Ein Geschenk des Himmels? Das Resultat harter Gewerkschaftsverhandlungen? Der Lohn für Arbeit, Fleiß und Leistung? Oder der Fluch der Arbeitslosen? Von dieser erzwungenen, erkämpften, verdienten und geschenkten Zeit gab es noch nie so viel wie jetzt. Tendenz steigend. Denn in Zukunft werden die meisten Menschen in ihrem Leben weniger arbeiten und mehr „freizeiten".

Auf den ersten Blick entsteht das Bild einer geradezu dramatischen Freizeit-revolution: Von 60 Stunden pro Woche um 1900 über die 50-Stunden-Woche in den 1950er Jahren bis zu der heutigen Spannbreite zwischen 35 und 40 Stunden wurde die Arbeitszeit immer mehr verringert. Doch hält auch die subjektiv wahrgenommene Freizeitvermehrung Schritt mit der objektiv fest-stellbaren Arbeitszeitverkürzung? Trotz deutlicher Arbeitszeitverkürzungen in den letzten Jahrzehnten wächst das subjektive Gefühl, über zu wenig (Frei-)Zeit zu verfügen. Denn mit dem Verlassen des Arbeitsplatzes hat für die Berufstätigen die Freizeit noch nicht begonnen. Die Freizeitrevolution ist im subjektiven Bewusstsein der meisten Arbeitnehmerinnen und Arbeitneh-mer nicht angekommen. Die in der öffentlichen Meinung vorherrschende These von der dramatischen Freizeitvermehrung findet keine Entsprechung im subjektiven Erleben der Bevölkerung.

Freizeit ist und bleibt auch in Zukunft eine kostbare Ressource – im privaten Leben genauso wie im Berufsalltag. Zur Zeitverwendung der Deutschen führte die BAT-Stiftung für Zukunftsfragen im Jahre 2011 eine umfassende Erhebung durch und kam zu folgenden Ergebnissen:

- Die *Jahres*-Arbeitszeit (bei Vollbeschäftigung) umfasst mit 1.618 Stunden le-diglich rund 18 Prozent der gesamten Stundenzahl von 1. Januar bis 31. De-zember.

- Ein knappes Drittel des *Jahres* (2.606 Stunden) dient dem *Schlaf*,

- und weitere 26 Prozent des *Jahres*-Zeitbudgets (2.222 Stunden) widmen die Befragten der so genannten *Obligationszeit* – diese umfasst etwa Wegezei-ten, die Hausarbeit oder das Einkaufen.

- Was bleibt, ist die tatsächliche *Freizeit*, die sich über die *Freiwilligkeit* defi-niert. In diesem Sinne ist Freizeit jene Zeit, in der man etwas tut, ohne es tun zu müssen. Diese *Dispositionszeit* beträgt bei einem Berufstätigen im Durchschnitt 2.314 Stunden pro Jahr (26 %) und verteilt sich auf 4,03 Stun-den an Werktagen und 12,18 Stunden an Wochenenden.

FREIZEIT UND WOHNEN

In unseren Wohnräumen verbringen wir im Zeitraum zwischen Geburt und Tod beachtliche drei Fünftel der Stunden. Und der Anteil wird wohl noch größer! Denn wir werden bekanntlich immer älter. Und wer länger lebt, wohnt auch länger. Weitere 15 Prozent unserer Lebenszeit verbringen wir im *direkten Wohnumfeld*. Verteilt auf eine Lebenszeit von 0 bis 80 sind dies im statistischen Durchschnitt ca. 1.200 Stunden der insgesamt 8.700 Stunden pro Jahr. In diesem beachtlichen Zeitbudget haben wir es in vielfältigster Weise mit den Mitmenschen in unserer Nachbarschaft zu tun. Ein wesentlicher Teil unserer Wohn-Zeit dient dem Schlaf. Immerhin schlafen wir ja fast ein Drittel unseres Lebens. Die Lernfunktion des Schlafes sollte übrigens nicht unterschätzt werden. Denn in unseren Träumen verarbeiten wir bekanntlich viele Erfahrungen der Wachzeit. Bei den diversen Haushaltsaktivitäten – wie z. B. einkaufen, kochen, waschen, Staub saugen oder putzen – überlassen die deutschen und österreichischen Männer überwiegend den weiblichen Nutzerinnen des Lebensraums Wohnung die Verantwortung. Die Wohnung ist auch der Ort für das familiäre Beziehungs- und Erziehungsleben. Über die Gemeinschaftsbeziehungen innerhalb der Familien hinaus dienen die eigenen vier Wände selbstverständlich auch den Kontakten einzelner Familienmitglieder mit Menschen von außerhalb. So laden etwa die Kinder und Jugendlichen ihre Freundinnen und Freunde gelegentlich in ihre Rückzugsräume ein. Ebenso pflegen die erwachsenen Bewohner ihre Ess- und Gesprächsgemeinschaften. Immer öfter verbinden sich derartige Gemeinschaftserlebnisse mit dem neuen Kochboom – angeregt von einer Vielzahl von Kochshows auf nahezu allen Fernsehkanälen. Rund um diesen Kochkult entwickeln sich wechselseitige Einladungen innerhalb von Freundeskreisen.

Abgesehen von derartigen Einladungen bekommt Wohnen jedoch zunehmend einen Inselcharakter. Die Zeiten der immer und überall offenen Haustüren sind selbst im ländlichen Raum weitgehend vorbei. Wohnen entwickelt sich immer stärker dahingehend, dass eine Abschottung nach außen (z. B. Sicherheit vor Eindringlingen, Schutz vor Blicken und Geräuschen aus der Nachbarschaft etc.) erfolgt und im Innern sich eine vielfältige technische und mediale Ausstattung ausbreitet. Zukünftig wird unsere Wohnwelt – noch mehr als heute – von einer allumfassenden Medienpräsenz geprägt sein. Unter den unzähligen informations- und unterhaltungsorientierten Dienstleistungsangeboten werden die so genannten *neuen Medien* eine zentrale Funktion innehaben. In diesem Zusammenhang wird sich auch der Stellenwert von *E-Commerce* weiter erhöhen. Mithilfe des Internets lässt sich nicht nur eine Vielzahl von Informationen abrufen, sondern auch eine Reihe geschäftlicher Erledigungen (wie Zahlungen, Bestellungen usw.) durchführen, ohne den Indoor-Bereich, die Wohnung, verlassen zu müssen. Die neuen Medien erweitern den Horizont. Denn durch das Internet ist es möglich, vom kleinsten Dorf aus mit anderen Menschen an weit entfernten Orten zu kommunizieren. In diesem Sinne pflegen immer mehr Leute sehr intensive zwischenmenschliche Kontakte in Form von „Online-Gemeinschaften". Auf diese Weise wird die Welt zum globalen Dorf und es entstehen in virtueller Form quasi weltweite Dorfgemeinschaften. Die Digitalisierung unserer Lebenswelt ermöglicht auch immer mehr Menschen die Kombination von Wohnen und Beruf in den eigenen vier Wänden (siehe dazu auch das Kapitel 2 *Beruf und Lebensstandard*).

FREIZEIT UND KONSUM

Freizeit ist über weite Strecken Konsumzeit. Ökonomisch betrachtet ist der Konsum neben den Investitionen eine tragende Säule der Volkswirtschaft. Konsum hält nicht nur die Wirtschaft, sondern auch den Staat in Schwung. Denn Konsumsteuern leisten einen wichtigen Beitrag zur Finanzierung der Staatsaufgaben.

WARUM WIR KONSUMIEREN

Unsere Konsummotive sind sehr unterschiedlich:

• Konsum ermöglicht das Überleben: „Ich kaufe nur das Nötigste."

• Konsum als Anlass für Kommunikation: Seit jeher und in allen Kulturen diente der „Markt" (in seiner ursprünglichen Form) nicht nur dem Kauf von Waren, sondern auch der Interaktion mit anderen Menschen.

- Konsum als gefühlte Freiheit: „Ich entscheide frei und unabhängig, was ich kaufen will."

- Konsum vermittelt Machtgefühle: „Ich kann mir das leisten."

- Der Konsum gängiger Waren und Dienstleistungen signalisiert Zugehörigkeit: „Ich kann mithalten, ich bin dabei."

- Konsum dient auch dem Ausdruck der eigenen Persönlichkeit. Mit Kaufakten unterscheiden wir uns bewusst von anderen.

- Konsum symbolisiert sozialen Status: „Die Nachbarn werden vor Neid erblassen."

- Gekauft wird auch als Belohnung nach Entbehrungen: „Lange genug geschuftet, jetzt hab ich mir aber was verdient."

- Konsum ist manchmal auch mit der Sehnsucht nach Anerkennung, Liebe und Wertschätzung verbunden. In solchen Fällen ersetzen Kaufakte soziale Zuwendungen und trösten über Enttäuschungen hinweg.

Nahezu jeder konkrete Konsumakt resultiert aus einem Mix dieser Motive. Konsumieren ist also niemals ausschließlich rationales Handeln.

EINIGE WICHTIGE FREIZEITBEZOGENE KONSUMTRENDS

ERLEBNISKONSUM WIRD IMMER WICHTIGER

Über viele Jahrhunderte hinweg bis in die ersten Jahre nach dem Zweiten Weltkrieg war die Konsumgesinnung des überwiegenden Teils der Menschen in unseren Breiten von der Logik des *Überlebens* geprägt. Konsum diente vor allem der unmittelbaren Sicherung der Existenz. Der größte Teil der konsumierten Waren und Dienstleistungen war im engeren Wortsinn *not-wendig*, also unverzichtbar für die Abwendung von Not. Erst ab Mitte der 1950er Jahre lieferte eine wachsende Wirtschaft die Grundlage für ein Leben ohne Hunger und Entbehrungen. Ab Mitte der 1960er Jahre begann das Zeitalter des Erlebniskonsums. Technologischer Fortschritt und Massenproduktion ermöglichten die spürbare Verbilligung von Waren. Das rasante Wirtschaftswachstum führte zu einer boomenden Massenkaufkraft. Der Besitz von – heute selbstverständlichen – Konsumgütern wie Waschmaschine, Kühlschrank, Staubsauger, Fernseher und Kleinwagen signalisierte damals der Mitwelt Modernität. Immer häufiger wurden gemeinsam mit Gütern und Dienstleistungen auch Erlebnisse gekauft. Der für die Zeiten des Versorgungskonsums so typische Einkaufszettel kam zunehmend aus der Mode. Heute wissen übrigens mehr als die Hälfte der Deutschen und Österreicher-Innen vor dem Einkauf nicht, was sie eigentlich kaufen wollen. Der nun seit etwa einem halben Jahrhundert andauernde Trend zum Erlebniskonsum nimmt immer stärker religionsähnliche Dimensionen an. Zukünftig könnten die Shopping Citys, Shopping Malls und Repräsentationsimmobilien der glitzernden Konsumwelt die *Kathedralen des 21. Jahrhunderts* werden. Sinngemäß gilt dies auch für den immer erlebnisintensiveren Medienkonsum oder für die meditativen Tiefenerfahrungen in den zeitgeistigen Wellnesstempeln. Freilich brechen traditionelle Entwicklungslinien selten abrupt ab, sondern werden meist nur von neuen Trends überlagert. So wird zwar der Anteil des Versorgungskonsums am Gesamtkonsum zugunsten des Erlebniskonsums kontinuierlich kleiner. Die Versorgung mit lebenswichtigen Gütern ist aber selbstverständlich auch zukünftig die unverzichtbare Basis des Konsumierens.

DIGITALISIERUNG DURCHDRINGT DIE KONSUMWELT

Eine der wichtigsten Entwicklungen der Zukunft besteht in der Digitalisierung nahezu aller Lebensbereiche. So wird etwa das Smartphone in naher Zukunft die Schnittstelle – oder besser: die Nahtstelle – zwischen dem Individuum und dessen umfassend digitalisierter Konsum-, Wohn- und Arbeitswelt sein, also eine ganz persönliche elektronische Servicezentrale, quasi ein elektronischer „Butler James". Butler James erkennt dann unsere Stimme, kennt unsere Vorlieben, unseren Lebensstil und unser Konsumprofil, ist unser persönlicher Konsumberater, navigiert im Hinblick auf unser gewohntes Konsumverhalten den Einkaufswagen durch den Supermarkt, verwaltet den Terminkalender, misst regelmäßig unser körperliches Wohlbefinden und leitet daraus Tipps für Gesundheit und Ernährung ab, steuert die Haustechnik, checkt täglich das Fernseh-, Kultur- und Sportangebot, empfiehlt uns neue

Leseangebote im E-Book-Store, macht lebensstiltypische Vorschläge für unsere Freizeitgestaltung, liefert Daten für unsere Urlaubsplanung, vergleicht die Preise für Haushaltseinkäufe und bestellt online.[33] Eine partizipative Potenz der Digitalisierung schlummert im rasanten Bedeutungszuwachs der „Social Media". Durch diese neue Form von Öffentlichkeit könnte der Einfluss der Konsumentinnen und Konsumenten auf die Wirtschaft bzw. der Bürgerinnen und Bürger auf die Politik erheblich wachsen. Fortsetzen wird sich auch die digitalisierte Hilfe bei der Partnersuche – vor allem in der *Anfangsphase des Suchprozesses*. Außer an E-Commerce oder E-Government werden wir uns zukünftig auch an *E-Love* gewöhnen müssen. Ein weiterer Aspekt des Zusammenhangs zwischen Digitalisierung und Konsum besteht in der systematischen Sammlung und Verknüpfung von Kundendaten. Denn eine individuelle Betreuung funktioniert in der gesamten Konsumwelt nur auf der Basis der möglichst konkreten Kenntnis der individuellen Kundenwünsche. Moderne Datenbanken sammeln und verknüpfen daher nicht nur unsere Krankheitsdaten, sondern auch immer mehr Wissensbestände über das Medien- und Konsumverhalten der Kundinnen und Kunden. Die Datenbanken werden immer leistungsfähiger, und der gläserne Konsument wird in den kommenden Jahren mehr und mehr zur Realität.

PROSUMIEREN ERGÄNZT KONSUMIEREN

Der Begriff „Konsum" kommt aus dem Lateinischen und heißt so viel wie *Verbrauch*. Immer öfter gibt es jedoch Waren oder Dienstleistungen, die erst durch die Kooperation des Anbieters mit dem Kunden zustande kommen. Wenn Kunden nicht als Verbraucher, sondern als Co-Produzenten auftreten, passt der Begriff des Konsumenten nicht mehr. Deshalb wurde ein neues – in der Konsumforschung nicht ganz unumstrittenes – Wort erfunden: der *Prosument*. Ein frühes Beispiel für das Prosumieren ist die in den 1970er Jahren von einem schwedischen Möbelhaus gestartete Do-it-yourself-Bewegung. Seither müssen oder wollen sich Kundinnen und Kunden immer häufiger an Funktionen beteiligen, die ursprünglich in die Zuständigkeit der Betriebe fielen, z. B. beim E-Tourism, bei dem die Mitwirkung des Kunden an der Reiseplanung und -buchung via Internet an die Stelle der Beauftragung eines Reisebüros tritt. Das Konzept des mitgestaltenden Prosumenten nimmt die Intelligenz von Nicht-ExpertInnen ernst. Das Internet bietet für diese intelligente Partizipation eine perfekte Plattform. So werden sich Internet-ProsumentInnen zukünftig immer öfter für die permanente Weiterentwicklung von *Wikis* aller Art engagieren. Am bekanntesten ist in diesem Zusammenhang das elektronische Lexikon *Wikipedia*. Nach dem Motto „Innovation durch Interaktion" werden auch immer mehr Firmen das kreative Potenzial von ProsumentInnen für die Weiterentwicklung ihrer Produkte nutzen. Schon heute beteiligen einzelne Konzerne für Unterhaltungselektronik interessierte KundInnen über spezielle Softwareprogramme am Entwurf neuer Computerspiele. Genauer betrachtet passt der ProsumentInnen-Begriff auch für die Rolle der „KundInnen" von Schulen, Hochschulen oder Fitnesszentren. Der bloße Konsum dieser Dienstleistungen ist völlig sinnlos. Denn ohne aktive Mitwirkung der Kundschaft bleibt die Wirkung aus. Das „Prosumieren" wird jedenfalls ein immer wichtigeres Segment in der zukünftigen, mannigfaltigen Konsumwelt.

ANHALTENDER BIO-BOOM

Well-Being wird immer wichtiger. Zu dieser Entwicklung passt auch der seit Jahren anhaltende Bio-Boom. In diesem Segment werden allerdings auch zukünftig die Konsumentinnen und Konsumenten mit höherem Einkommen und höherer Bildung überwiegen. Die Motive für den Kauf von Bio-Produkten sind vielfältig. Über das dominante Gesundheitsmotiv hinaus sind dies auch der Wunsch nach ökologischer Nachhaltigkeit, Tierliebe und manchmal auch das Streben nach Abgrenzung vom Lebensstil des Massenkonsums. In der Hardcore-Variante des Bio-Konsums darf auch der Stallgeruch beim Direktvermarkter am Bauernhof nicht fehlen. Für die große Mehrheit der Konsumentinnen und Konsumenten zählen aber zukünftig auch bei „Bio" die Bequemlichkeit und der Preis. Das spricht für Supermärkte mit ansprechend gestalteten Bio-Nischen.

KOSTENSTEIGERUNG BEI NAHRUNG UND ENERGIE

Die Preise für Konsumgüter und Dienstleistungen setzen sich aus einer Reihe von Faktoren zusammen, dies sind z. B.: Rohstoffpreise, Transportpreise, Arbeitskosten, Händlerkosten, Steuern und Abgaben. Eine sichere Prognose über zukünftige Preise ist auch mittels aufwändiger Modellrechnungen nicht möglich. Gewisse Tendenzen im Hinblick auf die zukünftige Preisentwicklung wichtiger Güter und Dienstleistungen lassen sich jedoch durchaus erkennen. Mitte der 1950er Jahre wurden noch etwa zwei Fünftel der privaten Haushaltsbudgets für Lebensmittelkäufe verwendet, heute machen diese nur noch etwa ein Zehntel aus. In den kommenden Jahren werden die Preise für Nahrungsmittel wieder steigen, und auch der Anteil der Ausgaben für Lebensmittel am privaten Haushaltsbudget wird sich wieder erhöhen. Dafür sind – neben einigen anderen Faktoren – die Zunahme der Weltbevölkerung und die weltweit stärkere Nutzung von Agrarflächen für die Spritgewinnung verantwortlich. Erhebliche Kostensteigerungen sind auch bei Energie, Treibstoffen und Verkehr zu erwarten. Schon heute stehen die Ausgaben für Verkehr an zweiter Stelle der privaten Haushaltsausgaben. Die privaten Konsumausgaben für Wohnen und Mobiliar haben sich von der Mitte der 1950er Jahre bis heute fast verdoppelt und werden mittelfristig voraussichtlich auf etwa diesem Niveau stagnieren. Dies gilt sinngemäß auch für Bekleidung, Elektrogeräte und Elektronikprodukte.

WACHSENDE KAUFSUCHT

Werden Kosten und negative Konsequenzen des extensiven Konsumierens psychisch verdrängt, spricht man von Kaufsucht. Bei dieser krankheitswertigen Störung geht es um die Flucht vor unangenehmen Ängsten und Empfindungen durch suchtartige Kaufakte. Von kaufsüchtigen Frauen werden vor allem Kosmetika, Kleidung und Schmuck erworben, während kaufsüchtige Männer insbesondere zu Hightechgeräten und Sportartikeln greifen. Nach dem Kauf kehren freilich Ängste und Schuldgefühle, die sich wiederum negativ auf das Selbstwertgefühl auswirken, zurück. Schon heute wird der Anteil der Deutschen und ÖsterreicherInnen mit mehr oder weniger starkem, suchtartigem Konsumverhalten auf bis zu dreißig Prozent geschätzt. Es ist sehr wahrscheinlich, dass wir zukünftig mit einer Steigerung der Anzahl an konsumsüchtigen Menschen rechnen müssen! Besonders großes Wachstumspotenzial hat das Phänomen Kaufsucht bei den 14- bis 24-Jährigen. Häufig ist Kaufsucht eine Sucht auf Pump. Dadurch werden immer mehr kaufsüchtige Menschen in die Schuldenfalle tappen.

KINDER ALS KONSUMENTEN

Als Kunden wurden Kinder und Jugendliche bereits Anfang des 20. Jahrhunderts in den USA entdeckt – u. a. in der Werbeindustrie unter der Abkürzung „Skippies" (school kids with income and purchasing power). Seither stieg ihre ökonomische Bedeutung mit ihrer Kaufkraft. Diese Entwicklung wird sich kontinuierlich fortsetzen. Denn zur modernen Sozialisation gehört auch die Einübung in die Konsumentenrolle. Die meisten Kinder verfügen deshalb über ein mehr oder weniger hohes Taschengeld. Regelmäßige Zuwendungen einer vergleichsweise wohlhabenden Großelterngeneration fetten das Budget auf. Für dieses gute Geld gibt es vermehrt Produkte, die ausschließlich auf die Bedürfnisse von Kindern zugeschnitten sind. Dazu gehören auch spezifische Markenlogos („Brands"), die in der kommerzialisierten Kinderwelt – unabhängig vom Geschlecht – das Image in der Schule und im Freundeskreis maßgeblich bestimmen. Immer mehr Kinder können sich diesem Wettbewerb um Mode und Aussehen nur schwer entziehen. Dabei wächst auch der Markt für außerschulische Bildungs- und Freizeitangebote, von den vielfältigen Sportangeboten bis zum Besuch von Events und Konzerten. Und auch im Bereich der elektronischen Medien muss das moderne Kind mithalten können. So verwundert es nicht, dass schon heute viele Eltern die Lage so einschätzen: Kinder sind teuer und Jugendliche unbezahlbar. Es ist damit zu rechnen, dass sich die kinderspezifischen Konsumkulturen zukünftig noch stärker ausprägen werden. Auch die Werbebotschaften werden noch unterschwelliger und subtiler werden. Moralisierende Konsumerziehung mit erhobenem Zeigefinger wird allerdings auch in Zukunft nicht viel bringen. Die beste Konsumerziehung besteht nach wie vor im Modelllernen am guten Beispiel der Eltern. Dabei sollte auch nicht vergessen werden, dass von allzu vielen Kindern der Mangel an persönlicher Zuwendung durch Konsum kompensiert wird.

KAUFKRÄFTIGE SENIORINNEN UND SENIOREN

Im Gegensatz zu den weit verbreiteten Altersbildern empfinden sich die meisten Seniorinnen und Senioren keineswegs als Problemfälle, die es zu betreuen und zu bevormunden gilt. Sie denken und handeln wie alle selbstbewussten Konsumenten nach dem Motto: „Der Kunde ist König". Und

Seniorinnen und Senioren sind auf dem Königsweg zum wichtigsten Motor der Konsumwelt. Denn schon heute liegt das verfügbare Einkommen und Vermögen der Altersgruppe 60 plus weit über dem Durchschnitt der jüngeren Generationen. Besonders kaufkräftig wird das von Marketingexperten als „Woopies" (well-off old people) bezeichnete wohlhabende oberste Einkommensviertel der älteren Kundschaft sein. Nicht zu unterschätzen ist aber auch die Kaufkraft der breiten Mittelschicht der älteren MarktteilnehmerInnen. Und selbst das untere Einkommensviertel der SeniorInnen wird ein wichtiger Wirtschaftsfaktor sein. Denn auch zukünftig gilt die Regel: Je weniger jemand verdient, desto rascher und direkter fließt sein Geld in den Konsum. Marketing und Werbung werden sich künftig noch weit stärker als heute auf die differenzierten Wünsche der älteren Menschen ausrichten. Dabei müssen die Anbieter jedoch beachten, dass sie das biologische Alter nicht hervorkehren. Denn das kommt bei den meisten älteren Menschen nicht besonders gut an. Übrigens füllt der steuerpflichtige Teil der von den grauen Panthern der Konsumwelt in den Wirtschaftskreislauf eingebrachten gigantischen Geldmenge die Staatskassen und trägt damit überdurchschnittlich stark zur Umverteilung in Richtung Gesundheit und Soziales bei! Darüber hinaus werden sich viele SeniorInnen auch 2030 sehr wesentlich an der Mitfinanzierung der Konsumkosten ihrer Kinder und Enkel beteiligen. Dazu kommt noch ein bisher nie erreichtes Volumen an vererbbarem Vermögen.

DIE KONSUMENTEN WERDEN IMMER KRITISCHER

Der kritische Konsument der Zukunft erwartet nicht nur, dass Preis und Produktqualität passen. Es geht um mehr: Umfeld des Einkaufs, Eingehen auf Kundenwünsche, ehrliche Information, Service, Zustellung, Montage, Einbau, Anleitung, Einschulung etc. Ein kleiner, aber zahlungskräftiger Teil der kritischen TechnikkonsumentInnen möchte möglichst rasch das Neue durch das Neueste ersetzen. Schon heute zählen etwa fünf Prozent der KonsumentInnen zum illustren Kundenkreis mit hohem *Technologieinnovationsindikator*. Tendenz steigend. Der allergrößte Teil der kritischen KonsumentInnen wird jedoch wahrscheinlich einen Gegentrend auslösen, den die Konsumforschung *Downshifting* nennt. Nach dem Motto „Weniger ist mehr" wird die Reduktion auf die eigentlichen Produktfunktionen verlangt werden. Die große Mehrheit der selbstbewussten KundInnen wird also immer häufiger Haushaltsgeräte, Handys, PCs oder Unterhaltungselektronik mit einfacher und alltagstauglicher Bedienungslogik fordern. Auch die Gestaltung von Produkten und Dienstleistungen *on demand*, also auf den individuellen Kundenwunsch hin, wird in der Konsumwelt immer wichtiger. Immer öfter führt der Faktor Bequemlichkeit zu arbeits- und zeitsparenden Komplettlösungen. Dies ist etwa das Erfolgsgeheimnis der Tankstellenshops. Dafür wird ein Aufschlag im Ausmaß von bis zu einem Viertel der im Supermarkt anfallenden Preise in Kauf genommen. Aber auch Bauunternehmen bieten zunehmend nicht mehr nur Hoch- und Tiefbau an, sondern präsentieren ein Komplettpaket, das von der Finanzierung über die Ausstattung des Gebäudes bis hin zum Facility Management reicht. Mehr denn je müssen also die Macher darauf achten, dass sie ihre Rechnung nicht ohne die Mitmacher machen.

FRIEDLICHE KOEXISTENZ DER KONSUMSTILE

Ist der Konsum der Zukunft eher individualisiert, verspielt, erlebnisorientiert, luxusverliebt oder preisbewusst? Die Frage lässt sich leicht beantworten: Alles zugleich. Die verschiedenen Facetten werden mühelos nebeneinander existieren: Fast Food und Slow Food, billig und teuer, Masse und Klasse. Auch kreative Kombinationen sind erlaubt, etwa der Designer-Schreibtisch neben dem Ikea-Regal. Obwohl uns Trendforscher jeden Monat wieder den allerneuesten und alles überlagernden Konsum-Megatrend ankündigen, werden wir faktisch ein buntes Nebeneinander verschiedenster Konsumpraktiken und Konsumstile erleben. Die Konsumentin bzw. der Konsument der Zukunft wird sich ungern in ein sorgfältig abgegrenztes Zielgruppenschema pressen lassen.

FREIZEIT UND KULTUR

Kultur ist ein weites Feld: Der Musikantenstadl erreicht gigantische Einschaltquoten, Tenöre füllen Fußballstadien, Volksfeste kommen nicht aus der Mode, Spitzenorchester begeistern auf Kreuzfahrtschiffen, das Musical er-

freut sich ähnlich großer Beliebtheit wie früher die Operette, und die Leucht-
türme der europäischen Festspielszene kämpfen um die Gunst illustrer Gäste. Mit Blick auf diese Vielfalt werden sowohl auf Expertenebene als auch an
den Stammtischen heiße Diskussionen im Spannungsfeld zwischen einem
engen und einem weiten Kulturbegriff geführt. Die beiden Autoren des vorliegenden Buches haben das Kulturverständnis der Deutschen und ÖsterreicherInnen mithilfe einer repräsentativen Befragung erhoben und verglichen.
Dabei wurde grob zwischen zwei großen Ausprägungsformen des Kulturverständnisses unterschieden. Die Befragung wurde mit folgendem Satz einge-
leitet: *„Zwei Menschen unterhalten sich über unterschiedliche Ansichten zur
Kultur heute. Wem von beiden geben Sie recht?"*
In weiterer Folge wurde den Befragten eine kurze Umschreibung des engen
bzw. des weiten Kulturverständnisses vorgelegt. Das *enge* Kulturverständnis
wurde folgendermaßen definiert: „Zur Kultur heute zählen nur die klassischen Kulturangebote wie z. B. Oper, Konzert, Theater, Ballett oder Muse-
umsausstellungen mit künstlerischem Bildungsanspruch und Anregungen
zum Nachdenken. Kultur kann doch kein bloßes Unterhaltungsmedium und
Massenvergnügen sein."
Das *weite* Kulturverständnis wurde so beschreiben: „Kultur hat heute viele
Gesichter und schließt auch populäre Unterhaltungsangebote wie z. B. Kinos, Straßenfeste, Musicals oder Rock-/Popkonzerte mit ein, die Zerstreuung
und Erlebnisse bieten und einfach Freude machen. Kultur kann doch nicht
nur eine elitäre Angelegenheit für wenige sein."
In Österreich vertreten etwa drei Fünftel der Befragten ein weites Kulturverständnis, etwa ein Drittel der Befragten ein *enges* (6 % konnten sich nicht entscheiden). In Deutschland neigen sogar drei Viertel der Befragten zu einer
weiten Definition des Kulturbegriffs und nur jeder Vierte tendiert zu einer
engen Definition. Sowohl in Deutschland als auch in Österreich gibt es nicht
nur im Hinblick auf das Kulturverständnis, sondern auch hinsichtlich des In-
teresses für kulturelle Aktivitäten große Unterschiede zwischen jüngeren
und älteren Menschen, Personen mit höherem und Personen mit niedrigem
Bildungsabschluss sowie Frauen und Männern. So bekennen sich etwa ältere
Menschen überwiegend zu einem engeren Kulturverständnis, während sich
jüngere Menschen überwiegend für einen weiten Kulturbegriff entscheiden.

Frauen sind deutlich stärker an kulturellen Angeboten und Veranstaltungen interessiert als Männer. Die weiblichen Kulturinteressen dominieren – mit wenigen Ausnahmen – im gesamten kulturellen Angebotsspektrum, von Museen, Kunstausstellungen und Bibliotheken bis hin zu Kino, Theater, Musical, Ballett, Oper und Klassikkonzert. Nur bei Rock-/Pop-/Jazzkonzerten, Stadtteil- bzw. Gemeindefesten und traditionellen Volksfesten dominieren die männlichen Kulturinteressen. Die größten Unterschiede zwischen Frauen und Männern gibt es beim Interesse für Sportveranstaltungen. Insgesamt betrachtet erweisen sich die männlichen Österreicher eher als Kulturmuffel, während sich das weibliche Interesse für Sportveranstaltungen in überschaubaren Grenzen hält.

Die Frage nach der Weite oder der Enge des Kulturbegriffs spiegelt sich auch im demokratischen Streit über die richtige Kulturpolitik wider; insbesondere, wenn es um die Förderung kultureller Angebote aus öffentlichen Budgets geht. Besonders häufig ist der Wunsch nach kultureller Weite bei jüngeren und besser gebildeten Menschen anzutreffen. Dies deutet darauf hin, dass die kulturelle Vielfalt zukünftig für immer mehr Menschen selbstverständlich sein wird. Deshalb erwartet sich eine wachsende Mehrheit der Wählerinnen und Wähler von einer zukunftsfähigen Kulturpolitik die Förderung eines breit gefächerten kulturellen Angebots. Bei den Budgetdebatten wird es wohl auch zukünftig um die Konkurrenz zwischen unterschiedlichen Typen von *Kulturstätten* wie Theatern, Opernhäusern, Literaturhäusern, Museen und Galerien, um das Spannungsfeld zwischen alternativ und etabliert sowie um die Gewichtung zwischen Stadt und Land gehen. Jenseits der budgetpolitischen Diskurse tut sich jedoch immer mehr eine kulturelle Kluft zwischen öffentlichen Kulturstätten und dem privaten Wohnzimmer auf. Denn die audiovisuelle Unterhaltungselektronik in den eigenen vier Wänden entwickelt sich zunehmend zur Konkurrenz für kulturelle Life-Inszenierungen, vor allem, wenn die zukünftig immer perfekter werdenden Bild- und Klangwelten eine deutlich bessere akustische und optische Qualität bieten als die beste Spielstätte. Dazu kommt noch das bequeme Ambiente. So sind etwa beim Hightech-Opernabend im Wohnzimmer die Sitze breit und fußfrei, behindert kein allzu großer Kopf die Sicht auf die Bühne, verhustet kein Nachbar die wunderschöne Arie und erspart man sich teure Tickets und Hotelpreise. Außerdem entfallen der Verkehrsstau und die lästige Parkplatzsuche. Eine wichtige Erlebnisdimension kann das private elektronische Kulturprogramm freilich niemals bieten, nämlich die Verbindung einer herausragenden künstlerischen Qualität mit realen kommunikativen Begegnungen an emotional aufgeladenen Orten. Was wären etwa die Salzburger Festspiele, wenn sich das hochrangige künstlerische Programm nicht mit der gefühlten Nähe zu Weltstars, mit dem Event des Promenierens auf der VIP-Piste vor dem Festspielhaus, dem historischen Altstadt-Flair zwischen Salzach und Mönchsberg und dem haubengekrönten gastronomischen Begleitprogramm verbinden ließe?

FREIZEIT UND SPORT

Die Sportpolitik muss zukünftig vor allem von zwei Schlüsselmotiven ausgehen: *Gesundheits*orientierung und *Erlebnis*orientierung. Das früher dominante Motiv der Wettbewerbsorientierung bleibt wichtig, wird jedoch zunehmend zum Minderheitenprogramm bei der *aktiven* Sportausübung, aber gleichzeitig zum wesentlichen Motiv für den *passiven* Konsum des „Gladiatorensports" in den Medien.

Der schulische Sportunterricht muss sich von vielen Traditionen verabschieden und sowohl die körperliche als auch die mentale Basis für ein langes, sportlich bewegtes Leben schaffen. Mit Blick auf die rasant steigenden Kosten für die Behandlung von Herz-Kreislauf-Erkrankungen, Haltungsschäden, Übergewicht und Diabetes wäre allein schon aus volkswirtschaftlicher Sicht ein zukunftsfähig gestalteter Sportunterricht eine der dringlichsten Maßnahmen der Bildungspolitik. In Deutschland und Österreich bewegen sich immer mehr sportaktive Menschen *individuell* oder in *selbst organisierten* Gruppen. Dies stellt für die Sportvereine eine große Herausforderung dar. (Siehe dazu ausführlicher einige Seiten weiter in der vorliegenden Publikation.) Der sehr teure Sportstättenbau orientiert sich noch viel zu oft am Bedarf von gestern. Die Zukunft gehört Sporträumen und -plätzen im Wohnumfeld, die sich rasch neuen Bewegungsbedürfnissen anpassen lassen. Immer mehr Menschen erwarten sich flexible Öffnungszeiten, in manchen Fällen sogar an sieben Tagen rund um die Uhr. Dies gilt übrigens auch für die *schulische* Sport-Infrastruktur, die an mindestens 170 Tagen pro Jahr leersteht!

FREIZEIT UND EHRENAMT

Die Begriffe „Ehrenamt" bzw. „Freiwilligenarbeit" bezeichnen die große Bandbreite jener Aktivitäten, die sich auf freiwilliges und gemeinwohlorientiertes Engagement beziehen und unentgeltlich oder auf Basis einer Aufwandsentschädigung ausgeübt werden. Das *Ehrenamt* wird meist von den folgenden drei Aktivitätstypen abgegrenzt:

• *erstens* von bezahlter Arbeit,

• *zweitens* von unbezahlten Haushaltsaktivitäten in den eigenen vier Wänden und von familiärer Beziehungs- und Erziehungsarbeit sowie

• *drittens* von freiwilligen und unbezahlten Aktivitäten, die vor allem der Akteurin bzw. dem Akteur selbst nutzen (z. B. Hobbys).

Österreich und Deutschland zählen zu jenen Ländern der EU, in denen sich überdurchschnittlich viele Bürgerinnen und Bürger ehrenamtlich engagieren. Allem Anschein nach wird sich an diesem Faktum auch zukünftig nicht viel ändern.

FREIZEIT ALS ZEIT FÜR AKTIVITÄT UND ENGAGEMENT

Der Zuwachs an Freizeit führte in den vergangenen Jahrzehnten vor allem zu mehr Konsum und *nicht* automatisch zu mehr *aktiver* Zeitgestaltung bzw. zu mehr *freiwilligem* Engagement. Im Vergleich zur dominanten Konsumorientierung im Freizeitbereich nimmt sich die eher auf Engagement und Aktivität bezogene Freizeitgestaltung (z. B. aktive Sportausübung oder Ehrenamt) recht bescheiden aus. Das aus vielen Milliarden von Stunden bestehende kollektive Zeitbudget der so genannten Freizeit ist jedoch ein bisher viel zu wenig beachtetes *Zeitkapital für den sozialen Zusammenhalt* unserer Gesellschaft und für wichtige gesellschaftliche Aufgaben. In diesem Sinne erweist sich die Nutzung der vielen Milliarden von Freizeitstunden für gemeinnützige Freiwilligenarbeit grundsätzlich als wichtige (vielleicht sogar unverzichtbare) Investition in die Zukunft.

ANIMATION ZUR PARTIZIPATION: BÜRGERSCHAFTLICHES ENGAGEMENT ALS MOTOR DER DEMOKRATIE

Das vorher angesprochene Spannungsfeld zwischen Konsum und Aktivität hat auch eine wichtige demokratiepolitische Dimension: Durch die *Dominanz* des konsumorientierten Modells der Bedürfnisbefriedigung werden Menschen herangebildet, für die Probleme nicht durch Aktivität und Initiative lösbar erscheinen, sondern durch Konsum von am Warenmarkt angebotenen Produkten bzw. Dienstleistungen. Die Parole des Erlebniskonsums lautet: *Wenn du ein Bedürfnis hast, dann befriedige dieses durch den Einkauf des jeweiligen emotional aufgeladenen Konsumgutes.* Diese Logik gewinnt auch in der Politik eine immer größere Bedeutung. Dadurch wird die Vermarktung von Polit-Stars zunehmend wichtiger als die kritische Diskussion über unterschiedliche politische Konzepte. Für die Weiterentwicklung einer lebendigen Demokratie brauchen wir jedoch nicht nur glückliche und mündige Polit-*KonsumentInnen*, sondern auch politisch aktive Bürgerinnen und Bürger. Deshalb darf auch die folgende Parole nicht ganz in Vergessenheit geraten: *Wenn du ein Bedürfnis hast, dann engagiere dich – möglichst in Kooperation mit anderen Bürgerinnen und Bürgern – und befriedige dein Bedürfnis durch gemeinsame Aktivität.* „Animation zur Partizipation" könnte die entsprechende Programmforderung lauten.

DIE VIELFALT DER FREIWILLIGENARBEIT

Im Bereich des Ehrenamts bzw. der Freiwilligenarbeit wird meist zwischen *formeller* und *informeller* Tätigkeit unterschieden:

- *Formelle* Freiwilligenarbeit wird im Rahmen von Organisationen bzw. Institutionen bzw. Vereinigungen des Social-Profit-Sektors erbracht.

- *Informelle* Freiwilligenarbeit realisiert sich außerhalb dieses organisatorischen Rahmens etwa in Form von Nachbarschaftshilfe, Hilfe für Verwandte bzw. Freunde außerhalb des Haushalts oder in Form von selbst organisierten Initiativen oder Projekten.

Formelle Freiwilligenarbeit wird in einer Vielzahl von unterschiedlichen Handlungsfeldern geleistet. Besonders viele Ehrenamtliche engagieren sich im Bereich *Sport und Bewegung* (sowohl im Wettkampfsport als auch im Freizeit- und Gesundheitssport) sowie im weiten Gebiet von *Kunst – Kultur – Unterhaltung,* also in Musik- bzw. Trachtenvereinen, Chören, Blasmusikkapellen, Laientheater- und Volkstanzgruppen, Geselligkeitsvereinen oder Seniorenclubs. Trotz des latenten Bedeutungsverlustes der großen Kirchen spielt in Deutschland und Österreich das ehrenamtliche Engagement in den vielfältigen Handlungsfeldern des *kirchlich-religiösen Bereichs*, vor allem in dessen Frauen-, Männer- und Jugendorganisationen sowie bei Caritas und Diakonie, nach wie vor eine wichtige Rolle. Während über die diesbezüglichen Aktivitäten im Umfeld der *christlichen* Kirchen eine gute Datenlage besteht, ist über das ehrenamtliche Engagement im *muslimischen* Bereich nur wenig bekannt. Ein weiteres wichtiges Gebiet der Freiwilligenarbeit ist das Engagement in den Bereichen *Katastrophenhilfe – Feuerwehren – Rettungsdienste*. Auch im Bereich der *politischen und bürgerschaftlichen Partizipation* wird wertvolle Freiwilligenarbeit geleistet (wenn auch zunehmend seltener), von der ehrenamtlichen Mitarbeit in politischen Parteien über interessenpolitisches Engagement in den Gewerkschaften und Wirtschaftsverbänden bis hin zur aktiven Beteiligung in Bürgerinitiativen. Erst nach den bisher aufgelisteten Handlungsfeldern kommt jener Sektor, den viele Menschen fälschlicherweise für das größte Einsatzgebiet des Ehrenamts halten, nämlich *Soziales und Gesundheit*. Es folgen die Bereiche *Umwelt, Natur und Tierschutz* sowie das freiwillige Engagement im Sektor *Bildung* – vom Elternverein über die Erwachsenenbildung bis hin zur Schüler- und Studierendenvertretung an Schulen und Hochschulen.

ZEHN GEBOTE FÜR DIE AKTIVIERUNG JUNGER FREIWILLIGER

Im Gegensatz zu den diesbezüglichen, weit verbreiteten Vorurteilen sind jüngere Menschen im Bereich des Ehrenamts durchaus aktiv. Allerdings gibt es – über den Anteil der bereits heute ehrenamtlich tätigen jungen Leute hinaus – ein bisher zu wenig genütztes Potenzial.

Wer zukünftig noch mehr junge Menschen für ehrenamtliche Tätigkeiten begeistern will, sollte folgende zehn Punkte beachten:

• *Erstens:* Für bessere Anerkennung des freiwilligen bürgerschaftlichen Engagements in Gesellschaft, Wirtschaft und Politik sorgen.

- *Zweitens:* Strategien für die bessere Ausschöpfung des großen Engagement-Potenzials erarbeiten.

- *Drittens:* Zielgruppenspezifische – also jugendgemäße – Beratung und öffentliche Information ausbauen.

- *Viertens:* Überbordende „Vereinsmeierei" einschränken.

- *Fünftens:* Informelle und lockere Organisationsformen innerhalb von formellen Strukturen ermöglichen.

- *Sechstens:* Eine ausgeprägte Erlebnisqualität schaffen.

- *Siebtens:* Den offenen Projektcharakter betonen.

- *Achtens:* Den Nutzen für die eigene berufliche Zukunft hervorheben.

- *Neuntens:* Entsprechende Weiterbildungsmöglichkeiten anbieten.

- *Zehntens:* Durch schulische Projekte Schülerinnen und Schüler für freiwilliges bürgerschaftliches Engagement aktivieren.

SIEBEN PUNKTE ZUR ZUKUNFT DES EHRENAMTS

- *Erstens:* Die Politik darf sich nicht auf die Verteilung von Orden an langjährig verdiente Ehrenamtliche beschränken. Sie muss vor allem budgetär absichern, dass freiwillig engagierte Menschen die angestellten MitarbeiterInnen nicht ersetzen, sondern ergänzen. Außerdem muss die Politik für eine bessere Akzeptanz des Ehrenamts in Gesellschaft und Wirtschaft sorgen.

- *Zweitens:* Auch die Wirtschaft ist gefordert. Viele berufstätige Ehrenamtliche wünschen sich deutlich mehr Unterstützung durch ihre Arbeitgeber, z. B. im Hinblick auf flexiblere Arbeitszeiten, die Nutzung von Telefon, Internet und Kopiergerät oder die Berücksichtigung des Engagements bei Beförderungen.

- *Drittens:* Viele Ehrenamtliche wünschen sich eine unbürokratische Erstattung von Kosten (z. B. Fahrtspesen), die in Verbindung mit dem freiwilligen Engagement entstehen.

- *Viertens:* Vor allem in der Nachbarschaftshilfe müssen die fachlichen und berufsrechtlichen Aspekte des ehrenamtlich geleisteten sozialen Engagements sorgfältig beachtet werden.

- *Fünftens:* In den Bereichen der sozialen und gesundheitsbezogenen Freiwilligenarbeit muss die unbewusste psychische Dynamik des „Helfersyndroms" hinreichend berücksichtigt werden.

- *Sechstens:* Das vielfältige Potenzial der Neuen Medien für Ehrenamt und Freiwilligenarbeit wurde bisher nur unzureichend ausgelotet.

- *Siebtens:* In Anbetracht der modernen staatlich organisierten Sicherungs- und Unterstützungssysteme befindet sich das ehrenamtliche Engagement auf dem Weg von der „Pflicht" hin zur „Kür". So gesehen müsste das Ehrenamt einen Imagewandel vollziehen: Das Image des *Opferbringens* tritt dabei in den Hintergrund, während der freiwillige *Erlebnis*charakter des Ehrenamts stärker betont werden müsste – orientiert an Motiven wie persönlicher Betroffenheit, gesellschaftlicher Innovation oder dem Bedürfnis nach Selbstverwirklichung.

Zusammenfassend lässt sich festhalten: Freiwilligenarbeit ist keineswegs ein überkommenes Phänomen von vorgestern. Ganz im Gegenteil: Eine modernisierte Form des Ehrenamts hat Zukunft!

FAKTOREN DER ZUKÜNFTIGEN LEBENSQUALITÄT

Die Befragten antworten auf die Frage „Welche Faktoren werden die Qualität des Lebens zukünftig besonders stark beeinflussen?" folgendermaßen (gerundet, in Prozent):

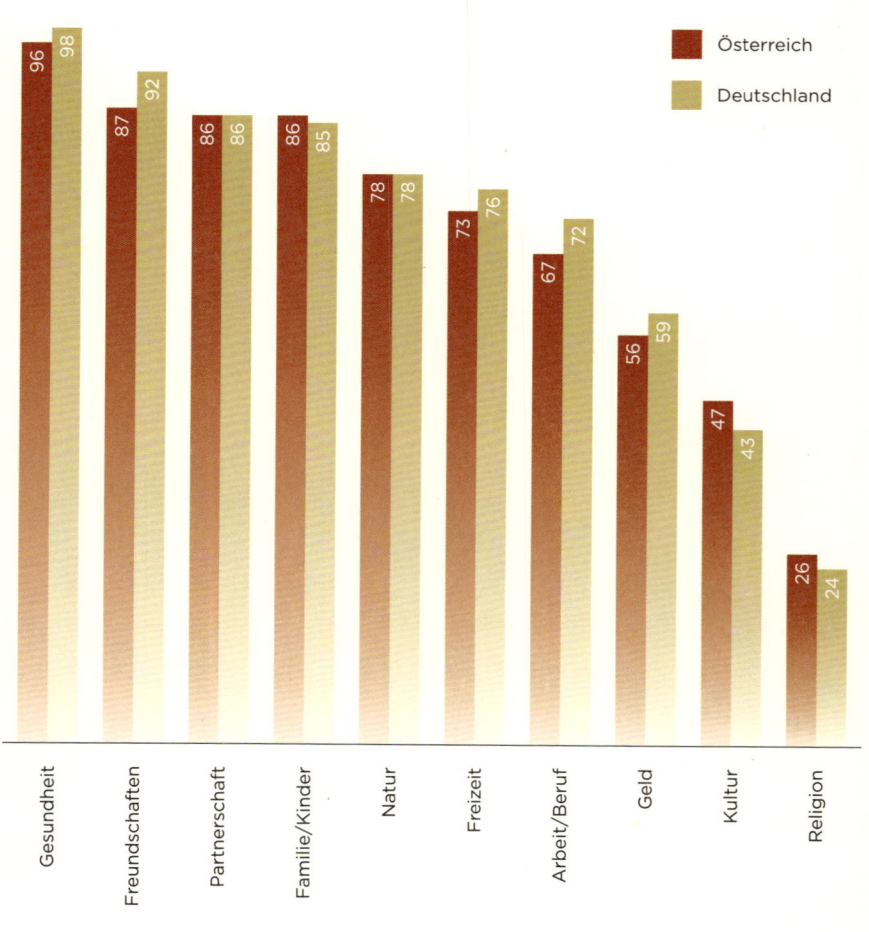

Legende:
- Österreich
- Deutschland

Faktor	Österreich	Deutschland
Gesundheit	96	98
Freundschaften	87	92
Partnerschaft	86	86
Familie/Kinder	86	85
Natur	78	78
Freizeit	73	76
Arbeit/Beruf	67	72
Geld	56	59
Kultur	47	43
Religion	26	24

WENN ES UM DIE FRAGE GEHT, welche Faktoren die Qualität des Lebens zukünftig besonders stark beeinflussen werden, sind sich die ÖsterreicherInnen und die Deutschen einig: Qualitätsfaktor Nummer eins ist sowohl in Österreich als auch in Deutschland die Gesundheit. Die attraktiven Plätze zwei bis vier sind dem Beziehungsleben gewidmet: Freundschaften, Partnerschaft, Familie. Vor allem für die Deutschen sind Freundschaften sogar wichtiger als Partnerschaft und Familie.

Im Mittelfeld liegen Natur und Freizeit. Beruf und Geld kommen erstaunlicherweise erst auf den Rängen sieben und acht, wobei die Deutschen der beruflichen und finanziellen Dimension der Lebensqualität eine etwas größere Bedeutung zuschreiben als die ÖsterreicherInnen! Demnach denken die Österreicher und Deutschen beim Begriff „Lebensqualität" eher an individuelle Glücksgefühle und weniger an die Rahmenbedingungen ihres Glücks. Denn nüchtern betrachtet kosten Gesundheit, Partnerschaft und Familie sehr viel Geld, das auch zukünftig von den meisten Menschen nur durch berufliche Arbeit erwirtschaftet wird. Und auch Natur und Freizeit gibt es nicht zum Nulltarif.

Kultur ist in Österreich ein deutlich wichtigerer Faktor der zukünftigen Lebensqualität als in Deutschland. Lebensqualität gilt offensichtlich in beiden Ländern als ein sehr diesseitiges und weltliches Phänomen. Denn Religion landet weit abgeschlagen auf dem letzten Platz.

WÜNSCHE FÜR DAS ZUKÜNFTIGE FREIZEITLEBEN

Die Befragten antworten auf die Frage „Würden Sie die folgende Freizeitaktivität in Zukunft gerne häufiger ausüben?" mit Ja (gerundet, in Prozent):

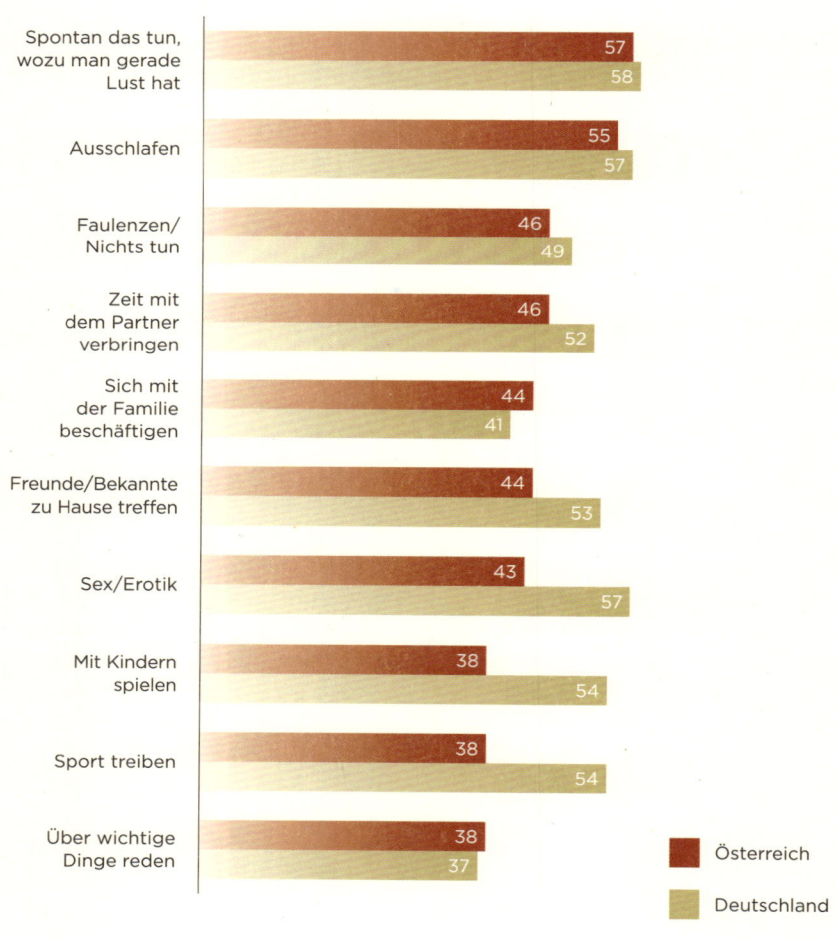

Aktivität	Österreich	Deutschland
Spontan das tun, wozu man gerade Lust hat	57	58
Ausschlafen	55	57
Faulenzen/Nichts tun	46	49
Zeit mit dem Partner verbringen	46	52
Sich mit der Familie beschäftigen	44	41
Freunde/Bekannte zu Hause treffen	44	53
Sex/Erotik	43	57
Mit Kindern spielen	38	54
Sport treiben	38	54
Über wichtige Dinge reden	38	37

„**SPONTAN DAS TUN,** wozu man gerade Lust hat." Dies ist sowohl in Österreich als auch in Deutschland der Top-Wunsch zur zukünftigen Freizeitgestaltung. Oft werden auch die Wünsche nach häufigerem Ausschlafen und Faulenzen bzw. Nichtstun genannt. Dies deutet darauf hin, dass die Bedürfnisse nach Erholung in der Freizeit in beiden Ländern gegenwärtig zu wenig befriedigt werden. Knapp dahinter folgen dann mehr Zeit für Partner, Familie und Freunde. Mehr Sex spielt vor allem bei den Zukunftswünschen der Deutschen eine wesentliche Rolle. Bei den ÖsterreicherInnen landet die Erotik erst auf Platz sieben der Hitparade der zukünftigen Freizeitgestaltung. Gerade noch unter die für die Zukunft gewünschten wichtigsten zehn Freizeitaktivitäten schaffen es das Spielen mit den Kindern, der Sport und das Reden über wichtige Dinge.

Knapp nicht mehr unter den Top Ten der Freizeitbeschäftigungen ist das Lesen von Büchern zu finden. Deutlich geringer ist dagegen der Wunsch nach (noch) häufigerem Medienkonsum. So würde etwa nur jeder vierte Deutsche und gar nur jeder sechste Österreicher in der Freizeit gerne öfter den Computer nutzen oder im Internet surfen. Auch der Zukunftswunsch nach häufigerem Telefonieren oder Fernsehen hält sich in sehr überschaubaren Grenzen.

Die Top-Wünsche für die zukünftige Freizeitgestaltung gehen ganz klar in zwei Richtungen: erstens mehr Zeit für Erholung und zweitens mehr Zeit für soziale Kontakte. Denn in einer zunehmend hektischen und medialisierten Welt wächst einerseits das Bedürfnis nach Ruhe und anderseits jenes nach Geselligkeit. Gerade die junge Generation würde sich eigentlich lieber mit Freunden treffen, als nur mit ihnen zu skypen, zu posten, zu simsen oder zu telefonieren. Doch in einem Freizeitalltag, der sich unablässig zwischen einem fast unbegrenzten Angebotsspektrum und chronischer Zeitnot bewegt, liegen zwischen Wunsch und Wirklichkeit zunehmend Welten.

IMAGE VON ÖSTERREICH UND DEUTSCHLAND ALS REISELÄNDER

Die befragten Österreicher verbinden mit dem Reiseland Deutschland bzw. die befragten Deutschen verbinden mit dem Reiseland Österreich Folgendes (gerundet, in Prozent):

9
Gutes Preis-
Leistungs-Verhältnis

57

23
Gastfreundschaft

49

16
Spaß/Unterhaltung

69

30
Sehenswürdigkeiten

53

32
Sicherheit
7

31
Erreichbarkeit

49

16
Ruhe/Erholung

42

■ Blick der
Österreicher auf
Deutschland

■ Blick der
Deutschen auf
Österreich

FÜR DIE ZUKÜNFTIGE URLAUBSPLANUNG ist das Image eines Reiselandes ein wichtiges Kriterium. Im Vergleich zwischen Österreich und Deutschland sind die Imagewerte sehr ungleich verteilt. Deutsche TouristInnen schätzen am Urlaubsland Österreich mehrheitlich das gute Preis-Leistungs-Verhältnis, genießen Ruhe und Erholung ebenso wie Gastfreundschaft und Atmosphäre. Aber auch die schnelle Anreise, die zahlreichen Sehenswürdigkeiten und die gute Unterhaltung tragen dazu bei, dass Österreich (noch) auf Platz vier der beliebtesten Auslandsreiseziele der Deutschen liegt. Lediglich die Mittelmeer-Anrainerstaaten Spanien, Italien und die Türkei werden häufiger besucht.

Dagegen geben die ÖsterreicherInnen über die Urlaubsdestination Deutschland eine deutlich negativere Bewertung ab. Nicht einmal jede/r Zehnte bescheinigt den Zielen zwischen Bayern und Nordsee ein gutes Preis-Leistungs-Verhältnis. Nur jede/r sechste ÖsterreicherIn verbindet Erholung und Unterhaltung mit dem Nachbarland. Nicht einmal jede/r Vierte schätzt die deutsche Gastfreundschaft, und nur ein knappes Drittel lobt die Sehenswürdigkeiten und die gute Erreichbarkeit deutscher Reiseziele. Bei einer so kritischen Sichtweise überrascht es kaum, dass es der „große Bruder" gerade noch in die Top Ten der beliebtesten Auslandsreiseziele der Österreicher schafft. Lediglich in einem Punkt erreicht Deutschland aus österreichischer Sicht relativ hohe Imagewerte, nämlich bei der Sicherheit.

Vielleicht könnte sich die negative Sichtweise der ÖsterreicherInnen in Zukunft durch einen Probe-Urlaub im Nachbarland zumindest ein wenig korrigieren lassen. Denn so schrecklich ist ein Urlaub in Deutschland gar nicht.

REISEPLÄNE DER ÖSTERREICHER UND DEUTSCHEN

Die Befragten ergänzen die Aussage „Innerhalb der nächsten zehn Jahre plane ich nach ... zu verreisen" folgendermaßen (gerundet, in Prozent):

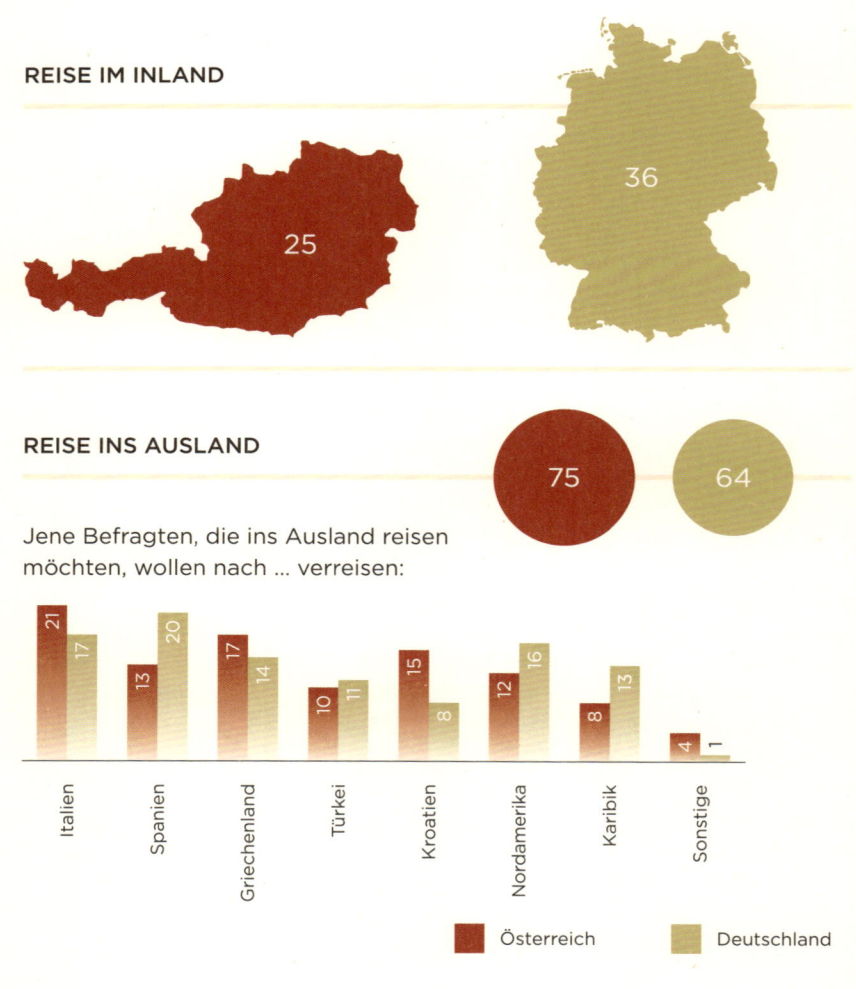

REISE IM INLAND

25

36

REISE INS AUSLAND

75   64

Jene Befragten, die ins Ausland reisen möchten, wollen nach ... verreisen:

	Österreich	Deutschland
Italien	21	17
Spanien	13	20
Griechenland	17	14
Türkei	10	11
Kroatien	15	8
Nordamerika	12	16
Karibik	8	13
Sonstige	4	1

■ Österreich   ■ Deutschland

NUR WENIGE MENSCHEN wollen nicht verreisen; aber viele können mangels Reisebudget nicht. Deshalb wird auch zukünftig etwa die Hälfte der ÖsterreicherInnen und der Deutschen den Urlaub auf Balkonien verbringen. Für die obere Einkommenshälfte bleibt jedoch in beiden Ländern die Urlaubsreise das Highlight des Jahres. Mit realistischem Blick auf die Konjunkturentwicklung der kommenden Jahre müssen allerdings auch die meisten reisefreudigen ÖsterreicherInnen und Deutschen den Gürtel enger schnallen. Immer öfter lässt sich die Urlaubsreise in den „besten Wochen des Jahres" nur durch die Verkürzung der Urlaubsdauer retten.

In den kommenden Jahren wird das Reisebudget des durchschnittlichen Deutschen bzw. Österreichers mit rund eintausend Euro pro Person und Reise konstant bleiben, während gleichzeitig die Kosten steigen. Bereits im vergangenen Jahrzehnt verringerte sich die Dauer der jährlichen Haupturlaubsreise bei den Österreichern und den Deutschen um rund zwei Tage. 2020 könnte die magische Marke von nur mehr zehn Tagen erreicht werden.

Auch zukünftig wird etwa ein Drittel der Deutschen sowie ein Viertel der ÖsterreicherInnen im eigenen Land verreisen. Darüber hinaus ist die Kombination aus Sonne, Strand und Meer nach wie vor die häufigste Urlaubsform. Deshalb bleiben Italien, Spanien, die Türkei, Kroatien und Griechenland attraktiv. Im oberen Einkommensdrittel der Österreicher und der Deutschen boomen Kreuzfahrten auch in Zukunft. Fernreisen nach Afrika, Amerika, Asien und Australien oder gar eine Weltreise sind und bleiben der Urlaubstraum für viele, lassen sich jedoch nur von einer kleinen, aber feinen Einkommensgruppe realisieren. Kurzurlaube gehen auch zukünftig vor allem in attraktive Städte. Dabei deutet sich eine leichte Verschiebung von Metropolen hin zu kleineren Städten an. Also Bremerhaven statt Berlin oder Salzburg statt Wien.

ZUKÜNFTIG: DIGITALISIERUNG ALLER LEBENSBEREICHE

Von den Befragten stimmen der Aussage „2030 werden die meisten Konsumgüter online (über das Internet) gekauft" zu (gerundet, in Prozent):

GESAMTBEVÖLKERUNG

NACH ALTER

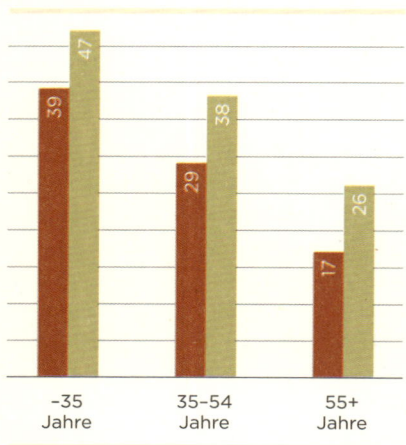

	Österreich
	Deutschland

NICHT JEDE FLÜCHTIGE PRODUKTINNOVATION ist schon ein Trend, obwohl manche Trend-Gurus das gerne behaupten. Von einem Trend können wir erst bei einer längerfristig wirksamen und gesellschaftlich wichtigen Entwicklung sprechen. Deshalb ist es auch kein Trend, dass wir wahrscheinlich schon mittelfristig an vielen Supermarktkassen die Rechnung mit unserem Fingerabdruck bestätigen werden. Dies ist nur eine von vielen Entwicklungen im Rahmen eines echten Trends, nämlich der Digitalisierung aller Lebensbereiche: Bereits heute sind weltweit etwa zwei Milliarden PCs im Einsatz; Tendenz stark steigend. Besonders rasch schreitet die Digitalisierung im Bereich der Medien voran. Unsere Smartphones werden immer leistungsfähiger, auf das Internet können immer weniger Menschen verzichten und vor unseren TV-Geräten verbringen wir im gesamten Lebensverlauf mehr Zeit als im Beruf! Zukünftig wachsen Telefonie, Fernsehen und digitalisierter Datenverkehr immer stärker zusammen. Kein Wunder, dass angesichts der Überfülle an digital vermittelten Informationen mancher verzweifelte Medienkonsument ähnlich erfolgreich ist wie ein Kind, das versucht, Wasser aus einem Feuerwehrschlauch zu trinken.

Die Innovationszyklen im Bereich der digitalisierten Technik werden immer kürzer. Aber der Durchschnittsmensch verabschiedet sich nur ungern von seinen Gewohnheiten und tickt deshalb deutlich langsamer als die Planer der digitalen Revolution in den Technikkonzernen. Dies zeigt sich auch beim Meinungsbild der ÖsterreicherInnen und Deutschen zur zukünftigen Entwicklung des Online-Konsums: Nur etwa ein Drittel der Deutschen und rund ein Viertel der Österreicher rechnet damit, dass 2030 die meisten Konsumgüter online (über das Internet) gekauft werden. Erwartungsgemäß sind die älteren ÖsterreicherInnen und Deutschen deutlich skeptischer als die jüngeren.

FREIZEIT UND DIGITALE SPALTUNG

Die Befragten antworten auf die Frage „Welche der folgenden Freizeitaktivitäten üben Sie besonders häufig aus" folgendermaßen (gerundet, in Prozent):

Fernsehen
94
98

Telefonieren (von unterwegs)
78
65

Mit dem Computer beschäftigen
62
62

NEWS

Zeitung/ Zeitschriften lesen
86
77

Internet/Online-Dienste nutzen
45
53

Radio hören
87
90

Die neunstufige Skala reichte hierbei von „täglich" bis zu „niemals". In der Grafik werden die regelmäßig ausgeübten Freizeitaktivitäten (= wenigstens einmal pro Woche) berücksichtigt.

 Österreich

Deutschland

SEIT DEN 1980ER JAHREN belegen sowohl in Österreich als auch in Deutschland fernsehen, Radio hören, telefonieren und Zeitung lesen ununterbrochen die ersten Plätze der häufigsten Freizeitaktivitäten. Obwohl sich aus technischer Sicht das Innenleben unserer TV- und Radiogeräte in den vergangenen drei Jahrzehnten radikal verändert hat, präsentiert sich die gegenwärtige Nutzung dieser Medien verhältnismäßig traditionell. Fernsehen entwickelt sich jedoch – ähnlich wie das Radiohören – zunehmend zu einer so genannten Sekundäraktivität. Denn während des Zuschauens wird gegessen, telefoniert, Wäsche gebügelt oder auch gelesen.

Bei der Nutzung des Mobiltelefons in der Freizeit sind die ÖsterreicherInnen deutlich aktiver als die Deutschen: Mehr als drei Viertel der Österreicher, aber nur knapp zwei Drittel der Deutschen telefonieren häufig mobil. Bei der Häufigkeit der Freizeitnutzung des Computers und des Internets liegen jedoch die Deutschen deutlich vor den Österreichern.

Die digitale Spaltung zwischen Jung und Alt ist hinlänglich bekannt: Während der allergrößte Teil der unter 35-Jährigen in der Freizeit im Internet surft, ist von den über 55-Jährigen in Deutschland lediglich ein Viertel und in Österreich gar nur ein Fünftel mindestens einmal in der Woche online.

FREIZEIT UND DIGITALE SPALTUNG

Von den Befragten stimmen der Aussage „Ich nutze das Internet mindestens einmal in der Woche" zu (gerundet, in Prozent):

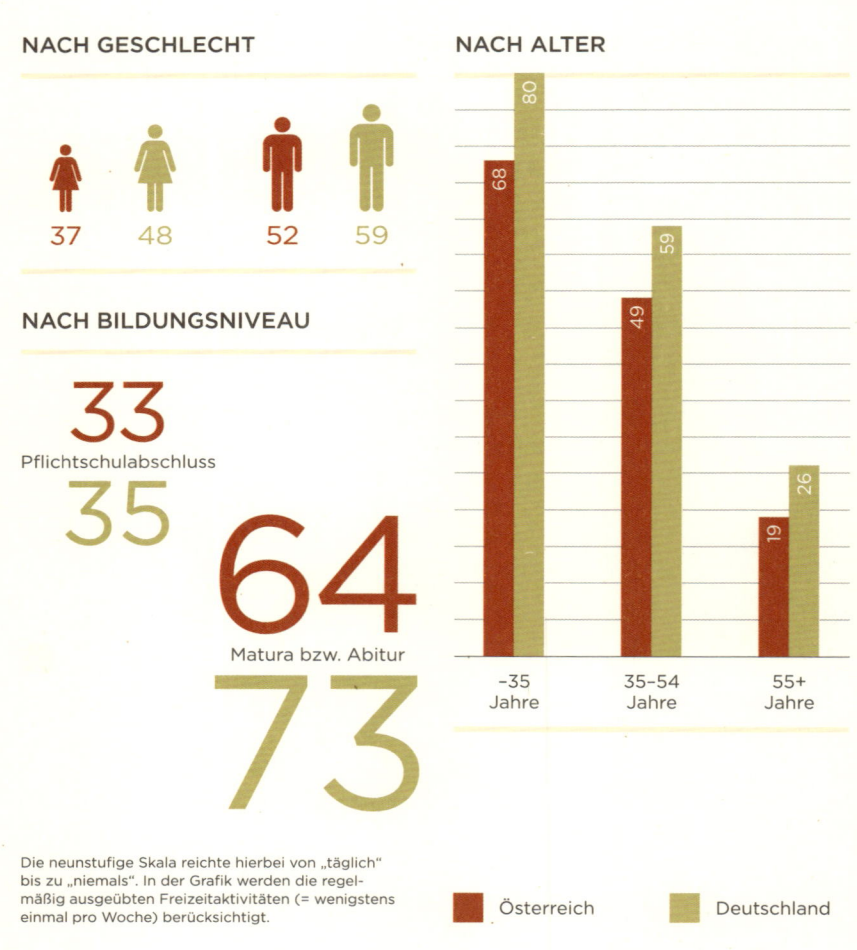

NACH GESCHLECHT

37   48   52   59

NACH BILDUNGSNIVEAU

33
Pflichtschulabschluss
35

64
Matura bzw. Abitur
73

NACH ALTER

	−35 Jahre	35–54 Jahre	55+ Jahre
Österreich	68	49	19
Deutschland	80	59	26

Die neunstufige Skala reichte hierbei von „täglich" bis zu „niemals". In der Grafik werden die regelmäßig ausgeübten Freizeitaktivitäten (= wenigstens einmal pro Woche) berücksichtigt.

■ Österreich   ■ Deutschland

Überraschend ist aber das Ausmaß der nach wie vor bestehenden Unterschiede zwischen Frauen und Männern: Die Differenz liegt in beiden Ländern bei mehr als zehn Prozent! Die größte Kluft offenbart sich jedoch in Bezug auf die Bildung der Befragten. So ist der Anteil der InternetnutzerInnen mit Matura bzw. Abitur in beiden Ländern etwa doppelt so hoch wie der von Befragten mit Pflichtschulabschluss. Es gibt also einen beachtlichen pädagogischen und politischen Handlungsbedarf im Hinblick auf mehr mediale Chancengerechtigkeit.

VERZICHT BEIM MEDIENKONSUM

Die Befragten antworten auf die Frage „Worauf könnten Sie beim Medienkonsum ein Jahr lang verzichten?" folgendermaßen (gerundet, in Prozent):

25
Radio
28

44
Internet
45

32
Zeitung
27

27
Fernsehen
22

Österreich
Deutschland

WAS WÄRE, wenn es in der Fastenzeit einmal nicht um Alkohol und Schokolade ginge, sondern um den Medienkonsum? Bezogen auf das Verzichtsprogramm der gesamten Bevölkerung sind die Meinungsbilder in Österreich und Deutschland durchaus ähnlich: Jeweils knapp die Hälfte würde eher dem Surfen im Internet entsagen als der Lektüre von Zeitungen oder dem Entspannen vor laufendem TV-Gerät.

Beim Vergleich zwischen Jung und Alt sieht es schon ganz anders aus. So bleibt für die unter 29-Jährigen das Internet unangefochtener Favorit. Nur noch etwa jeder vierte junge Deutsche und Österreicher kann sich ein vom World Wide Web abgekoppeltes Alltagsleben vorstellen. In ihren Augen lassen sich TV-Sendungen und Tageszeitungen auch online genießen, noch dazu kombiniert mit Kommunikation, Spiel und Spaß.

Für die mittlere Generation geht es hingegen vor allem um das Thema Zeit. Berufs- und Familienalltag zwingen viele Menschen in dieser Altersgruppe in ein enges Zeitkorsett. Auf den Start in den Tag mit dem informativen Blick in die Frühstückszeitung und auf den entspannenden Ausklang des Tages mit bunten Fernsehbildern will man in der Mitte des Lebens seltener verzichten als auf das Internet. Außerdem gilt bei den 35- bis 54-Jährigen das Internet noch stärker als Medium für den Beruf und weniger als Freizeit-Medium.

Die Österreicher und Deutschen in der Altersgruppe 55 plus sind sich einig: Neun von zehn würde der Verzicht auf das Internet leichtfallen. Denn vielen fehlt die emotionale Beziehung zu den modernen Medien, und manchen fehlt sogar die technische Ausstattung. Darüber hinaus ist die Verunsicherung groß, welchen Quellen man vertrauen kann, und viele überfordert schlichtweg die Informationsflut. An die Stärken und Schwächen von Zeitung und Fernsehen haben sich die älteren Österreicher und Deutschen dagegen schon mehrere Jahrzehnte lang gewöhnt.

AUF DEM WEG ZUR KULTURELLEN VIELFALT

Die Befragten ergänzen die Aussage „Ich interessiere mich für folgende Kulturangebote" folgendermaßen (gerundet, in Prozent):

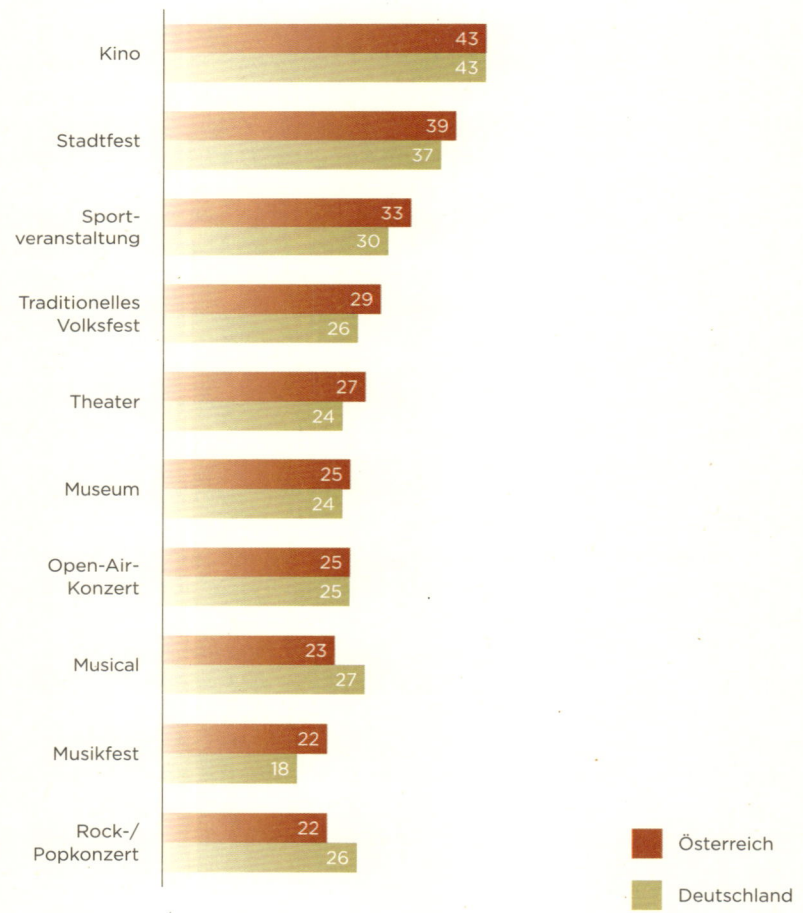

DIE KULTURELLEN INTERESSEN sind in Österreich und Deutschland sehr ähnlich. Besonders beliebt ist Kultur in Verbindung mit Unterhaltung und Geselligkeit. So liegen in beiden Ländern mit dem Kinoabend und dem Besuch eines Stadtteil- bzw. Gemeindefests zwei breitenkulturelle Attraktionen in der Gunst der Bürgerinnen und Bürger sogar noch höher als der Besuch von Sportveranstaltungen. Im Segment der klassischen Kulturangebote, die oft mit dem missverständlichen Begriff „Hochkultur" bezeichnet werden, sind Theater und Museen überdurchschnittlich beliebt. Das Interesse an Opern, Klassikkonzerten und Ballettaufführungen nimmt sich dagegen recht bescheiden aus und rangiert deutlich hinter dem Jahrmarktbesuch, dem Musicalabend oder dem Rockkonzert.

Dieses Interessenprofil ist seit zwei Jahrzehnten sowohl in Deutschland als auch in Österreich relativ stabil. Allem Anschein nach wird sich auch in absehbarer Zukunft an den kulturellen Interessen der Österreicher und Deutschen nicht allzu viel ändern.

Im Spannungsfeld zwischen Tradition und Innovation kann, muss, soll, darf und will Kultur auch zukünftig vieles nebeneinander, miteinander und gegeneinander sein: mondän und prekär, populär und elitär, kritisch und angepasst, provokant und versöhnlich, bildend und unterhaltend, Mainstream und Underground, Business und Subkultur. Und auch zukünftig wird Kultur Geld kosten und Geld bringen.

AUF DEM WEG ZUR KULTURELLEN VIELFALT

Die Befragten ergänzen die Aussage „Ich interessiere mich für folgende Kulturangebote" folgendermaßen (gerundet, in Prozent):

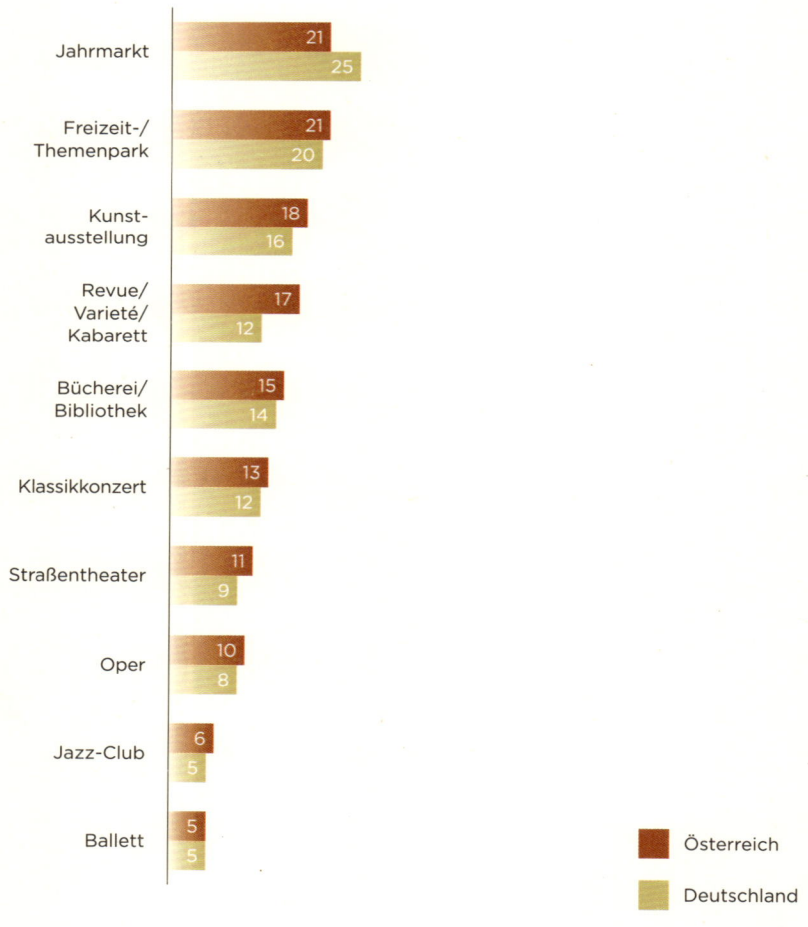

ZUKUNFTSAUSSICHTEN DER OLYMPISCHEN IDEALE

Von den Befragten stimmen den folgenden Aussagen jeweils zu (gerundet, in Prozent):

58
Spitzensport wird zum Massenspektakel und inszenierten TV-Ereignis
46

55
Sportangebote werden immer vielfältiger und grenzenloser.
39

32
Olympische Spiele im 21. Jahrhundert heißt: Der Profisportler wird zum Popstar
26

53
Vermarktung und Kommerzialisierung des Sports nehmen weiter zu
55

26
Die olympischen Ideale drohen im 21. Jahrhundert verloren zu gehen
19

■ Österreich

■ Deutschland

AM 27. JUNI 2012 begannen in London die dreißigsten und bisher aufwändigsten Olympischen Sommerspiele der Neuzeit. 16 Tage lang kämpften mehr als zehntausend Athleten aus über zweihundert Ländern um rund 300 Goldmedaillen. Die Feiern zur Eröffnung und zum Abschluss der Spiele kosteten fast einhundert Millionen Euro. Etwa zwanzigtausend JournalistInnen berichteten live, und allein die US-Fernsehrechte wurden für fast 1,2 Milliarden US-Dollar verkauft. Diese Zahlen verdeutlichen die Dimension dieses größten Mega-Sportevents der jüngeren Vergangenheit. Wie wird da erst die Zukunft aussehen?

Kein Wunder, dass mehr als die Hälfte der ÖsterreicherInnen und der Deutschen von einer zunehmenden Vermarktung und Kommerzialisierung des Sports ausgehen. Fast ebenso viele glauben, dass der Spitzensport zukünftig noch mehr als heute zu einem Massenspektakel und inszenierten TV-Ereignis werden wird. Folglich stimmt jeder dritte Österreicher und jeder vierte Deutsche der Aussage zu: Bei Olympischen Spielen im 21. Jahrhundert wird der Profisportler zum Popstar. Zudem erwarten mehr als die Hälfte der BewohnerInnen der Alpenrepublik und etwa zwei Fünftel der Deutschen eine immer vielfältigere, ja fast grenzenlose Ausbreitung von Sportangeboten.

Doch trotz dieses deutlichen Trends zur Kommerzialisierung, Mediatisierung und Inszenierung von Spitzensport und Olympischen Spielen glaubt die große Mehrheit der Bevölkerung in Österreich und Deutschland nicht, dass zukünftig die olympischen Ideale verloren gehen. Im Sinne dieser idealistischen Zukunftsbilder gilt also für die große Mehrheit der Sportlerinnen und Sportler bei den zukünftigen Spielen das traditionsreiche olympische Motto: „Dabei sein ist alles". Ob jedoch auch die medaillengehandelten olympischen Superstars so denken, darf bezweifelt werden.

DIE ZUKUNFT DER SPORTVEREINE ZWISCHEN GESUNDHEIT, LUST UND LEISTUNG

Im Hinblick auf die zukünftige Entwicklung der Sportvereine antworten die Befragten auf die Frage „Welchen der folgenden Aussagen über die Zukunft des Sports können Sie persönlich am ehesten zustimmen?" folgendermaßen (gerundet, in Prozent):

„Lust zählt mehr als Leistung, der Wettkampfsport bleibt auf der Strecke."

GESAMTBEVÖLKERUNG

„Der künftige Freizeitsport wird eine attraktive Mischung aus Sport, Spiel, Spaß und Geselligkeit sein."

GESAMTBEVÖLKERUNG

„Das Sporttreiben wird zum egoistischen Körperkult, das soziale Gruppenerlebnis zählt kaum noch."

GESAMTBEVÖLKERUNG

„Das ehrenamtliche Engagement in Sportvereinen geht spürbar zurück."

GESAMTBEVÖLKERUNG

Österreich   Deutschland

WENN ES NACH DEN PROGNOSEN zeitgeistiger Trend-Gurus geht, verschreiben sich immer mehr Menschen bei ihren sportlichen Aktivitäten einem egoistischen Körperkult, während das soziale Gruppenerlebnis kaum noch zählt. Der massenhafte Egotrip – so der vorschnelle Fehlschluss – werde unweigerlich zum Aussterben der Sportvereine führen. Dieses pessimistische Zukunftsbild halten allerdings nur rund ein Fünftel der ÖsterreicherInnen und nur etwa ein Sechstel der Deutschen für plausibel. Denn die vielfältigen Formen individueller und selbst organisierter Sportaktivitäten nehmen zwar zu, aber gute Vereine haben sich immer schon an neue Entwicklungen angepasst. Warum sollten sie sich nicht auch zukünftig um Serviceangebote für gesundheitsbewusste Sport-SolistInnen bemühen?

Allerdings müssen die Sportvereine zukünftig mit einem leichten Rückgang des ehrenamtlichen Engagements rechnen. Davon gehen mehr als ein Drittel der ÖsterreicherInnen und sogar zwei Fünftel der Deutschen aus. Dies wird wohl zu einer kreativen Mischung aus ehrenamtlich organisierten Angeboten und kommerzialisierten Dienstleistungen führen. Vor allem die Österreicher meinen, die zukünftige Bewegungskultur werde eine attraktive Mischung aus Sport, Spiel, Spaß und Geselligkeit darstellen und demnach Erlebnischarakter haben. Die Lust wird aber nicht auf Kosten der Leistung gehen, glauben sowohl die Deutschen als auch die Österreicher. Denn der Sportverein der Zukunft verzichtet keineswegs auf Trainingsangebote für attraktive Formen des Wettkampfsports.

Die österreichischen und deutschen Sportvereine stehen also nicht vor dem Untergang, sondern vor dem Übergang zu einer neuen Vielfalt. Zukunftsfähige Vereine müssen sich daher in einem weiten Spektrum von Angeboten für unterschiedliche Zielgruppen mit einer Vielzahl von Motiven bewähren. Diese Weite erfordert freilich immer öfter ein professionelles Sportmanagement.

STADT DER ZUKUNFT

Die Befragten antworten auf die Frage „Stellen Sie sich einmal das Leben in der ‚Stadt der Zukunft' vor. Woran denken Sie da vor allem?" folgendermaßen (gerundet, in Prozent):

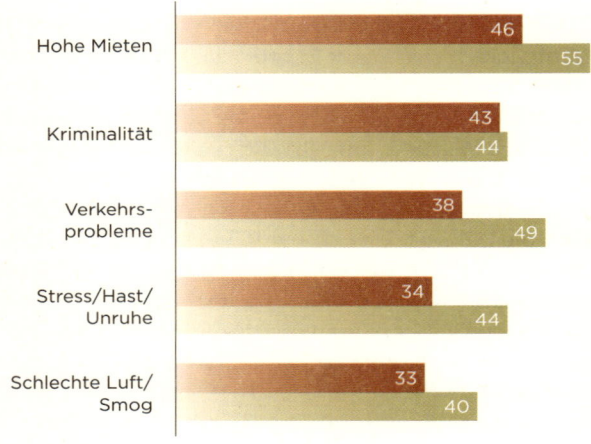

Österreich

Deutschland

FRAGT MAN DIE ÖSTERREICHER und die Deutschen nach ihren Meinungen zur zukünftigen Entwicklung größerer Städte, dann äußern sie mehr negative Befürchtungen als positive Erwartungen. Die Zukunftsängste beziehen sich auf zu hohe Lebenshaltungskosten, Verkehrsprobleme, Kriminalität, Stress, Lärm und schlechte Luft. Vor allem die weniger privilegierten Österreicher und Deutschen prognostizieren eine verschärfte räumliche Trennung von Arm und Reich. Die besser Verdienenden und höher Gebildeten sehen die Zukunft des Lebensraums Stadt erheblich rosiger. Insgesamt malen sich die ÖsterreicherInnen die Zukunft des Stadtlebens deutlich weniger düster aus als die Deutschen.

Etwas überspitzt lässt sich das dominierende Meinungsbild zur Stadt der Zukunft folgendermaßen skizzieren: Größere Städte wachsen durch Zuzug aus den ländlichen Räumen weiter. Schritt für Schritt prägt sich eine strikte Aufteilung in A-Bezirke und B-Bezirke aus. „A" steht dabei für Arme, Arbeitslose und Ausländer, „B" für besser Verdienende, Bildungsbürger und wohlhabende Best Ager. In den von privaten Sicherheitsdiensten behüteten B-Bezirken sind die Straßen und Plätze sauber. Die Geschäfte bieten rund um die Uhr nicht nur Lebensnotwendiges, sondern auch Luxus an. Serviceagenturen für Dienstleistungen aller Art kümmern sich um die Wünsche der zahlungskräftigen Kundschaft. Das Bild der A-Bezirke ist hingegen gekennzeichnet durch dichte Bebauung und kleine Wohneinheiten. Spielplätze und Sportstätten sind in einem desolaten Zustand oder geschlossen. Kindergärten und Schulen haben ein schlechtes Image. Die wenigen und schlecht sortierten Geschäfte öffnen aus Sicherheitsgründen nur bei Tageslicht, und die wenigen verbliebenen Polizeistationen sind unterbesetzt.

In vielen größeren Städten der Welt – auch Europas – ist dieses Negativszenario bereits heute Realität. In Österreich und Deutschland ist jedoch zukünftig eine halbwegs sozialverträgliche Stadtentwicklung deutlich wahrscheinlicher.

WOHNWÜNSCHE 2030

Die Befragten geben folgende Zukunftswünsche
für das Wohnen an (gerundet, in Prozent):

Zukünftig genau so wohnen
wie jetzt

GESAMTBEVÖLKERUNG

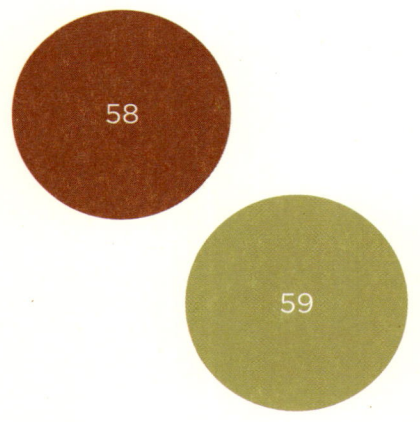

Zusammenleben mehrerer
Generationen in einem Haus

GESAMTBEVÖLKERUNG

Wohnen in der Nähe von Eltern,
Kindern, Verwandten

GESAMTBEVÖLKERUNG

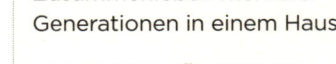

35 **79**
Jüngere Ältere
(20–29 Jahre) (60 plus)
32 **76**

■ Österreich   ■ Deutschland

180

WOHNEN IST EIN UNVERZICHTBARES GRUNDBEDÜRFNIS. Daran wird sich auch zukünftig nichts ändern. Zeitlich betrachtet ist Wohnen das Zentrum unseres Lebens. Denn mehr als 60 Prozent unserer Lebenszeit verbringen wir in unseren Wohnwelten. Die Ausgaben für das Wohnen sind der größte Posten im Haushaltsbudget der ÖsterreicherInnen und der Deutschen. Deshalb ist es den Menschen in beiden Ländern sehr wichtig, dass Wohnen auch zukünftig bezahlbar bleibt.

Drei von fünf Österreichern und Deutschen sind offensichtlich mit ihrer Wohnsituation recht zufrieden; je älter, desto zufriedener. Die große Mehrheit der Menschen diesseits und jenseits der deutsch-österreichischen Grenze möchte künftig genauso wohnen wie jetzt. In Österreich trifft dies für Männer stärker zu als für Frauen, in Deutschland dagegen mehr für Frauen als für Männer. In beiden Ländern möchten dies die Älteren häufiger als die Jüngeren. Ein gemeinsames Wohnen mehrerer Generationen findet offensichtlich nur eine sehr kleine Minderheit der ÖsterreicherInnen und der Deutschen attraktiv. Mit dem nötigen Respektabstand möchte allerdings ein Viertel der Österreicher und auch ein Viertel der Deutschen zukünftig gerne in der Nähe von Familienmitgliedern (Kindern/Eltern) bzw. Verwandten wohnen.

Mit einer isolierten Wohnidylle, vergleichbar mit dem Wohnen in einem Leuchtturm, können sich nur sieben Prozent der Österreicher und der Deutschen anfreunden. Ein wenig attraktiver ist dieser Wohnwunsch in beiden Ländern nur für die ganz Jungen. Im Hinblick auf den zukünftigen Wohnort ist den Österreichern und den Deutschen die Nähe zu Konsum-, Bildungs- und Freizeitangeboten (Österreich 20 %, Deutschland 25 %) deutlich wichtiger als die Nähe zum Arbeitsplatz (Österreich 7 %, Deutschland 8 %). Übrigens möchte nur eine sehr kleine Minderheit der ÖsterreicherInnen und der Deutschen im Alter in einer Rentner-WG wohnen.

WOHNWÜNSCHE 2030

Die Befragten geben folgende Zukunftswünsche
für das Wohnen an (gerundet, in Prozent):

Wohnen wie in einem Leuchtturm
(sicher, geborgen, mit schöner
Aussicht)

GESAMTBEVÖLKERUNG

7   7

Kurzer Weg zur Arbeitsstätte

GESAMTBEVÖLKERUNG

7   8

Kurze Wege zu Einkauf, Freizeit,
Kultur, Bildung

GESAMTBEVÖLKERUNG

20   25

Wohnen in einer Rentner-WG

1
Unter 50
1   9

60 plus

9

■ Österreich   ■ Deutschland

182

ZUR ZUKUNFT DES EHRENAMTS

Das reale ehrenamtliche Engagement der Österreicher und der Deutschen

Die Befragten antworten auf die Frage „Soll ehrenamtliches Engagement zukünftig mehr Anerkennung finden?" mit Ja (gerundet, in Prozent):

GESAMTBEVÖLKERUNG

44 36

GESAMTBEVÖLKERUNG

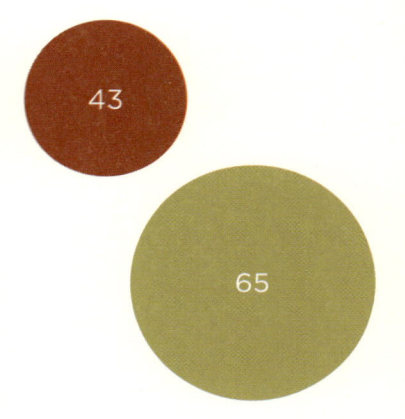

43

65

NACH GESCHLECHT

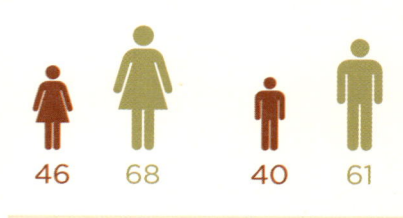

46 68 40 61

Österreich   Deutschland

NUR 43 PROZENT der Österreicherinnen und Österreicher sind der Meinung, dass das ehrenamtliche Engagement zukünftig mehr Anerkennung finden sollte. In Deutschland wünschen sich dagegen fast zwei Drittel der Befragten (65 %) mehr Wertschätzung für die Freiwilligenarbeit.

In der konkreten Praxis des ehrenamtlichen Engagements sieht es jedoch in Österreich etwas besser aus als in Deutschland. Denn in Österreich engagieren sich beachtliche 44 Prozent der über 15-Jährigen in den diversen Handlungsfeldern der Freiwilligenarbeit; in Deutschland tun dies 36 Prozent. Damit liegt Österreich – gemeinsam mit England, Schweden und den Niederlanden – im Bereich der Freiwilligenarbeit im europäischen Spitzenfeld! Deutschland folgt – gemeinsam mit Dänemark, Finnland und Luxemburg – mit etwas Abstand dahinter.

Sowohl in Österreich als auch in Deutschland kommt die bzw. der durchschnittliche Ehrenamtliche aus der Mittel- bzw. Oberschicht, hat einen größeren Freundes- und Bekanntenkreis und ist gut sozial integriert. Menschen mit höherer Bildung engagieren sich deutlich häufiger ehrenamtlich als Menschen mit niederen Bildungsabschlüssen. In den kirchlich-religiösen Handlungsfeldern, in den Segmenten Soziales und Gesundheit sowie in der Nachbarschaftshilfe dominieren die Frauen. Sport, Katastrophenhilfe, Feuerwehren, Rettungsdienste sowie Brauchtum und politisches Engagement sind dagegen die Domänen der Männer.

Im Gegensatz zu den immer wieder kolportierten Negativszenarien fehlt es weder in Österreich noch in Deutschland an Nachwuchs für Freiwilligenarbeit, wenn die Vereine und Organisationen jugendgemäße Angebote machen, also auf zeitlich begrenzte Initiativen und Projekte, mehr Lockerheit und weniger Vereinsmeierei setzen. Das Ehrenamt ist also auch im 21. Jahrhundert unverzichtbar und keinesfalls ein Auslaufmodell!

GENERATIONEN UND SOZIALER ZUSAMMEN-HALT

KAPITEL 4

GENERA-
TIONEN

"Die verschiedenen Altersstufen der Menschen halten einander für verschiedene Rassen. Alte haben gewöhnlich vergessen, dass sie jung gewesen sind, oder sie vergessen, dass sie alt sind, und Junge begreifen nie, dass sie alt werden könnten."

KURT TUCHOLSKY

FAMILIE HAT ZUKUNFT –
ABER ANDERS

Das Erscheinungsbild der Familie hat sich in den vergangenen Jahren erheblich gewandelt. Dies verleitet manche Expertinnen und Experten zu der pessimistischen Prognose, dass die Lebensform der Familie ein Auslaufmodell sei. Für die klassische Variante des lebenslang verheirateten Ehepaars mit zwei bis drei Kindern trifft dieses Zukunftsbild sogar zu. Denn heute entscheiden sich in Deutschland und Österreich nur mehr etwa halb so viele Paare wie Anfang der 1950er Jahre für den Bund der Ehe. Allem Anschein nach setzt sich diese Entwicklung auch in den kommenden Jahren fort. Im Sinne der „normativen Kraft des Faktischen" wird jedoch die Lebensgemeinschaft ohne Trauschein voraussichtlich Schritt für Schritt einer Ehe rechtlich gleichgestellt werden. Parallel zum Bedeutungsverlust der traditionellen Ehe gibt es seit Jahrzehnten eine kontinuierliche Erhöhung der Scheidungen. Im Vergleich mit den 50er Jahren des vergangenen Jahrhunderts hat sich die Scheidungsrate mehr als verdoppelt. Unter Einbeziehung der Trennung von Lebensgemeinschaften wird sich an dieser Entwicklung wenig ändern. Ein weiterer Trend besteht in der Zunahme der Anzahl von kinderlosen Familien. Hinter diesen nüchternen Zahlen stehen große Veränderungen im Alltag des Beziehungslebens. Die Familienforschung unterscheidet – abgesehen von den kinderlosen Paaren – zwischen klassischen Kernfamilien mit Eltern und Kind(ern), Ein-Eltern-Familien und Patchworkfamilien, die aus Mutter und Vater mit jeweils eigenen Kindern aus früherer Beziehungen bestehen. Während sich die Zahl der Kernfamilien verringert, werden Ein-Eltern- und Patchworkfamilien zukünftig häufiger. Kinder werden immer öfter mit Halbschwestern und -brüdern aufwachsen und von Stiefvätern oder -müttern erzogen werden. Sie werden zwar biologisch weiterhin nur zwei Eltern und vier Großeltern haben, faktisch aber mit mehr erwachsenen Personen familiäre Kontakte pflegen als in früheren Zeiten. Und sie werden häufiger auch Urgroßeltern und sogar Ururgroßeltern haben. Zukünftig muss der Familienbegriff in dieser erweiterten Form definiert werden. So gesehen hat Familie durchaus Zukunft, aber in modifizierter Form und mit größerer Vielfalt. Den klassischen Familientypus wird es durchaus auch in Zukunft geben, aber eben nicht mehr als einzig gültiges Modell, sondern als eine von mehreren Varianten.

ZUKUNFTSSICHERUNG DURCH MEHRPERSPEKTIVISCHE ALTERSVORSORGE

Der Begriff „Altersvorsorge" wird fast immer nur im Zusammenhang mit einer langfristigen Geldanlage verwendet. Die materielle Vorsorge ist zwar extrem wichtig. Aber es geht um mehr, nämlich um die Verbindung jener vier Bereiche, die gemeinsam das Haus der Zukunftsvorsorge bilden:

• materielle Vorsorge,

• gesundheitliche Vorsorge,

• soziale Vorsorge,

• mentale Vorsorge.

HAUS DER ZUKUNFTSVORSORGE

Materielle Vorsorge	Gesundh. Vorsorge	Soziale Vorsorge	Mentale Vorsorge
Ersparnisse	Gesundheit: wichtigstes Kriterium für Lebensqualität	Familienbindung erhalten	Do it yourself
Private Rente/ Lebens- versicherung	Verhältnis Beruf – Freizeit	Nachbar- schaftliches Engagement	Mußezeit
Immobilienkauf	Ernährung – Sport/Bewegung	Freundeskreis pflegen	Weiterbildung
Betriebliche Renten- versicherung	Gesundheit: vager Begriff	Vereinsbeitritt	Kultur
Bausparvertrag	Askese – Lebensgenuss	Ehrenamtliches Engagement	Hobby
Aktien/Fonds			
Gesetzliche Rente			

MATERIELLE VORSORGE

Neben der gesetzlichen Rente, die übrigens besser ist als ihr Ruf, zählt auch die Vielzahl der privaten Sparformen zum Bereich der materiell-ökonomischen Vorsorge.

GESUNDHEITLICHE VORSORGE

Die ÖsterreicherInnen und Deutschen leben nicht nur immer länger, sondern bleiben im Alter auch immer länger gesund. Auch bei der Frage, was aus der Sicht der Bevölkerung der wichtigste Faktor für Glück und Zufriedenheit ist, landet die persönliche Gesundheit – sowohl in Deutschland als auch in Österreich – unangefochten an erster Stelle. Gesundheit gilt somit für die große Mehrheit der Menschen als wichtigstes Kriterium für die Qualität des Lebens. Der Großteil der Deutschen und Österreicher sieht durchaus realistisch, dass das Alter zwar naturgemäß mit einem erhöhten Gesundheitsrisiko verbunden ist, jedoch Krankheit und Pflegebedarf – jedenfalls statistisch betrachtet – nicht die zentralen Probleme des gesamten nachberuflichen Lebens sind. Allerdings ist *Gesundheit* ein sehr vager Begriff, und es existieren diverse Definitionen. In diesem Zusammenhang wäre es sicherlich hilfreich, differenziert zu untersuchen, wie die Mehrheit der Bürger selbst den Gesundheitsbegriff definiert. Allem Anschein nach geht es den meisten Menschen nicht um die sehr weit gefasste Gesundheitsdefinition der Weltgesundheitsorganisation[34], sondern vor allem um das Freisein von Krankheiten. Neben einer gesunden Ernährung gelten vor allem Sport und Bewegung als besonders wirkungsvolle Maßnahmen der Gesundheitsförderung. Möglicherweise denken viele Österreicher und Deutsche im Zusammenhang mit einem gesunden Leben mehr an *Askese* als an *Lebensgenuss*. In diesem Kontext befasste sich der Wiener Philosoph Robert Pfaller jüngst kritisch mit dem Thema: „Wofür es sich zu leben lohnt".[35]

SOZIALE UND MENTALE VORSORGE

Die beiden letzten Säulen des Zukunftshauses bilden die *soziale* und *mentale* Vorsorge: Zwei von fünf Deutschen und Österreichern sehen in der *Erhaltung familiärer Bindungen* eine geradezu lebensnotwendige Vorsorgemaßnahme für das Alter – und handeln auch danach. Die Frauen legen etwas mehr Wert darauf als die Männer, die Landbewohner mehr als die Städter und Paare deutlich mehr als Singles. Am meisten Wert auf familiäre Bindungen legen jedoch die RentnerInnen bzw. PensionistInnen. Für sie ist die Familie eine tragende Säule im Alter. Zur Familie gesellt sich die *Pflege des Freundeskreises* als zweite wichtige Zukunftsinvestition für das Alter. Fast alle Bürgerinnen und Bürger pflegen systematisch den Kontakt mit Freunden – nicht nur aus Freude am geselligen Leben, sondern auch und gerade mit dem Gedanken, dadurch etwas Dauerhaftes für das ganze Leben zu schaffen, was sich im Alter vielleicht sogar *auszahlt* bzw. *rechnet*. Bei aller Freundschaft spielen also nicht nur emotionale, sondern auch rationale Erwägungen eine nicht unbedeutende Rolle: Der Freundeskreis kann die kommunikative Basis für die soziale Lebensqualität im Alter sein. Allzu viel Ruhestand ist aber für die meisten Menschen auch in der nachberuflichen Lebensphase nicht wünschenswert. Für viele Bürgerinnen und Bürger sind daher *Do-it-yourself-Aktivitäten* und *Hobbys* weitere Vorsorgemöglichkeiten für das Alter. Wichtig ist hierbei vor allem die flexible und bedürfnisorientierte zeitliche Planung. Insofern überrascht es nicht, dass das Mitmachen nach einem individuellen und selbst bestimmten Zeitschema eines der wichtigsten Kriterien für *ehrenamtliches Engagement* ist.

Als Fazit kann festgehalten werden, dass neben der *materiellen* und der *gesundheitlichen Vorsorge* auch der *Aufbau und die Pflege sozialer Netzwerke* – von Beziehungen zur Familie und zu Freunden über die Mitgliedschaft in Vereinen bis hin zum ehrenamtlichen Engagement – wesentliche Elemente der Vorbereitung auf die immer länger werdende nachberufliche Lebensphase sind. Altersvorsorge im hier gemeinten Sinne ist somit eine mehrperspektivische Daseinsvorsorge mit einer nachhaltigen Kombination von materieller, gesundheitlicher, sozialer *und* mentaler Zukunftssicherung.

STREICHUNG DES BEGRIFFS „ÜBERALTERUNG" AUS UNSEREM SPRACHGEBRAUCH

Im Kontext demografischer Diskurse werden sehr häufig zwei ideologieverdächtige Begriffe verwendet, nämlich *Über*bevölkerung und *Über*alterung. Wer diese Begriffe verwendet, ist offensichtlich der Meinung, dass hinsichtlich der Anzahl der Menschen auf unserem Globus bzw. im Hinblick auf die Lebenserwartung einzelner Menschen eine anscheinend naturgegebene Grenze überschritten wird. Erstaunlicherweise existiert das Wort *Überjüngung* nicht.

In Anbetracht der relativ großen Harmonie zwischen den Altersgruppen sollten wir jedenfalls den Kampfbegriff *Überalterung* aus unserem Sprachgebrauch streichen. Denn das Wörtchen „über" suggeriert:

• dass hier eine quasi natürliche Norm überschritten wurde,

• dass es von einem Teil der Bevölkerung – nämlich von den Alten – viel zu viele gebe,

• und dass diese überzählige Bevölkerungsgruppe noch dazu den jüngeren Rest der Bevölkerung über Gebühr belaste.

Offensichtlich wird der Menschheitstraum vom langen und qualitätsvollen Leben – zumindest in unseren geografischen Breiten – zunehmend zur Realität. Dies wäre eigentlich ein guter Grund zu großer Freude. Allem Anschein nach überwiegen jedoch die Ängste. Zukunftsängste aller Art, auch die *demografisch* bedingten, lassen sich am besten mit einer produktiven Mischung aus nüchterner Analyse und kreativer Zukunftsplanung bewältigen! In diesem Zusammenhang sollten wir viel mehr über die zukünftige Gestaltung der ökonomischen, gesellschaftlichen und politischen Rahmenbedingungen eines immer längeren Lebens und über die Mittel und Möglichkeiten des zukünftigen Zusammenlebens der Generationen nachdenken.

MIGRATION IST EIN TEIL DES DEMOGRAFISCHEN WANDELS

Die so genannte demografische Frage ist seit einigen Jahren eines der meistdiskutierten Zukunftsthemen. Im Bereich der Bevölkerungsentwicklung gibt es eigentlich nur drei große Einflussfaktoren: Geburt – Tod – Migration. Bei der Migration geht es übrigens nicht nur um die *Zu*wanderung, sondern auch um die *Aus*wanderung. Die mit hoher Wahrscheinlichkeit zu erwartenden demografischen Entwicklungen in den Bereichen *Geburt* und *Tod* sind hinreichend bekannt. Denn ein neuer Babyboom wie in den 1960er Jahren ist vorerst nicht in Sicht, und die Sterberate wird in unseren Breiten über längere Zeit höher sein als die Geburtenrate. Der größte demografische Gestaltungsspielraum besteht im Bereich der *Migration*, vor allem bei der *Zu*wanderung. Betrachtet man nur die beiden demografischen Faktoren *Geburt* und *Tod*, so ist die europäische und globale Bevölkerungsentwicklung der nächsten Jahrzehnte relativ klar: Weiteres Wachstum der Weltbevölkerung bis zur vorläufigen Stagnation bei etwa zehn Milliarden in etwa vier Jahrzehnten; gleichzeitig Schrumpfung der Bevölkerung in Europa – insbesondere auch in Deutschland. Droht also mangels Masse der Abstieg der deutschsprachigen Lebenswelt in die Bedeutungslosigkeit? Bevor die demografischen Minderwertigkeitsgefühle allzu heftig werden, lohnt sich ein Blick auf die seriösen Rechenmodelle der Demografie-ExpertInnen, die etwa im deutschsprachigen Raum – mit seinen derzeit etwa einhundert Millionen

Menschen – sogar einen Anstieg der Einwohnerzahl für wahrscheinlich halten. Aber wo sollen diese Menschen herkommen? Die Antwort lautet: Zuwanderung. Diese Antwort ist keineswegs eine Multi-Kulti-Vision, sondern das Ergebnis einer nüchternen Kosten-Nutzen-Rechnung. Denn der Anteil der Menschen im erwerbsfähigen Alter sinkt, und die Kosten für die Renten und für das Gesundheitssystem nehmen gleichzeitig rasant zu. Ohne die notwendige Zahl von Mitarbeiterinnen und Mitarbeitern kann die Wirtschaft – insbesondere der Dienstleistungssektor – die für unsere Lebensqualität nötige wachsende Wertschöpfung nicht erzielen. Es spricht also vieles dafür, dass zukünftig die berechtigte Sorge um den Verlust der Wirtschaftskraft und der Lebensqualität größer sein wird als die Bedenken gegen eine kontrollierte Zuwanderung.

SOZIALER ZUSAMMEN-HALT

_____

„Die menschliche Gesellschaft gleicht einem Gewölbe, das zusammenstürzen müsste, wenn sich nicht die einzelnen Steine gegenseitig stützen würden.

SENECA

POLITISCHE PARTIZIPATION
UND LEBENSQUALITÄT

In der demokratischen Mitgestaltung der Politik auf Gemeinde-, Landes-, Bundes- und EU-Ebene gehören sowohl die Deutschen als auch die Österreicherinnen und Österreicher eher zu jenen, die *nicht* besonders aktiv und dynamisch sind. Vieles überlässt man gerne den politischen Eliten. Von diesen wird erwartet, dass sie Lösungen für die alltäglichen Probleme der Menschen finden. Seit den 1970er Jahren hat sich allerdings in beiden Ländern die politische Kultur leicht verändert. Zum stark ausgeprägten Wunsch nach Konsens und Kompromiss hat sich eine gewisse Konfliktbereitschaft und Konfliktfähigkeit gesellt. Die konventionelle Form der politischen Beteiligung – insbesondere die Beteiligung an Wahlen – ist leicht rückläufig. Vor allem nimmt aber das Interesse an der Parteipolitik ab. Politikverdrossenheit (oder besser: Politiker-Verdrossenheit) und Distanz zum Typus des Berufspolitikers sind besonders unter jüngeren Menschen ausgeprägt. Die jungen Bürgerinnen und Bürger wären jedoch sehr wohl an kurzfristigeren Projekten zur Verbesserung ihrer konkreten Lebenswelt interessiert und sind nicht – wie häufig kolportiert – gänzlich entpolitisiert oder apolitisch.[36]

RENAISSANCE DER
SOZIALEN MARKTWIRTSCHAFT

In den Jahren vor Beginn der leider noch immer nicht überwundenen großen Finanz- und Wirtschaftskrise war die Sehnsucht nach einem *schlanken Staat* ein wichtiger Bestandteil des modernen Lebensgefühls. Nach dem Zusammenbruch des neoliberalen Kartenhauses schlägt nun das Pendel in die andere Richtung aus. Das Vertrauen in die Macht des Marktes hat sich deutlich reduziert. Allem Anschein nach wird sich das Meinungsbild im Spannungsfeld zwischen Markt und Staat in mittelfristiger Zukunft auf eine realistische Einschätzung der Aufgaben jedes dieser beiden Systeme einpendeln. Deshalb gehen wir wahrscheinlich auf eine neue Spielart der *sozialen Marktwirtschaft* zu. In diesem komplizierten Spiel der Kräfte obliegt dem Staat – neben anderen wichtigen Aufgaben – die Koordination der Rahmenbedingungen für den sozialen Zusammenhalt. Das Geheimnis des Erfolgs besteht in der Verknüpfung einer Vielzahl von Politikbereichen, z. B. Arbeitsmarkt-, Arbeitszeit-, Arbeitsschutz-, Einkommens-, Pensions-, Konsum-, Wohnungs-, Gesundheits-, Freizeit-, Sport-, Kultur- oder Bildungspolitik sowie Sozialpolitik im engeren Sinne. Eher ungeeignet als Markenname für dieses dynamische Netzwerk-Management ist dabei der Begriff „Sozialstaat", der in der öffentlichen Meinung meist auf Arbeitslosen-, Sozialhilfe-, Behinderten- und Jugendwohlfahrtspolitik reduziert wird. Sowohl die deutsche als auch die österreichische Bevölkerung misst übrigens der Sozialfunktion des Staates eine zentrale Bedeutung bei. Die Entwicklung der *sozialen Marktwirtschaft* – und in diesem Kontext auch der koordinierenden und aktivierenden Sozialfunktion des Staates – ist wohl eine der meistunterschätzten Errungenschaften des 20. Jahrhunderts. Es sieht ganz danach aus, dass eine modernisierte – und vor allem auch eine *europäisierte* – Variante dieses Megaprojekts auch in den kommenden Jahrzehnten des 21. Jahrhunderts eine der wesentlichen Grundlagen für unsere Lebensqualität sein wird.

DIE SOZIALE MARKTWIRTSCHAFT VERRINGERT DIE KLUFT ZWISCHEN ARM UND REICH

Nur knapp die Hälfte der deutschen und der österreichischen Bevölkerung ist (selbstständig oder unselbstständig) erwerbstätig. Abgesehen von den Konsumsteuern und einigen weiteren Abgaben stammt der größte Teil der Einnahmen des Staates aus den Steuern und Abgaben dieser Erwerbstätigen. Mehr als die Hälfte der Bevölkerung ist also von den Einkommen der erwerbstätigen Menschen sowie von steuerfinanzierten und staatlich umverteilten Sozialleistungen abhängig. Dazu zählen etwa Kinder, Rentner/Pensionisten, Arbeitslose, beeinträchtigte Menschen (ohne Erwerbstätigkeit) oder im Haushalt (einschließlich Kindererziehung) tätige Ehepartner. Aber auch in der Gruppe der Erwerbstätigen beziehen die Bürgerinnen und Bürger im unteren Einkommenssegment mehr Sozialleistungen, als sie einzahlen. Die durch Erwerbsarbeit verdienten Einkommen sind in den vergangenen Jahren auch in Deutschland und Österreich immer weiter auseinandergedriftet. Diese Ungleichheit wird jedoch im Rahmen des Systems der sozialen Marktwirtschaft durch staatliche Unterstützungsleistungen deutlich verkleinert. Betrachtet man diese Umverteilungswirkung unter dem Gesichtspunkt der *gesamtgesellschaftlichen* Lebensqualität, dann agiert die soziale Marktwirtschaft mithilfe der Sozialfunktion des Staates schlau wie Robin Hood; jedoch im Gegensatz zu diesem sympathischen Sozialrebellen ganz offiziell und weitaus effizienter. Der Staat nimmt nämlich dort Einkommen weg, wo es zur Lebensqualität deutlich weniger beiträgt – nämlich im oberen Einkommensdrittel –, und verschiebt es hin zu jenen Menschen, für die diese umverteilten finanziellen Mittel einen beträchtlichen Zugewinn an Lebensqualität bewirken können.

Dieses über viele Jahrzehnte hin entwickelte und erprobte Umverteilungsprogramm trägt wesentlich dazu bei, dass sowohl in Deutschland als auch in Österreich das Konzept der sozialen Marktwirtschaft und das staatliche Sozialsystem – trotz einer damit verbundenen, relativ hohen Steuer- und Abgabenbelastung – mehrheitlich auf Akzeptanz stoßen. Andernfalls gäbe es dieses System in einer Demokratie wohl nicht! Die soziale Marktwirtschaft und das staatliche Sozialsystem können auch in Zukunft eine noch stärkere ökonomische und soziale Spaltung der Gesellschaft mildern. Die zukünftige Akzeptanz der sozialen Marktwirtschaft und des staatlichen Sozialsystems hängt dabei auch von einer qualitätsvollen und effizienten Sozialbürokratie und von einer vorausschauenden Sozialplanung ab. Die Herausforderung besteht darin, die vielfältigen sozialen Probleme nicht nur zu verwalten, sondern das komplexe System des sozialen Ausgleichs flexibel und zukunftsfähig zu gestalten.[37]

Die Erweiterung des Konzepts der sozialen Marktwirtschaft von der heutigen nationalstaatlichen Form auf die europäische Ebene wird eine der großen Herausforderungen der Zukunft werden.

ANMERKUNGEN ZUM BEGRIFF „SOCIAL PROFIT"

Eine Vielzahl von Betrieben strebt ausdrücklich keinen wirtschaftlichen Gewinn an. Dazu zählen etwa Kindergärten, Schulen, Hochschulen und Universitäten, Kirchen und kirchliche Organisationen, gemeinnützige Stiftungen, Parteien, Verbände, Forschungsinstitute, Krankenanstalten, Sportvereine, Sozial-, Kultur- und Jugendorganisationen, Rettungsdienste, Feuerwehren, Organisationen für Entwicklungszusammenarbeit, Katastrophenhilfe oder Umwelt-, Natur- und Tierschutz. Das Management dieser Institutionen erfolgt in den meisten Fällen sehr professionell und nach betriebswirtschaftlichen Qualitätskriterien. Der Nutzen derartiger Betriebe und Organisationen besteht in einem beachtlichen Gewinn für unsere Lebensqualität, für den sozialen Zusammenhalt und für die soziale Sicherheit. Sie nützen der Gemeinschaft, sind also *gemein-nützig*. Gemeinnützige Betriebe und Organisationen schaffen außerdem allein in Deutschland und Österreich Millionen von Arbeitsplätzen und sparen durch ehrenamtliches Engagement Jahr für Jahr viele Milliarden Euro ein. Dennoch hat sich für diesen unverzichtbaren Typus von Dienstleistungen die ausgesprochen beleidigende Bezeichnung „*Non*-Profit-Sektor" eingebürgert. Mit diesem „Non" wird unterstellt, dass nur *wirtschaftlicher* Gewinn als *Profit* gilt und engagierte Arbeit für die Allgemeinheit eben nicht. Wer dies nicht akzeptieren will, muss dem abwertenden *Non* einen positiven Begriff entgegenstellen, etwa *Social*-Profit. Die in diesem Social-Profit-Bereich geleisteten Aktivitäten schaffen wesentliche Rahmenbedingungen für den Erfolg der auf wirtschaftlichen Gewinn, also auf *Business*-Profit, ausgerichteten Unternehmen! Social-Profit-Betriebe sind also unverzichtbare Dienstleister zur Ausgestaltung der Sozialfunktion des Staates im Rahmen einer sozialen Marktwirtschaft.

SOZIALE INFRASTRUKTUR

„Infrastruktur" ist ursprünglich ein Fachbegriff aus der Raum- bzw. Stadtplanung und bezeichnet die Gesamtheit der Wohnfolgeeinrichtungen, die zur Sicherung der Lebensqualität in einem Gemeinwesen erforderlich sind, z. B. Kanalisation, Verkehrswege, Parks, Spielplätze, Krankenhäuser, Schulen, Kindergärten, Kirchen, Gasthäuser, Hotels, Supermärkte, Theater u. a. Die im Rahmen der sozialen Marktwirtschaft durch die Umverteilung von Steuereinnahmen finanzierte soziale Infrastruktur ist ein Teil der gesamten Infrastruktureinrichtungen eines Gemeinwesens. Jede dieser Infrastruktureinrichtungen erfüllt eine spezifische Funktion und orientiert sich dabei sowohl am gesellschaftlichen Bedarf als auch an individuellen Bedürfnissen der Adressaten.

In den vergangenen Jahrzehnten wurde bereits eine große Vielfalt an gemeinnützigen Einrichtungen geschaffen, für die kein privater Investor Geld ausgeben würde, weil keine Gewinne winken. Niemand würde etwa in Jugendzentren investieren. Bei Seniorenheimen oder Kliniken sieht das vielleicht ein wenig anders aus, zumindest im Hinblick auf private Heime oder kleinere Krankenhäuser für zahlungskräftige Kundinnen und Kunden. (Dies gilt übrigens sinngemäß auch für den größten Teil der Bildungseinrichtungen.) Sozial- bzw. Gesundheitseinrichtungen für sozial schwache Menschen werden dagegen wohl auch zukünftig keine Investoren anlocken. Insgesamt betrachtet ist die soziale Infrastruktur in Deutschland und Österreich stark *reaktiv* orientiert. Sie funktioniert also ähnlich wie die Feuerwehr und interveniert durchaus effizient, sobald eine manifeste soziale Not- bzw. Problemlage auftritt. Die *präventiv* orientierte Infrastruktur ist dagegen derzeit noch eher unterentwickelt. Hier besteht zukünftig erheblicher Handlungsbedarf.

DAS STAATLICHE SOZIALSYSTEM SCHAFFT EINE VIELZAHL VON BERUFEN

Die Qualität der Dienstleistungen in den vielfältigen Einrichtungen der sozialen Infrastruktur wird durch eine Vielzahl von Gesundheits- und Sozialberufen gestaltet. Über den großen Bedarf im Bereich der Beziehungsberufe und persönlichen Dienstleistungen hinaus werden zunehmend auch hochwertig ausgebildete Fachkräfte für die Steuerungs- und Innovationsfunktionen des Sozial- und Gesundheitswesens gebraucht, z. B. für Management, Koordination, Supervision, Evaluation und begleitende Praxisforschung.

SOZIALE MARKTWIRTSCHAFT UND SOCIAL-PROFIT-BETRIEBE SCHAFFEN MEHR LEBENSQUALITÄT

Internationale Untersuchungen zeigen, dass Länder mit hoher wirtschaftlicher Leistungskraft und ausgebauten Sozialsystemen auch zu jenen gehören, in denen die Menschen eine hohe Lebensqualität bekunden. In diesem Zusammenhang kommt den Ausübenden sozialer Dienstleistungsberufe (im Rahmen von modern aufgestellten Social-Profit-Betrieben) eine wachsende Bedeutung als Unterstützungsmanagerinnen und -manager für die Qualität des Lebens zu. Das Einzige, was *Social*-Profit-Betriebe von *Business*-Profit-Betrieben unterscheidet, ist das Betriebsziel. Während das Betriebsziel im *Business*-Profit-Sektor in der Erarbeitung von *ökonomischem* Gewinn besteht, geht es also im *Social*-Profit-Sektor um den Gewinn *an Lebensqualität* für die jeweils zu unterstützende Zielgruppe. Keinen Unterschied sollte es jedoch im Hinblick auf die Professionalität der Dienstleistungen und des Managements geben.

SOZIALER ZUSAMMENHALT UND DER SINN DES LEBENS

Die Frage nach dem Sinn des Lebens ist so alt wie die Menschheit. Die Antworten stammten während des größten Teils der Menschheitsgeschichte von religiösen Mächten. Jahrhundertelang galt der Versuch ausschließlich weltlicher Sinndeutungen als schwere Sünde. Vorläufer des Sinndiskurses diesseits der Götterwelt gab es freilich schon in der griechischen und römischen Antike. So glaubte etwa der griechische Philosoph Epikur nicht an ein Leben nach dem Tod und wurde mit seiner Lehre vom sinnerfüllenden Genuss im Hier und Jetzt zum Vordenker des heutigen Wellness-Trends. Auch die im klassischen Altertum weit verbreitete Denkschule der Stoiker verließ sich nicht auf die Gnade der Götterwelt, sondern fand den Sinn des Daseins im irdischen Streben nach Wissen, Weisheit, Genügsamkeit und Gelassenheit. Diese Konzepte der weltlichen Sinnsuche wurden relativ rasch verdrängt, nachdem unter Kaiser Konstantin das Christentum mit der staatlichen Macht verknüpft worden war und unter Konstantins Nachfolgern sogar zur Staatsreligion aufstieg. Von nun an lag das Monopol für die Definition von Sinn und

Unsinn des menschlichen Lebens einzig und allein beim allmächtigen und allwissenden Gott, tatkräftig unterstützt vom kirchlichen Klerus und der irdischen Realpolitik. Ab dem Beginn der Neuzeit machten mehrere protestantische Bewegungen der katholischen Kirche Konkurrenz. Der neben Luther bedeutendste Reformator Calvin lehrte, dass das menschliche Leben durch Gott vorbestimmt sei. Wer Reichtum und hohen sozialen Status erlangte, galt als Freund des Himmels. Der betende Bettler hatte somit weit weniger Aussicht auf die Gnade Gottes als der erfolgreiche Kaufmann. Anstelle der Vorbereitung auf die ewige Glückseligkeit im Jenseits wurde der wirtschaftliche Erfolg im Diesseits zum wichtigsten Kriterium für ein sinnvolles Leben. Zeitgleich wurde durch die Entdeckung unbekannter Länder und durch spektakuläre technische Erfindungen nicht nur der Horizont, sondern auch die selbstbewusste Gestaltungskraft der Menschen erweitert. Die von den Ideen der Aufklärung getragene Französische Revolution führte schließlich dazu, dass das höchstpersönliche Recht auf die Entscheidung für oder gegen Glaubensbekenntnisse aller Art staatlich garantiert wurde. Von nun an durfte jeder Mensch nach seiner Fasson selig werden. Diese liberale Logik setzte sich auf Dauer gegen Inquisition, Scheiterhaufen, Faschismus und Stalinismus durch. Die Freiheit der Entscheidung auf dem Markt der Sinnangebote wird weltweit sehr unterschiedlich genutzt: In den Ländern des alten Europa verlassen immer mehr Menschen die traditionellen, sinnstiftenden Glaubensgemeinschaften. Im großen Rest der Welt gibt es jedoch den gegenteiligen Trend. Denn in den USA, in Lateinamerika, Afrika und im asiatischen Raum steigt das Interesse an Religion rasant. Die Vielzahl der offiziellen Glaubensangebote erinnert an einen Supermarkt. Allein im Bereich der christlichen Konfessionen sind weltweit bereits mehr als 33.000 Kirchengemeinschaften registriert; um 1900 waren es noch 1.800. Auch innerhalb der Kirchen nimmt die Meinungsvielfalt zu. So glauben etwa immer mehr Katholiken – entgegen der kirchlichen Lehre – an die Wiedergeburt. Religiöse Fragen haben nach wie vor das Potenzial für öffentliche Erregungen. Man denke nur an die Kontroversen über Kruzifixe in Klassenzimmern, über offene Einkaufszentren an kirchlichen Feiertagen, über Mohammed-Karikaturen in einer dänischen Zeitung und einer französischen Zeitschrift oder über den Bau von Minaretten im christlichen Abendland.

Außerhalb der institutionellen Kirchen bastelt offensichtlich eine wachsende Menge von Menschen an einem jeweils individuellen Mix aus esoterischer Spiritualität und fernöstlichen Meditationspraktiken. Aber all diese Formen individueller und kollektiver Sinnfindung verblassen gegenüber der Erfolgsstory der globalen Heilslehre des Konsums. Die Botschaft dieses quasi-religiösen Programms der emotional aufgeladenen Bedürfnisbefriedigung ist klar und einfach: „Sinnsucher aller Welt, vereinigt euch rund um das goldene Kalb!" Zur Orientierung im Dschungel der kirchlichen und kommerziellen Sinnangebote verdanken wir dem französischen Nobelpreisträger André Gide einen wegweisenden Rat: „Glaube denen, die die Wahrheit suchen, und misstraue denen, die sie gefunden haben."

DIE MITTE DES LEBENS ALS NEUES LEBENSIDEAL

Die Befragten antworten auf die Frage nach der „schönsten und besten Lebensphase", in der man „Zeit zum Leben und Freude am Leben" hat, folgendermaßen (tlw. gerundet, in Prozent):

GESAMTBEVÖLKERUNG

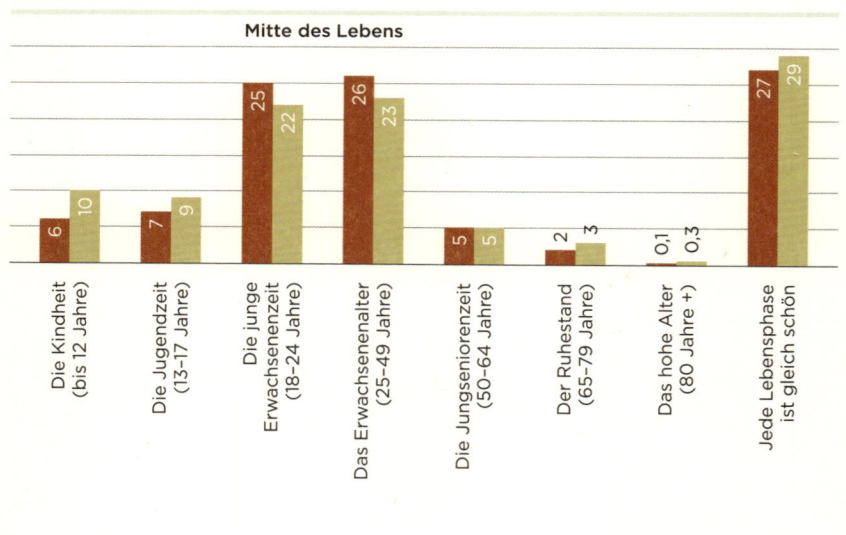

Mitte des Lebens

Die Kindheit (bis 12 Jahre): Österreich 6, Deutschland 10
Die Jugendzeit (13–17 Jahre): Österreich 7, Deutschland 9
Die junge Erwachsenenzeit (18–24 Jahre): Österreich 25, Deutschland 22
Das Erwachsenenalter (25–49 Jahre): Österreich 26, Deutschland 23
Die Jungseniorenzeit (50–64 Jahre): Österreich 5, Deutschland 5
Der Ruhestand (65–79 Jahre): Österreich 2, Deutschland 3
Das hohe Alter (80 Jahre +): Österreich 0,1, Deutschland 0,3
Jede Lebensphase ist gleich schön: Österreich 27, Deutschland 29

■ Österreich   ■ Deutschland

DAS LIED „ICH MÖCHTE NOCH MAL ZWANZIG SEIN ...“ muss neu getextet werden: „Ich bin jetzt endlich dreißig, vierzig, fünfzig und will das Leben voll genießen ...“ Denn mit der kontinuierlichen Verlängerung des Lebens verschiebt sich die ideale Lebensphase nach oben. Die Treppe des Lebens wird offensichtlich immer steiler. Bis zum Zenit sind hohe Stufen zu erklimmen.

Heute wird sowohl in Österreich als auch in Deutschland die Zeit zwischen dem 25. und dem 49. Lebensjahr als die schönste und beste Lebensphase angesehen. In dieser Phase finden die meisten wichtigen Entscheidungen und Ereignisse statt: z. B. Heirat, Familiengründung, fester Arbeitsplatz, Unabhängigkeit von den Eltern, finanzielle Eigenverantwortung usw.

Dicht auf den Fersen ist dieser Zeitspanne in beiden Ländern die junge Erwachsenenzeit als die schönste Phase des Lebens. Relativ weit abgeschlagen folgen dann die Kindheit und die Jugend. Die Österreicher betonen stärker die Mitte des Lebens als Lebensideal, während die Deutschen etwas mehr zur Glorifizierung von Kindheit und Jugend neigen. Die meiste Zustimmung findet allerdings in beiden Ländern die Einschätzung, dass jede Lebensphase gleich schön ist. Davon ist deutlich mehr als ein Viertel der ÖsterreicherInnen und Deutschen überzeugt.

Auffallend ist die mangelnde Wertschätzung des letzten Lebensdrittels. Aus der Sicht der ÖsterreicherInnen und Deutschen scheint mit einem Alter von fünfzig Jahren der Höhepunkt des Lebens längst überschritten zu sein. Mit Blick auf die von Jahr zu Jahr steigende Lebenserwartung wird sich dieses negative Bild des Alterns und Alters in Zukunft gewiss ändern!

KRIEG DER GENERATIONEN: JUNGE GEGEN ALTE

Von den Befragten stimmen den folgenden Aussagen jeweils zu (gerundet, in Prozent):

Die Alten leben auf Kosten der Jungen
12
9

Viele Alte verprassen die Erbschaft ihrer Kinder und Enkel
12
7

Die Alten sollten mehr ihr eigenes Leben genießen und weniger für die Jungen sparen
40
34

Den Konflikt zwischen den Generationen empfinde ich als ein ernstzunehmendes Zukunftsproblem
17
9

Österreich Deutschland

SOWOHL DIE ÖSTERREICHER als auch die Deutschen werden immer älter. Die Kosten für die Pensionen und für die Pflege hochaltriger Menschen steigen kontinuierlich. Bleibt in dieser Situation zukünftig noch genügend Geld übrig, um der jungen Generation einen guten Lebensstandard und eine gute Lebensqualität zu ermöglichen? Droht gar ein schwerer Generationenkonflikt?

Derartige Zukunftsängste lassen sich durch das repräsentativ erhobene Meinungsbild der ÖsterreicherInnen und Deutschen nicht bestätigen. So stimmen etwa nur zwölf Prozent der Österreicher und neun Prozent der Deutschen der Aussage zu: „Die Alten leben auf Kosten der Jungen". Offensichtlich rechnen die meisten Menschen fest damit, dass sich die SeniorInnen der Zukunft ähnlich stark wie heute an der Mitfinanzierung der Lebenshaltungskosten ihrer Kinder und Enkel beteiligen. Dazu kommt noch ein bisher nie erreichtes Volumen an vererbbarem Vermögen. Mit Blick auf dieses milliardenschwere Zukunftsbudget stimmen nur sieben Prozent der Deutschen und zwölf Prozent der ÖsterreicherInnen der negativen Aussage zu: „Viele Alte verprassen die Erbschaft ihrer Kinder und Enkel."

Die sehr große Mehrheit der Österreicher und Deutschen glaubt also keineswegs daran, dass sich die älteren MitbürgerInnen auf einem brutalen Ego-Trip ohne Rücksicht auf Verluste bei den Jüngeren befinden. Ganz im Gegenteil! Beachtliche 34 Prozent der Deutschen und 40 Prozent der Österreicherinnen und Österreicher animieren die SeniorInnen sogar zu weniger Altruismus: „Die Alten sollten mehr ihr eigenes Leben genießen und weniger für die Jungen sparen."

Insgesamt halten nur 17 Prozent der ÖsterreicherInnen und neun Prozent der Deutschen einen Konflikt zwischen Jung und Alt für ein nennenswertes Zukunftsproblem. Ein Krieg der Generationen ist also in beiden Ländern nicht in Sicht!

ERWARTUNGEN ZUM GENERATIONENVERTRAG

Von den Befragten stimmen der Aussage „Der Generationenvertrag ist längst tot. In Zukunft muss jede Generation für sich selbst sorgen" zu (gerundet, in Prozent):

GESAMTBEVÖLKERUNG

39 46

NACH ALTER

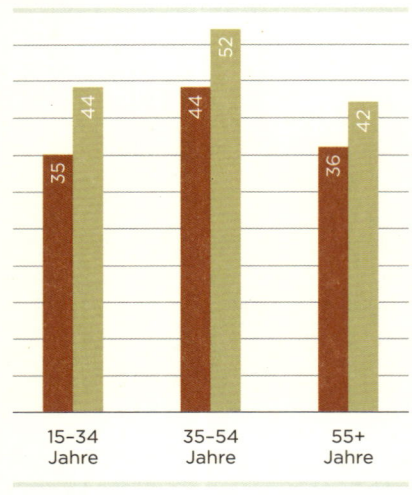

| 15–34 Jahre | 35–54 Jahre | 55+ Jahre |

Österreich

Deutschland

IST DAS VON DER SOLIDARITÄT der Generationen geprägte österreichische und deutsche Renten- bzw. Pensionssystem wirklich ein längst veraltetes Auslaufmodell? Die Mehrheit der ÖsterreicherInnen und der Deutschen vertritt dieses negative Zukunftsbild (noch) nicht. Aber immerhin zwei Fünftel der Österreicher und fast die Hälfte der Deutschen halten den Generationenvertrag für nicht zukunftsfähig. Vor allem die Menschen im mittleren Lebensalter rechnen nur mehr bedingt mit einer eigenen Pension.

Bei genauerer Betrachtung sind derartige Horrorvisionen freilich nicht besonders plausibel. Denn der Zusammenbruch des umlagefinanzierten Renten- bzw. Pensionssystems hätte extrem negative wirtschaftliche und politische Folgen wie massenhafte Altersarmut, gigantische Kaufkraftverluste und einen radikalen Verlust des Vertrauens in unser politisches und wirtschaftliches System.

Viel wahrscheinlicher ist es, dass das in Österreich und Deutschland geltende Umlagesystem langfristig das wichtigste Fundament für die Existenzsicherung in der nachberuflichen Lebensphase bildet, wenn auch – nach einer Reihe von Reformen – in einem schrittweise reduzierten Ausmaß. Diese Pensions- bzw. Rentenreformen wurden und werden allerdings in Österreich sozialverträglicher realisiert als in Deutschland. Dies ist vielleicht auch der Grund dafür, dass die Zukunft des Generationenvertrags in Deutschland viel negativer bewertet wird als in Österreich.

Private Vorsorgeprodukte wie eigene Ersparnisse, private Renten- und Lebensversicherungen, Betriebspensionen und Ähnliches werden zukünftig immer wichtiger. Sie können jedoch bei der großen Masse der zukünftigen Pensionistinnen und Pensionisten das umlagefinanzierte System nur ergänzen und keineswegs ersetzen.

ZUKUNFTSAUSSICHTEN
FÜR DIE HEUTIGE JUGEND

Von den Befragten stimmen der Aussage „Für die junge Generation ist es in Zukunft viel schwieriger, ebenso abgesichert und im Wohlstand zu leben wie die heutige Elterngeneration" zu (gerundet, in Prozent):

GESAMTBEVÖLKERUNG

NACH BILDUNGSNIVEAU

Primäre Bildung — 55 / 68
Sekundäre Bildung — 61 / 71
Höhere Bildung — 68 / 77

 Österreich   Deutschland

„FÜR DIE JUNGE GENERATION ist es in Zukunft viel schwieriger, ebenso abgesichert und im Wohlstand zu leben wie die heutige Elterngeneration." Mit dieser Skepsis blicken 60 Prozent der ÖsterreicherInnen und 70 Prozent der Deutschen in die Zukunft; je höher die Bildung, desto mehr. Kein Wunder. Denn nahezu täglich hören und lesen wir von Krisen aller Art. Wie wäre es aber, wenn wir unseren Blick für einige Minuten probeweise weg vom täglichen Zukunftsschock und hin auf die vielen Stärken und Zukunftsressourcen der heutigen jungen Generation richten?

Zum Beispiel gab es noch nie in unserer Geschichte ein derart hohes Bildungsniveau wie bei der großen Mehrheit jener jungen Generation, die in den nächsten Jahren in Österreich und Deutschland auf den Arbeitsmarkt kommen wird. Vor allem bei den Fremdsprachenkenntnissen, bei der medialen Kompetenz und im Hinblick auf die kreative Kooperation in Projekten sind viele junge Menschen besonders gut aufgestellt. In den kommenden Jahrzehnten sind übrigens auch die Jobaussichten besser als ihr Ruf. Denn aufgrund der geringen Geburtenraten gibt es in beiden Ländern so wenig Nachwuchs für den Arbeitsmarkt wie schon lange nicht mehr. In dieser Situation werden die Jungen, die ja nicht nur auf die heimischen Stellenangebote angewiesen sind, sondern sich auch international umschauen, zu einer umworbenen Zielgruppe!

Auch die Rede von der „Generation Praktikum" zählt zu den vielen Mythen in Bezug auf die Gegenwart und Zukunft der Arbeitswelt. Deutschland und Österreich sind nicht Griechenland oder Spanien. Dank einer aktiven Arbeitsmarktpolitik schafft der allergrößte Teil der jungen Menschen in Deutschland und Österreich relativ rasch nach der Ausbildung den Einstieg in das Berufsleben! Es spricht wenig dafür, dass sich diese positiven Bedingungen in mittelfristiger Perspektive ändern werden. Außerdem hat die heutige junge Generation eine historisch einzigartig lange Lebenserwartung. Und das alles unter den privilegierten Rahmenbedingungen von Österreich und Deutschland, die immerhin zu den Top Ten der reichsten Länder der Welt zählen.

KINDERFREUNDLICHKEIT IN ÖSTERREICH UND DEUTSCHLAND

Von den Befragten stimmen der Aussage „Mein Heimatland ist kinderfreundlich" zu (gerundet, in Prozent):

NACH ALTER

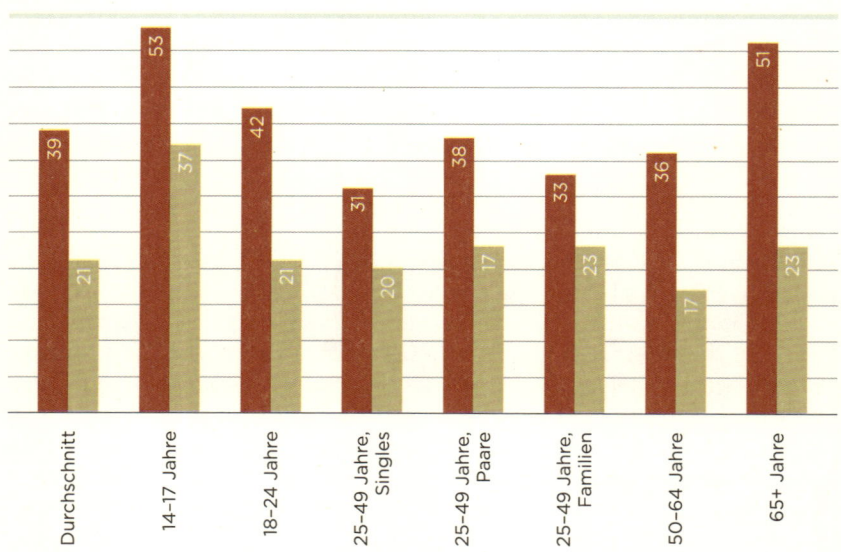

Österreich   Deutschland

SOWOHL IN ÖSTERREICH als auch in Deutschland droht langsam, aber sicher der eigene Nachwuchs auszugehen. Und zur immer kleiner werdenden Minderheit der Kinder sind die Österreicher und die Deutschen – nach eigener Meinung – nicht besonders freundlich. Während in Österreich immerhin noch zwei von fünf BürgerInnen (39 %) ihre Heimat als kinderfreundlich bezeichnen, tun dies in Deutschland nur etwa halb so viele (21 %).

Die 14- bis 17-Jährigen, also jene, die sich noch am besten an ihre Kinderzeit erinnern können, antworten jedoch überdurchschnittlich positiv: 53 Prozent der österreichischen und 37 Prozent der deutschen Jugendlichen attestieren dem jeweiligen Land durchaus eine gewisse Kinderfreundlichkeit. Den größten Unterschied zwischen den beiden Ländern gibt es beim Urteil der Großelterngeneration. Nicht einmal jeder vierte deutsche Rentner lobt die Kinderfreundlichkeit, während die Hälfte aller österreichischen Pensionisten recht zufrieden ist.

Deutschland ist EU-weit bei der Kinderfreundlichkeit das Schlusslicht. Allerdings landet auch Österreich im europäischen Vergleich sehr weit abgeschlagen im hinteren Feld. EU-Spitzenreiter ist Dänemark, wo fast neun von zehn BürgerInnen (86 %) ihrem Land ein hohes Maß an Kinderfreundlichkeit bescheinigen.

Statt nur schadenfroh auf Deutschland zu schauen, sollte sich Österreich an Ländern mit besseren Werten orientieren. Dabei sollte nicht nur die Kinderfreundlichkeit in der Familienerziehung, den Schulen und den Kindergärten kritisch überprüft werden. Vielmehr geht es auch um einen kinderfreundlichen Straßenverkehr, um anregungsreiche Spielplätze, um ein qualitätsvolles Kinderprogramm im öffentlich-rechtlichen Fernsehen und um die Verhinderung von Wohnbaukonzepten, die leider in viel zu vielen Fällen Kinderzimmer in der Größenordnung von Ausnüchterungszellen vorsehen.

215

E-LOVE: VIRTUELLE PARTNERSUCHE WIRD ZUKÜNFTIG IMMER WICHTIGER

Von den Befragten stimmen der Aussage „2030 entsteht jede dritte Partnerschaft über Internet-Dating-Netzwerke" zu (gerundet, in Prozent):

GESAMTBEVÖLKERUNG

NACH ALTER

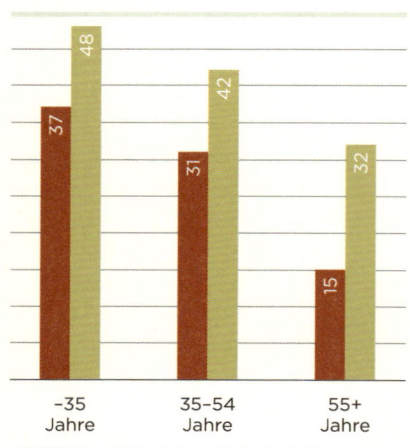

| | –35 Jahre | 35–54 Jahre | 55+ Jahre |

Österreich
Deutschland

WIRD VIRTUELLE PARTNERSUCHE zukünftig wirklich wichtiger? Zwei Fünftel der Deutschen sind davon überzeugt. Die ÖsterreicherInnen sind deutlich skeptischer. Für die Zukunft von E-Love spricht die Verbindung von zwei Trends: Erstens schreitet die Digitalisierung unserer Lebenswelt voran. Zweitens funktionieren immer weniger Partnerschaften nach dem Motto: „Bis dass der Tod euch scheidet". Deshalb wird zukünftig häufiger nach neuen PartnerInnen gesucht. Diese Entwicklungen werden sowohl in Österreich als auch in Deutschland von den Jüngeren klarer vorhergesehen als von den Älteren. Aber: Hält E-Love, was sie verspricht? Immerhin ist in unserem Gehirn seit Urzeiten eine geistige Checkliste für die strenge Partnerprüfung abgespeichert. Einige Teile dieses Prüfvorgangs sind uns bewusst, andere bleiben unbewusst.

Die bewussten Teile lassen sich größtenteils auch virtuell abklären, z. B.: Alter, Größe, Aussehen, Bildungsniveau, Beruf, Einkommen, Herkunft. Die unbewussten Teile unserer inneren Checkliste sind jedoch in virtueller Form nur sehr eingeschränkt überprüfbar, z. B.: typische Kommunikationsmuster, Einfühlungsvermögen, Humor oder gar der vielfach unterschätzte Geruchs-Check. Denn als Erbe der Evolution vom Säugetier zum modernen Menschen wurde uns mitgegeben, dass wir die mögliche Lebenspartnerin bzw. den möglichen Lebenspartner auch riechen können müssen. Die weltweit in mehreren Biochemielaboren versuchte künstliche Konstruktion von individuellen Geruchsprofilen wird wohl unsere jahrtausendelang erprobten Live-Tests in absehbarer Zeit nicht ersetzen können.

Obwohl also die Bedeutung von virtuellen Varianten der Partnersuche wächst, gibt es auch zukünftig ohne einen umfangreichen Reality-Check keinen nachhaltigen Erfolg. Bei der Partnersuche geht es schließlich um die Planung eines längerfristig angelegten Zukunftsprojekts zur Gestaltung einer möglichst hohen partnerschaftlichen Lebensqualität unter den komplizierten Bedingungen des wirklichen Lebens.

217

KONFLIKTPOTENZIALE DER ZUKUNFT

In allen Gesellschaften gibt es Gegensätze oder sogar Konflikte zwischen verschiedenen gesellschaftlichen Gruppen. Die Befragten antworten auf die Frage „Wie stark sind Ihrer Meinung nach die folgenden Konflikte in Österreich bzw. Deutschland?" folgendermaßen (gerundet, in Prozent):

Konflikte zwischen Christen und Muslimen

56
15–34 Jahre
41

GESAMTBEVÖLKERUNG

45   43

Konflikte zwischen Familien und Singles	5 / 3
Konflikte zwischen Männern und Frauen	14 / 6
Konflikte zwischen Arbeitgebern und Arbeitnehmern	15 / 24
Konflikte zwischen Arm und Reich	31 / 44

■ Österreich
■ Deutschland

INSGESAMT ÜBERWIEGEN sowohl in Österreich als auch in Deutschland jene Kräfte, die ein friedliches Zusammenleben auch zukünftig für sehr wahrscheinlich halten. Gleichwohl wird in beiden Ländern den Differenzen zwischen Christentum und Islam ein großes Konfliktpotenzial zugeschrieben. Bei einem sowohl in Österreich (rund 6 %) als auch in Deutschland (etwa 4 %) sehr überschaubaren Bevölkerungsanteil der Muslime ist dieses negative Bild erstaunlich. Jedoch geht es bei genauerer Betrachtung nur oberflächlich um Fragen der Religion, bedeutsam sind hier vielmehr Unsicherheiten und Ängste bei der Begegnung mit dem Ungewohnten und dem Fremden. Dass Österreichs Jugend dieses Konfliktfeld extrem stark hervorhebt, ist mit Blick auf die Zukunft alarmierend. Die jungen Deutschen sind in dieser wichtigen Zukunftsfrage viel toleranter.

Die Kluft zwischen Arm und Reich wird in Deutschland von immerhin 44 Prozent der Befragten verstärkt als Konfliktherd wahrgenommen. In Österreich sehen dies nur 31 Prozent so. Ähnlich große Unterschiede zwischen Österreich und Deutschland zeigen sich bei der Einschätzung von Arbeitskonflikten. Denn knapp ein Viertel der Deutschen schreibt den Interessengegensätzen von ArbeitgeberInnen und ArbeitnehmeInnen ein beachtliches Konfliktpotenzial zu. In Österreich vertreten nur 15 Prozent der Befragten diese Meinung. Dieser signifikant harmonischere Blick auf die Arbeitswelt hängt vermutlich damit zusammen, dass in Österreich die Sozialpartnerschaft noch erheblich besser funktioniert als bei den deutschen Nachbarn.

In den privaten Partnerschaften zwischen Frauen und Männern geht es dagegen bei den Deutschen sehr viel friedlicher zu als bei den Österreichern. Konflikte zwischen Familien und Singles spielen weder in Österreich noch in Deutschland eine nennenswerte Rolle.

OHNE VERTRAUEN GIBT ES KEINE LÖSUNG VON ZUKUNFTSFRAGEN

Die Befragten antworten auf die Frage „Wem vertrauen Sie persönlich in Bezug auf die Lösung von Zukunftsfragen?" folgendermaßen (gerundet, in Prozent):

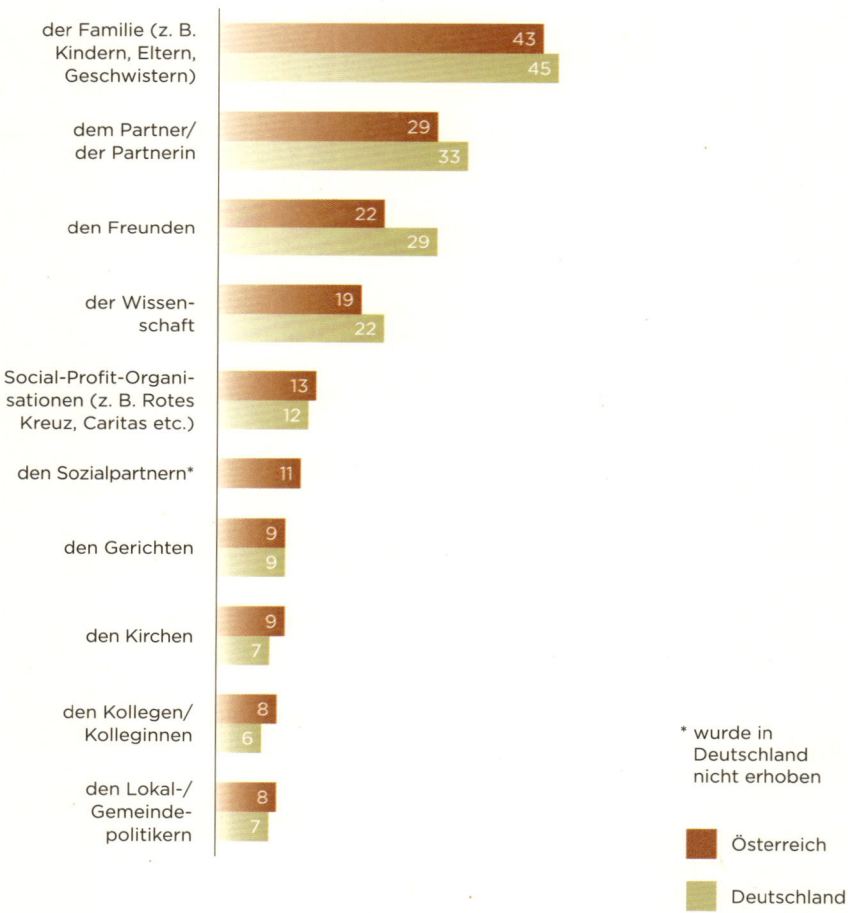

der Familie (z. B. Kindern, Eltern, Geschwistern) — 43 / 45

dem Partner/ der Partnerin — 29 / 33

den Freunden — 22 / 29

der Wissenschaft — 19 / 22

Social-Profit-Organisationen (z. B. Rotes Kreuz, Caritas etc.) — 13 / 12

den Sozialpartnern* — 11

den Gerichten — 9 / 9

den Kirchen — 9 / 7

den Kollegen/ Kolleginnen — 8 / 6

den Lokal-/ Gemeindepolitikern — 8 / 7

* wurde in Deutschland nicht erhoben

■ Österreich
■ Deutschland

NIEMAND WEISS GANZ GENAU, was in der Zukunft auf uns zukommt. Zukunft ist also das Reich der Risiken. Kein Mensch kann die Risiken der Gegenwart und der Zukunft ganz alleine bewältigen. Lebenslang müssen wir also darauf vertrauen können, dass uns eine kleine Gruppe von Menschen in der Familie und im Freundeskreis bei der Bewältigung der Herausforderungen des Alltags unterstützt. Außerdem benötigen wir das Vertrauen in das Funktionieren der wirtschaftlichen, politischen und gesellschaftlichen Rahmenbedingungen.

Welchen Personen und Institutionen vertrauen die ÖsterreicherInnen und die Deutschen im Hinblick auf die Lösung von Zukunftsfragen? Erwartungsgemäß stehen sowohl in Österreich als auch in Deutschland die Familienmitglieder, die Partnerinnen und Partner (Österreich 29 %, Deutschland 33 %) sowie die Freundinnen und Freunde (Österreich 22 %, Deutschland 29 %) mit großem Abstand an der Spitze der Vertrauensskala. Erstaunlich hoch ist bei den Menschen in beiden Ländern das Vertrauen in die Aussagen der Wissenschaft. Sehr viel Vertrauen setzen die Österreicher und die Deutschen auch in die zukünftige Hilfsbereitschaft wichtiger Social-Profit-Organisationen, wie etwa des Rotes Kreuzes oder der Caritas.

Bereits auf Platz sechs des Vertrauens-Rankings reihen die Österreicher die Sozialpartnerschaft.[38] Erst relativ weit hinten landen die Gerichte, denen nur knapp neun Prozent der Österreicher und der Deutschen ihr Vertrauen schenken. Im Hinblick auf das Vertrauen in die zukünftige Problemlösungskompetenz liegen die Kirchen in beiden Ländern sehr weit hinten, jedoch immerhin noch knapp vor der Politik, wobei die Lokalpolitik und die Landespolitik etwas besser bewertet werden als die Bundes- und die EU-Politik. Besonders wenig Vertrauen in Bezug auf die Lösung von Zukunftsfragen schenken die Österreicher und die Deutschen den Banken, den Medien und den politischen Parteien.

>

OHNE VERTRAUEN GIBT ES KEINE LÖSUNG VON ZUKUNFTSFRAGEN

Die Befragten antworten auf die Frage „Wem vertrauen Sie persönlich in Bezug auf die Lösung von Zukunftsfragen?" folgendermaßen (gerundet, in Prozent):

den Politikern in den Bundesländern: 7 / 9

den Bundespolitikern: 6 / 10

den Europapolitikern in Brüssel: 5 / 6

den Banken: 5 / 2

den Medien: 5 / 3

den politischen Parteien: 4 / 3

den Aussagen von Firmen im Internet: 1 / 1

Österreich

Deutschland

ZUKÜNFTIGE AUFGABEN DES STAATES

Die Befragten antworten auf die Frage „Welche Probleme sollten durch den Staat zukünftig vordringlich gelöst werden?" folgendermaßen (gerundet, in Prozent):

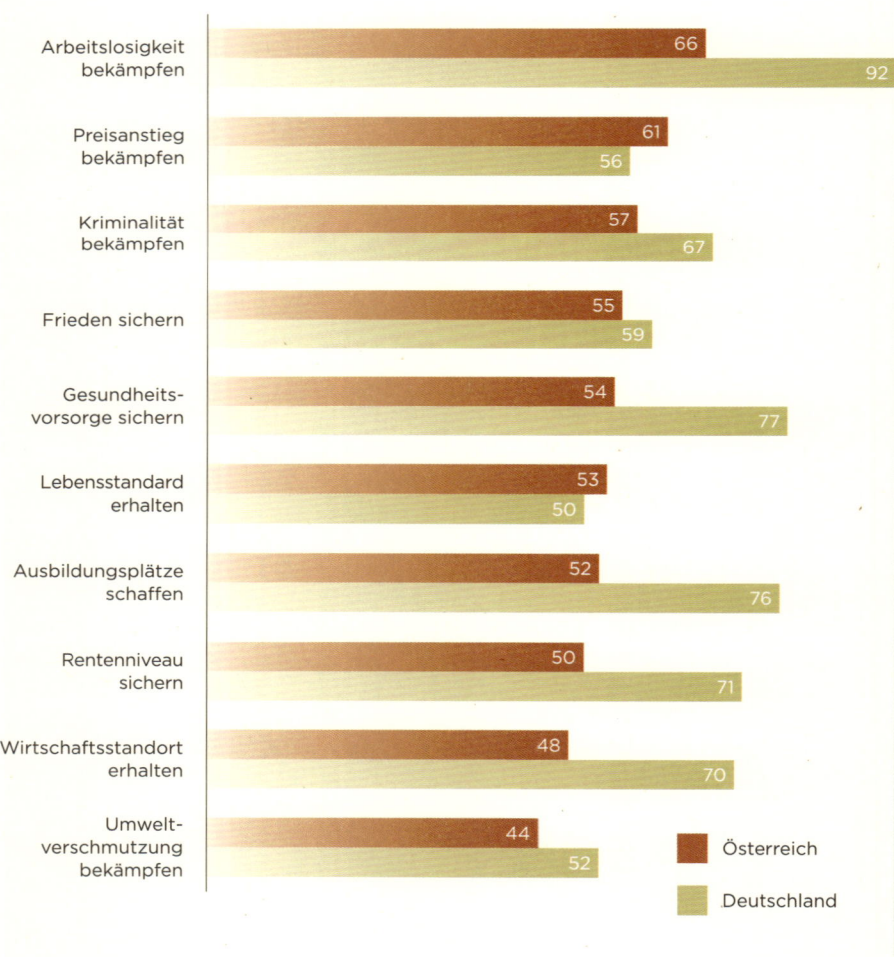

	Österreich	Deutschland
Arbeitslosigkeit bekämpfen	66	92
Preisanstieg bekämpfen	61	56
Kriminalität bekämpfen	57	67
Frieden sichern	55	59
Gesundheitsvorsorge sichern	54	77
Lebensstandard erhalten	53	50
Ausbildungsplätze schaffen	52	76
Rentenniveau sichern	50	71
Wirtschaftsstandort erhalten	48	70
Umweltverschmutzung bekämpfen	44	52

FÜR DIE MENSCHEN diesseits und jenseits der deutsch-österreichischen Grenze bestehen die zukünftigen Aufgaben des Staates vor allem in einer engen Kombination von drei Zielsetzungen: sozialer Zusammenhalt – wirtschaftlicher Erfolg – öffentliche Sicherheit. Neun der zehn wichtigsten Staatsaufgaben lassen sich diesem Politik-Mix zuordnen.

Auf Platz eins der politischen Hitparade steht in beiden Ländern die Forderung nach möglichst wenig Arbeitslosigkeit. Weitere sozialpolitische Ziele bestehen in der qualitativ hochwertigen Weiterentwicklung des Gesundheitssystems, der Sicherung der Renten bzw. Pensionen sowie der Schaffung von Ausbildungsplätzen.

Im Bereich der Wirtschaftspolitik wünschen sich sowohl die ÖsterreicherInnen als auch die Deutschen staatliche Maßnahmen für die Erhaltung der Kaufkraft und gegen den Bedeutungsverlust der jeweiligen Wirtschaftsstandorte. Mit Blick auf die öffentliche Sicherheit werden die Bekämpfung der Kriminalität und die Sicherung des Friedens als sehr wichtig erachtet. Gerade noch unter die Top Ten schafft es die Umweltpolitik.

In der leider noch immer andauernden Finanz- und Wirtschaftskrise erwiesen sich jene Länder der EU als besonders erfolgreich, deren Politik genau auf diese von den Bürgern gewünschte enge Verknüpfung von ökonomischer, sozialer und öffentlicher Sicherheit ausgerichtet war und ist. Dazu zählen bekanntlich auch Österreich und Deutschland. Nur auf der Basis dieses umfassenden Sicherheitsgefühls führt die Mehrheit der Bürgerinnen und Bürger auch in Krisenzeiten das gewohnte Leben – einschließlich des Konsumlebens – weiter und hält damit die Wirtschaft in Schwung. Dieses in Österreich und Deutschland bereits bewährte Polit-Konzept wird in beiden Ländern von der Mehrheit der Menschen auch als Modell für zukünftige politische Problemlösungen bevorzugt.

> [>]

ZUKÜNFTIGE AUFGABEN DES STAATES

Die Befragten antworten auf die Frage „Welche Probleme sollten durch den Staat zukünftig vordringlich gelöst werden?" folgendermaßen (gerundet, in Prozent):

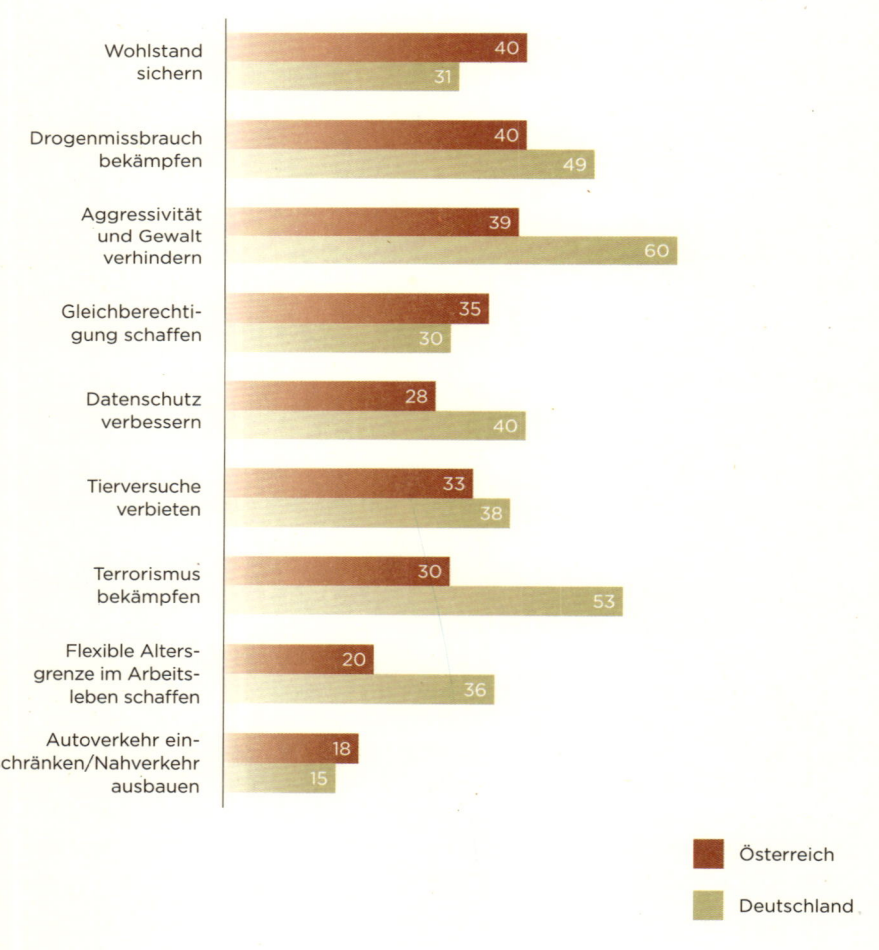

	Österreich	Deutschland
Wohlstand sichern	40	31
Drogenmissbrauch bekämpfen	40	49
Aggressivität und Gewalt verhindern	39	60
Gleichberechtigung schaffen	35	30
Datenschutz verbessern	28	40
Tierversuche verbieten	33	38
Terrorismus bekämpfen	30	53
Flexible Altersgrenze im Arbeitsleben schaffen	20	36
Autoverkehr einschränken/Nahverkehr ausbauen	18	15

SICHERHEIT JA –
ÜBERWACHUNGSSTAAT NEIN

Von den Befragten stimmen der Aussage „Österreich bzw. Deutschland ist ein sicheres Land" zu (gerundet, in Prozent):

Von den Befragten stimmen der Aussage „Meine Sicherheit ist mir wichtiger als meine Privatsphäre" zu (gerundet, in Prozent):

GESAMTBEVÖLKERUNG

GESAMTBEVÖLKERUNG

NACH GESCHLECHT

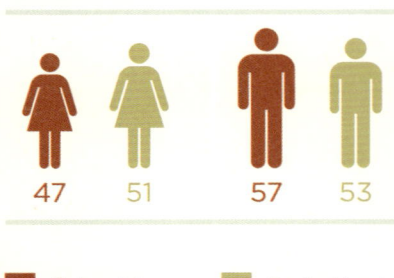

NACH GESCHLECHT

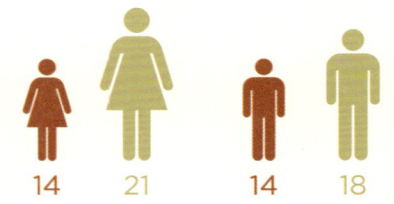

■ Österreich   ■ Deutschland

NACH ALTER

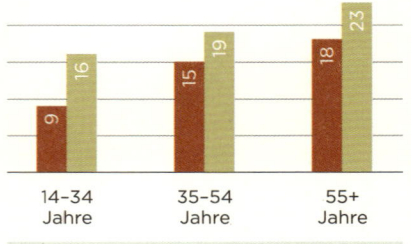

DAS BÖSE IST IMMER UND ÜBERALL. Zu Zeiten des Eisernen Vorhangs grassierte die Angst vor einem Atomkrieg. Spätestens seit dem 11. September 2001 fürchtet man sich eher vor Terroranschlägen. Österreich und Deutschland werden jedoch von der Mehrheit der Bürgerinnen und Bürger (52 %) für relativ sichere Länder gehalten. Während es im Hinblick auf das Sicherheitsgefühl in Deutschland keine nennenswerten Unterschiede zwischen Frauen und Männern gibt, fühlen sich Österreichs Frauen deutlich weniger sicher als die männliche Bevölkerung der Alpenrepublik.

Trotz der Angst vor Terror und Kriminalität ist nur einer sehr kleinen Minderheit der Österreicherinnen und Österreicher (14 %) und der Deutschen (20 %) ihre Sicherheit so viel wert, dass sie dafür einen Teil ihrer Privatsphäre opfern würden. Zwischen Frauen und Männern gibt es dabei keine bedeutenden Unterschiede. In beiden Ländern ist der Schutz der Privatsphäre den Jüngeren wichtiger als den Älteren. In Österreich ist dieser Unterschied zwischen Jung und Alt erheblich stärker ausgeprägt als in Deutschland. Doch selbst in der Altersgruppe 50 plus wäre in beiden Ländern nur rund ein Fünftel der Menschen bereit, Privatsphäre gegen Sicherheit einzutauschen. In Deutschland ist diese Bereitschaft etwas höher als in Österreich.

Die große Mehrheit der Menschen diesseits und jenseits der deutschösterreichischen Grenze hat im Spannungsfeld zwischen öffentlich und privat ein klares Prinzip: „Mein Privatleben geht niemanden etwas an!" Zukunftsfähige Konzepte im Bereich der öffentlichen Sicherheit müssen also sowohl in Österreich als auch in Deutschland die tiefe Abneigung der Menschen gegen allzu viel staatliche Kontrolle und Überwachung berücksichtigen.

ZWISCHEN NATIONALSTOLZ UND EUROPAGEFÜHL

Von den Befragten stimmen den folgenden Aussagen jeweils zu (gerundet, in Prozent):

„Ich bin froh, in meinem Heimatland zu leben."

GESAMTBEVÖLKERUNG

„Ich bin stolz auf mein Heimatland."

GESAMTBEVÖLKERUNG

„Ich fühle mich als Europäer."

GESAMTBEVÖLKERUNG

Österreich

Deutschland

WICHTIGE VORAUSSETZUNGEN für die gute Zukunft eines Staates sind nicht nur die wirtschaftliche Lage und die politische Stabilität, sondern auch die Einstellungen der Bürgerinnen und Bürger zu ihrem Land. Fast zwei Drittel der ÖsterreicherInnen (62 %) und der Deutschen (63 %) sind froh, in ihrem Heimatland zu leben. Nur bei den Jüngeren gibt es Unterschiede zwischen den Ländern. Während die positive Einstellung der jungen Deutschen etwa im Landesdurchschnitt liegt, sind die jungen Österreicher deutlich skeptischer.

Fast die Hälfte (48 %) der Österreicherinnen und Österreicher sind stolz auf das eigene Land. Für diesen hohen Wert sorgen allerdings vor allem die älteren Menschen in der Alpenrepublik (60 %). Bei den deutschen Nachbarn hält sich der Nationalstolz quer durch alle Altersgruppen in Grenzen. Denn weniger als ein Drittel (29 %) der Deutschen stimmen der Aussage zu: „Ich bin stolz auf mein Land".

Während die politische Bedeutung der EU in den vergangenen Jahren immer stärker zugenommen hat, ist das Gefühl der Zugehörigkeit zur Europäischen Union bei vielen Bürgerinnen und Bürgern kontinuierlich gesunken: Die Zustimmung zu der Aussage „Ich fühle mich als Europäer" liegt in beiden Ländern mit 37 Prozent auf gleich niedrigem Niveau. Wie in allen Mitgliedsländern der EU ist auch in Österreich und Deutschland das Zugehörigkeitsgefühl zum jeweiligen Nationalstaat deutlich stärker ausgeprägt als das Selbstverständnis, Bürger des großen Europa zu sein. Je höher der Bildungsabschluss, desto stärker ist allerdings auch das Gefühl, ein Europäer zu sein.

Bei den jungen Menschen ist in beiden Ländern das EU-Zugehörigkeitsgefühl deutlich stärker ausgeprägt als bei den Menschen im mittleren und höheren Alter. Dies gibt Hoffnung für die Zukunft.

KLEINER PLAYER EUROPÄISCHE UNION

Von den Befragten stimmen der Aussage „Mein Land sollte sich mehr
um nationale als um europäische Interessen kümmern" zu
(gerundet, in Prozent):

GESAMTBEVÖLKERUNG

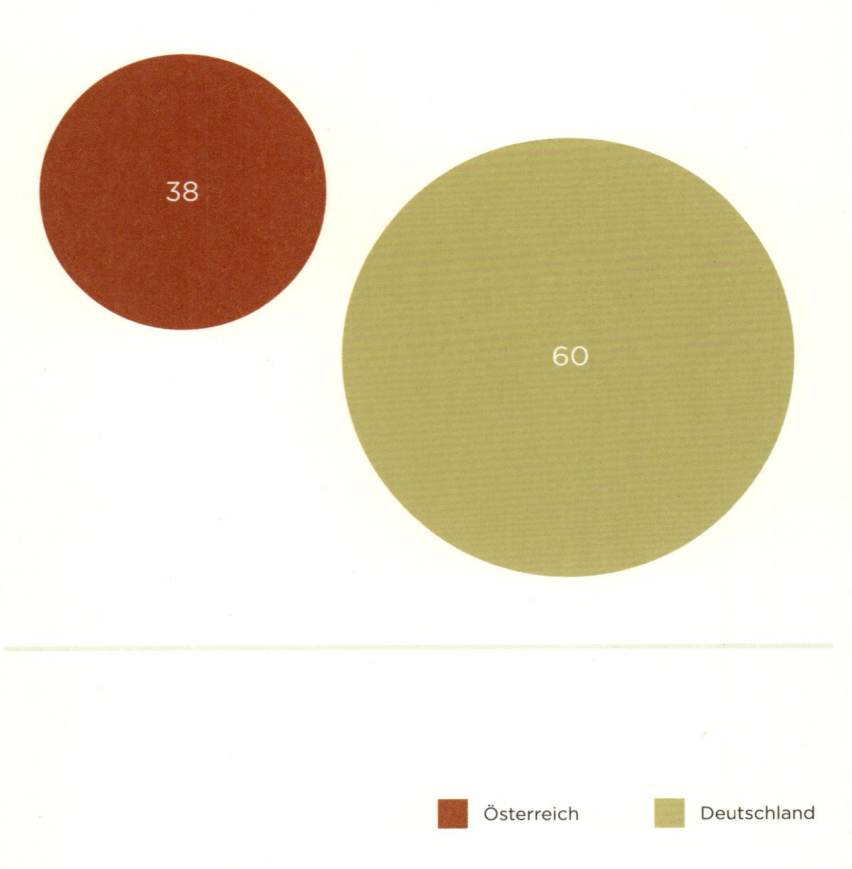

■ Österreich   ■ Deutschland

DIE MEISTEN DEUTSCHEN UND ÖSTERREICHER denken in der politischen Logik von Nationalstaaten. Offensichtlich nimmt die Mehrheit der Menschen in beiden Ländern nur widerwillig zur Kenntnis, dass Europäisierung und Internationalisierung die politischen Systeme aller EU-Mitgliedstaaten schon längst tief greifend verändert haben. Denn bereits heute werden die Rahmenbedingungen für unsere Lebensqualität viel stärker von der Europäischen Union als von den nationalen Parlamenten und Regierungen gestaltet. In der Zukunft wird sich der politische Einfluss noch deutlich stärker von Berlin bzw. Wien nach Brüssel verschieben. Der unmittelbare Einfluss dieser Entwicklungen auf die Lebensqualität mag nicht immer auf den ersten Blick sichtbar werden. Er gelangt aber bei genauerer Betrachtung schnell an die Oberfläche.

In diesem Zusammenhang sollten wir bei allem Verständnis für die Sehnsucht vieler Menschen nach ihren überschaubaren nationalen Schrebergärten bedenken, dass auch in der als zu groß und zu unübersichtlich empfundenen politischen Parklandschaft der Europäischen Union gegenwärtig gerade einmal sieben Prozent der Weltbevölkerung leben. Tendenz: weiter sinkend. In dem zukünftig noch stärker werdenden internationalen Wettbewerb ist also selbst die gesamte Europäische Union ein eher kleiner Player. Die einzelnen EU-Mitgliedstaaten würden in diesem globalen Spiel der Kräfte weit unterhalb der Wahrnehmungsschwelle agieren.

Für eine bessere Zukunft der Europäischen Union brauchen wir künftig eine gemeinsame Wirtschafts- und Steuerpolitik, eine gemeinsame Sozialpolitik und vor allem eine weitere Stärkung des Europaparlaments, verbunden mit der stärkeren Demokratisierung der EU. Zukünftig werden übrigens auch bei EU-Wahlen elektronische Formen der politischen Beteiligung (E-Voting) wichtiger werden.

ZUKUNFTSPOTENZIALE
DER EUROPÄISCHEN UNION

Von den Befragten stimmen der Aussage „Das zusammenwachsende Europa stellt eine große Zukunftschance dar" zu (gerundet, in Prozent):

GESAMTBEVÖLKERUNG

27   37

NACH GESCHLECHT

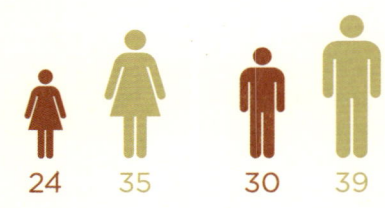

24   35   30   39

Von den Befragten stimmen der Aussage „Auch in fünf Jahren wird es den Euro noch geben" zu (gerundet, in Prozent):

GESAMTBEVÖLKERUNG

43   49

NACH BILDUNGSNIVEAU

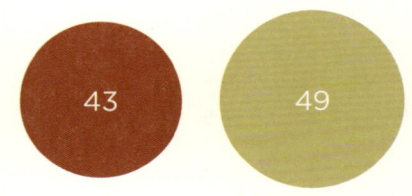

42
Niederer Bildungsabschluss
43

58
Hochschulabschluss
61

■ Österreich   ■ Deutschland

LEDIGLICH 37 PROZENT DER DEUTSCHEN und sogar nur 27 Prozent der Österreicherinnen und Österreicher glauben daran, dass das zusammenwachsende Europa vielfältige Potenziale für eine bessere Zukunft in sich birgt. In beiden Ländern sind die Frauen deutlich EU-skeptischer als die Männer, und die Jugend (unter 24 Jahre) zeigt mehr Zustimmung als die Menschen im mittleren und höheren Alter.

Auch der Bildungsgrad ist ein entscheidender Faktor. Denn sowohl in Österreich als auch in Deutschland ist die Zustimmung zur EU bei den höher Gebildeten fast doppelt so hoch wie bei den Bürgern mit niedrigerem Bildungsniveau. Menschen mit höherer Bildung sehen eher die vielfältigen Zukunftschancen, die ein zusammenwachsendes Europa bietet. Dagegen befürchten Menschen mit niederem Bildungsabschluss, dass sie durch die Dynamik der europäischen Integration zu den Verlierern auf dem Arbeitsmarkt gehören könnten und so wirtschaftlich und sozial abrutschen.

Ähnlich präsentiert sich das Meinungsbild zur Zukunft des Euro: Nur 49 Prozent der Deutschen und 43 Prozent der Österreicher sind davon überzeugt, dass sie in fünf Jahren noch mit dem Euro zahlen werden. In beiden Ländern sind die Männer etwas optimistischer als die Frauen. Von den höher gebildeten Bürgerinnen und Bürgern gehören allerdings sowohl diesseits als auch jenseits der deutsch-österreichischen Grenze rund drei Fünftel zum Euro-Fanclub. Diese gut informierte Minderheit weiß, dass Österreich und Deutschland heute und zukünftig zu den Gewinnern sowohl des Euro als auch einer wirtschaftlich starken und politisch sicheren EU zählen.

Für den großen Rest der ÖsterreicherInnen und der Deutschen brauchen wir sehr rasch eine wirkungsvolle politische und ökonomische Bildung, an der sich nicht nur die Schulen, sondern vor allem auch die Medien beteiligen müssten. Denn derzeit wird das Meinungsbild der Mehrheit der Menschen im Hinblick auf die Zukunft des europäischen Zusammenlebens stärker von ängstlichen Gefühlen als von objektiven Fakten gesteuert.

ANMERKUNGEN

1 Die von uns verwendeten repräsentativen Befragungsmethoden sind wissenschaftlich abgesichert und fundiert. Allen aufgeführten Untersuchungen liegt methodisch eine Quotenstichprobe zugrunde. Die Ermittlung der Quoten erfolgte auf Basis amtlicher Statistiken und Berechnungen. Für die Bestimmung der Auskunftspersonen erhielten die AußenmitarbeiterInnen des durchführenden Marktforschungsinstituts die Merkmale Geschlecht und Alter der Befragten sowie Beruf des Haushaltsvorstandes und Haushaltsgröße direkt, die Merkmale Ortsgröße und Bundesland indirekt – jede/r AußenmitarbeiterIn hatte an ihrem/seinem Wohnort zu befragen – vorgegeben. Die Feldarbeiten wurden von dem Kooperationsinstitut GfK Marktforschung geleitet und kontrolliert. Anzahl und Repräsentanz: Österreich, 1.000 Personen, ab 15 Jahren; Deutschland, 2.000 bis 4.000 Personen, ab 14 Jahren; Feldzeit in den Jahren 2010 bis 2012.

2 Der Text im Teilkapitel *Zukunftsbilder* orientiert sich an: Popp 2012, in: Koschnik, S. 135 ff.

3 Minois 1998, S. 80.

4 Liessmann 2007, S. 30.

5 Ebd., S. 29.

6 Ebd., S. 35.

7 Ebd., S. 31.

8 Ausführlich und vertiefend zur Geschichte der menschlichen Zukunftsbilder: Hölscher 1999, Minois 1998, Uerz 2006.

9 Einen guten Überblick über den aktuellen Diskussionsstand in der deutschsprachigen Zukunftsforschung bieten die von Popp/ Schüll 2009, Popp 2012 und Popp/ Zweck 2013 herausgegebenen Sammelbände.

10 Vertiefend dazu: Opaschowski 2009, S. 17 f.

11 Rust 2008.

12 Grunwald 2009, S. 33.

13 Liessmann 2007, S. 28.

14 Weiler/ Daum 2008, S. 539 ff.

15 Klemm 2009, S. 3 ff.

16 OECD-Bericht: Education at a Glance. 2012./ Bertelsmann Stiftung: Warum Sparen in der Bildung teuer ist. 2012.

17 Vgl. Liebig/ Widmair 2009.

18 Vertiefend zum Zusammenhang zwischen Bildung und Lebensqualität siehe in Popp/ Pausch/ Reinhardt 2011.

19 Popp/ Hofbauer/ Pausch 2010, S. 71 ff.

20 Ausführlich dazu ebd., S. 72.

21 Vgl. dazu ebd., S. 72 f.

22 Popp 2012, in: Kaudelka/ Kilger, S. 72.

23 Vgl. dazu ebd., S. 150 f.

24 Vgl. dazu ebd., S. 94 f.

25 Vgl. dazu ebd., S. 99 f.

26 Ausführlicher dazu: Opaschowski 2007.

27 Ulich/ Wiese 2011 sprechen in diesem Zusammenhang von „Life Domain Balance".

28 Popp 2012, in: Kaudelka/ Kilger, S. 76.

29 Die folgenden Ausführungen orientieren sich an den Ergebnissen der von einem Team des Zentrums für Zukunftsstudien, Salzburg, (A. Bleicher, B. Gaubinger, I. Grössenberger, R. Hofbauer, R. Steiner) unter der Gesamtleitung von R. Popp produzierten und von der Österreichischen Wirtschaftskammer geförderten, unveröffentlichten Expertise „Wachstumspotenziale 2020" (Salzburg 2010).

30 Peccei 1984, S. 4.

31 Henke/ Georgi/ Bungenstock/ Neumann/ Baur/ Ottmann/ Schneider/ Krauss/ Hofmann 2010.

32 Ausführlicher zum Themenbereich *Lebensqualität* siehe: Popp/ Hofbauer/ Pausch 2010.

33 Siehe dazu auch in Gassner/ Steinmüller 2005.

34 Der Begriff Gesundheit wird in der Verfassung der Weltgesundheitsorganisation (WHO) folgendermaßen definiert: „Die Gesundheit ist ein Zustand des vollständigen körperlichen, geistigen und sozialen Wohlergehens und nicht nur das Fehlen von Krankheit oder Gebrechen. Der Besitz des bestmöglichen Gesundheitszustandes bildet eines der Grundrechte jedes menschlichen Wesens, ohne Unterschied der Rasse, der Religion, der politischen Anschauung und der wirtschaftlichen oder sozialen Stellung. Die Gesundheit aller Völker ist eine Grundbedingung für den Weltfrieden und die Sicherheit; sie hängt von der engsten Zusammenarbeit der Einzelnen und der Staaten ab. Die von jedem einzelnen Staate in der Verbesserung und dem Schutz der Gesundheit erzielten Ergebnisse sind wertvoll für alle. Ungleichheit zwischen den verschiedenen Ländern in der Verbesserung der Gesundheit und der Bekämpfung der Krankheiten, insbesondere der übertragbaren Krankheiten, bildet eine gemeinsame Gefahr für alle. Die gesunde Entwicklung des Kindes ist von grundlegender Bedeutung; die Fähigkeit, harmonisch in einer in voller Umwandlung begriffenen Umgebung zu leben, ist für diese Entwicklung besonders wichtig. Für die Erreichung des besten Gesundheitszustandes ist es von besonderer Bedeutung, dass die Erkenntnisse der medizinischen, psychologischen und verwandten Wissenschaften allen Völkern zugänglich sind. Eine aufgeklärte öffentliche Meinung und eine tätige Mitarbeit der Bevölkerung sind für die Verbesserung der Gesundheit der Völker von höchster Wichtigkeit. Die Regierungen tragen die Verantwortung für die Gesundheit ihrer Völker; sie können diese nur auf sich nehmen, wenn sie die geeigneten hygienischen und sozialen Vorkehrungen treffen."

35 Pfaller 2011.

36 Vertiefend siehe in Popp/ Hofbauer/ Pausch 2010, S. 139 ff.

37 Vertiefend siehe ebd.

38 Wurde in Deutschland nicht erhoben.

LITERATUR

De Haan, Gerhard (2012) *Der Masterstudiengang „Zukunftsforschung" an der Freien Universität Berlin: Genese und Kontext.* In: Popp, Reinhold (Hg.) Zukunft und Wissenschaft. Wege und Irrwege der Zukunftsforschung. Berlin, Heidelberg, 25–33.

Flechtheim, Ossip K. (1969) *Futurologie – eine Antwort auf die Herausforderung der Zukunft?* In: Jungk, Robert (Hg.) Menschen im Jahr 2000. Frankfurt a. M., 43–49.

Flechtheim, Ossip K. (1970) *Futurologie. Der Kampf um die Zukunft.* Köln.

Gassner, Robert/ Steinmüller, Karlheinz (2005) *Freizeit mit Agenten, Avataren und virtuellen Butlern.* In: Popp, Reinhold (Hg.) Zukunft : Freizeit : Wissenschaft. Wien, Münster, 99–112.

Grunwald, Armin (2009) *Wovon ist die Zukunftsforschung eine Wissenschaft?* In: Popp, Reinhold/ Schüll, Elmar (Hg.) Zukunftsforschung und Zukunftsgestaltung. Beiträge aus Wissenschaft und Praxis. Berlin, Heidelberg, 25–35.

Henke, Klaus-Dirk/ Georgi, Anja/ Bungenstock, Jan/ Neumann, Karsten/ Baur, Michael/ Ottmann, Sabine/ Schneider, Markus/ Krauss, Thomas/ Hofmann, Uwe (2010) *Erstellung eines Satellitenkontos für die Gesundheitswirtschaft in Deutschland. Forschungsprojekt im Auftrag des Bundesministeriums für Wirtschaft und Technologie.* Baden-Baden.

Hölscher, Lucian (1999) *Die Entdeckung der Zukunft.* Frankfurt a. M.

Klemm, Klaus (2009) *Klassenwiederholungen – teuer und unwirksam. Eine Studie zu den Ausgaben für Klassenwiederholungen in Deutschland.* Im Auftrag der Bertelsmann Stiftung. Gütersloh.

Kreibich, Rolf (2007) *Wissenschaftsverständnis und Methodik der Zukunftsforschung.* In: Zeitschrift für Semiotik, Bd. 29, Heft 2–3/2007, 177–198.

Liebig, Thomas/ Widmair, Sarah (2009) *Children of Immigrants in the Labour Markets of EU and OECD Countries.* OECD, Paris.

Liessmann, Konrad Paul (2007) *Zukunft kommt! Über säkularisierte Heilserwartungen und ihre Enttäuschung.* Wien, Graz, Klagenfurt.

Meadows, Dennis/ Meadows, Donella/ Zahn, Erich/ Milling, Peter (1973) *Die Grenzen des Wachstums.* Reinbek b. H.

Minois, Georges (1998) *Geschichte der Zukunft. Orakel, Prophezeiungen, Utopien, Prognosen.* Düsseldorf, Zürich.

Opaschowski, Horst W. (2007) *Minimex. Das Zukunftsmodell einer sozialen Gesellschaft.* Gütersloh.

Opaschowski, Horst W. (2008) *Deutschland 2030. Wie wir in Zukunft leben.* Gütersloh.

Opaschowski, Horst W. (2009) *Zukunft neu denken.* In: Popp, Reinhold/ Schüll, Elmar (Hg.) Zukunftsforschung und Zukunftsgestaltung. Berlin, Heidelberg, 17–24.

Opaschowski, Horst W./ Reinhardt, Ulrich/ Pries, Michael (2006) *Freizeitwirtschaft. Die Leitökonomie der Zukunft.* Münster.

Opaschowski, Horst W./ Reinhardt, Ulrich (2007) *Altersträume – Illusion und Wirklichkeit.* Darmstadt.

Opaschowski Horst W./ Reinhardt, Ulrich (2008) *Vision Europa: Von der Wirtschafts- zur Wertegemeinschaft.* Hamburg.

Peccei, Aurelio (1984) *Berichte an den Club of Rome.* Genf.

Pfaller, Robert (2011) *Wofür es sich zu leben lohnt.* Frankfurt a. M.

Popp, Reinhold (Hg.) (2005) *Zukunft : Freizeit : Wissenschaft. Festschrift zum 65. Geburtstag von Univ.-Prof. Dr. Horst W. Opaschowski.* Berlin, Wien, Münster.

Popp, Reinhold (2011) *Bildung und Lebensqualität im 21. Jahrhundert.* In: Popp, Reinhold/ Pausch, Markus/ Reinhardt, Ulrich (Hg.) Zukunft. Bildung. Lebensqualität. Berlin, Wien, Münster, 7–24.

Popp, Reinhold (2011) *Denken auf Vorrat. Wege und Irrwege in die Zukunft.* Berlin, Wien, Münster.

Popp, Reinhold (2012) *Viel Zukunft – wenig Forschung. Zukunftsforschung auf dem Prüfstand.* In: Koschnick, Wolfgang J. (Hg.) FOCUS-Jahrbuch 2012. Prognosen, Trend- und Zukunftsforschung. München, 135–169.

Popp, Reinhold (2012) *Zukunft – Beruf – Lebensqualität. Arbeit zwischen Geld und Glück.* In: Kaudelka, Karin/ Kilger, Gerhard (HgInnen) Das Glück bei der Arbeit. Über Flow-Zustände, Arbeitszufriedenheit und das Schaffen attraktiver Arbeitsplätze. Bielefeld, 65–77.

Popp, Reinhold (Hg.) (2012) *Zukunft und Wissenschaft. Wege und Irrwege der Zukunftsforschung.* Berlin, Heidelberg.

Popp, Reinhold (2012) *Zukunftsforschung auf dem Prüfstand.* In: Popp, Reinhold (Hg.) Zukunft und Wissenschaft. Wege und Irrwege der Zukunftsforschung. Heidelberg, 1–24.

Popp, Reinhold/ Schüll, Elmar (Hg.) (2009) *Zukunftsforschung und Zukunftsgestaltung. Beiträge aus Wissenschaft und Praxis.* Berlin, Heidelberg.

Popp, Reinhold/ Hofbauer, Reinhard/ Pausch, Markus (2010) *Lebensqualität – Made in Austria. Gesellschaftliche, ökonomische und politische Rahmenbedingungen des Glücks.* Berlin, Wien, Münster.

Popp, Reinhold/ Pausch, Markus/ Reinhardt, Ulrich (2011) *Zukunft. Bildung. Lebensqualität.* Berlin, Wien, Münster.

Popp, Reinhold/ Reinhardt, Ulrich/ Zechenter, Elisabeth (HgInnen) (2011) *Zukunft. Kultur. Lebensqualität.* Berlin, Wien, Münster.

Popp, Reinhold (Hg.); Steinbach, Dirk/ Linnenschmidt, Katja/ Schüll, Elmar (2011) *Zukunftsstrategien für eine alternsgerechte Arbeitswelt. Trends, Szenarien und Empfehlungen.* Berlin, Wien, Münster.

Popp, Reinhold/ Zweck, Axel (Hg.) (2013) *Zukunftsforschung im Praxistest.* Berlin, Heidelberg.

Popp, Reinhold/ Garstenauer, Ulrike/ Reinhardt, Ulrich/ Rosenlechner-Urbanek, Doris (HgInnen) (2013) *Zukunft. Lebensqualität. Lebenslang. Generationen im demographischen Wandel.* Berlin, Wien, Münster.

Reinhardt, Ulrich (2005) *Edutainment – Bildung macht Spaß!* Münster.

Reinhardt, Ulrich (Hg.) (2011) *United Dreams of Europe. Mit einem Begleitwort des Präsidenten der Europäischen Kommission, José Manuel Barroso.* Rottach, Egern.

Reinhardt, Ulrich/ Roos, George T. (Hg.) (2009) *Wie die Europäer ihre Zukunft sehen. Antworten aus 9 Ländern.* Darmstadt.

Rust, Holger (2008) *Zukunftsillusionen. Kritik der Trendforschung.* Wiesbaden.

Rust, Holger (2009) *Verkaufte Zukunft. Strategien und Inhalte der kommerziellen „Trendforscher".* In: Popp, Reinhold/ Schüll, Elmar (Hg.) Zukunftsforschung und Zukunftsgestaltung. Beiträge aus Wissenschaft und Praxis. Berlin, Heidelberg, 3–16.

Steinmüller, Karlheinz/ Kreibich, Rolf/ Zöpel, Christoph (Hg.) (2000) *Zukunftsforschung in Europa*. Baden-Baden.

Uerz, Gereon (2006) *ÜberMorgen. Zukunftsvorstellungen als Elemente der gesellschaftlichen Konstruktion der Wirklichkeit*. München.

Ulich, Eberhard/ Wiese, Bettina S. (2011) *Life Domain Balance. Konzepte zur Verbesserung der Lebensqualität*. Wiesbaden.

Weiler, Julia A./ Daum, Irene (2008) *Mentales Zeitreisen. Neurokognitive Grundlagen des Zukunftsdenkens*. In: Fortschritte der Neurologie, Psychiatrie 2008/76, 539–548.

ÜBER DIE AUTOREN

Univ.-Prof. Dr. Reinhold Popp (*1949) ist einer der wenigen Hochschullehrer im deutschsprachigen Raum, die sich systematisch mit Zukunftsforschung befassen.

Er ist Wissenschaftlicher Leiter des Zentrums für Zukunftsstudien in Salzburg, Koordinator eines zukunftsorientierten Doktoratsstudiums an der Universität Innsbruck, Dozent und Beiratsmitglied des Masterstudiengangs für Zukunftsforschung an der Freien Universität Berlin, Kooperationspartner der BAT-Stiftung für Zukunftsfragen in Hamburg, Mitherausgeber der internationalen wissenschaftlichen Fachzeitschrift „European Journal of Futures Research" (Springer Verlag), Berater von Politik und Wirtschaft sowie Autor bzw. Herausgeber einer Vielzahl von Publikationen. Weit über die Welt der Wissenschaft hinaus ist Univ.-Prof. Dr. Reinhold Popp durch seine Interviews, Kolumnen und Kommentare in Presse, Rundfunk und Fernsehen sowie aufgrund seiner lebendigen Vorträge auch einer breiten Öffentlichkeit bekannt. Professor Popp leitet seine Analysen und Prognosen aus wissenschaftlich fundierten Zukunftsstudien ab. Er entwirft realistische und unspektakuläre Bilder der Zukunft, jenseits von destruktiver Weltuntergangsstimmung und unkritischem Alles-wird-gut-Optimismus.

FH-Prof. Dr. Ulrich Reinhardt (*1970) ist Wissenschaftlicher Leiter der „Stiftung für Zukunftsfragen – eine Initiative von British American Tobacco".

1999 schloss er sein Studium der Erziehungswissenschaft und Psychologie an der Universität Hamburg ab und begann als Promotionsstudent im damaligen „BAT Freizeit-Forschungsinstitut". Anschließend übernahm er verschiedene Aufgaben im Institut, ehe er 2007 geschäftsführendes Vorstandsmitglied der BAT-Stiftung wurde. Anfang 2011 trat er die Nachfolge von Prof. Dr. Horst W. Opaschowski als Wissenschaftlicher Leiter dieser unabhängigen und gemeinnützigen Stiftung an. Seine Forschungsschwerpunkte umfassen u. a. den gesellschaftlichen Wandel, das Freizeit-, Konsum- und Tourismusverhalten sowie die Europaforschung. Er ist Autor zahlreicher Publikationen, Mitherausgeber der internationalen wissenschaftlichen Fachzeitschrift „European Journal of Futures Research" (Springer Verlag), Mitglied der World Future Society, Landeskuratoriumsmitglied des Stifterverbandes der Deutschen Wissenschaft und hält eine Professur am Zentrum für Zukunftsstudien der FH Salzburg, mit dem er seine Forschungen eng koordiniert.